高等院校现代金融系列教材

随机模拟与金融数据处理 Stata 教程

李春涛　张　璇　著

中国金融出版社

责任编辑：孔德蕴
责任校对：张志文
责任印制：张　莉

图书在版编目（CIP）数据

随机模拟与金融数据处理 Stata 教程（Suiji Moni yu Jinrong Shuju Chuli Sta-
ta Jiaocheng）/李春涛　张　璇著．—北京：中国金融出版社，2009.12
（高等院校现代金融系列教材）
　ISBN 978 - 7 - 5049 - 5299 - 8

　Ⅰ. 随…　Ⅱ.①李…②张…　Ⅲ. 金融—数据管理系统—应用软件，Sta-
ta—高等学校—教材　Ⅳ. F830.49

中国版本图书馆 CIP 数据核字（2009）第 189486 号

出版
发行　**中国金融出版社**

社址　北京市丰台区益泽路 2 号
市场开发部　（010）63272190，66070804（传真）
网上书店　http://www.chinafph.com
　　　　　　（010）63286832，63365686（传真）
读者服务部　（010）66070833，82672183
邮编　100071
经销　新华书店
印刷　北京松源印刷有限公司
装订　平阳装订厂
尺寸　170 毫米 × 228 毫米
印张　23
字数　419 千
版次　2009 年 12 月第 1 版
印次　2009 年 12 月第 1 次印刷
印数　1—5060
定价　43.00 元
ISBN 978 - 7 - 5049 - 5299 - 8/F.4859
如出现印装错误本社负责调换　联系电话（010）63263947

前　言

　　统计方法已成为各门类社会科学研究必不可少的工具，国内流行的统计软件也越来越多。作为一个界面友好、编程简单、功能强大的统计软件，Stata 越来越引起国内用户的关注和重视。虽然如此，关于 Stata 编程的教材却很少，目前市面上见到的有关图书主要以命令介绍为主，缺乏系统的编程技巧，读者即使掌握了一些具体的命令，仍然很难有系统编程的能力，况且统计软件都是以数据为处理对象的，如果读者没有相应的具体数据，就不能有效地进行编程训练。本书首先用蒙特卡洛方法构造数据，然后用这些数据进行具体的计算，通过读者自己构造的数据反过来验证常用的计量经济学方法和统计模型的正确性。

　　本书第一部分介绍 Stata 软件的安装、帮助、基本命令和 Stata 的日期编码。通过这一部分的学习，读者对 Stata 会有一个初步的认识，并掌握利用各种资源得到帮助的途径，同时建立起关于 Stata 日期编码的基本概念，能熟练应用各种日期函数将不同的日期格式数据进行转换，能将日期型数据按照习惯的显示方式显示出来。

　　第二部分是蒙特卡洛模拟的入门，首先介绍伪随机数的产生机理，然后介绍常用的不同分布随机样本的 Stata 仿真方式。通过伪随机数产生机理的学习，读者能了解到计算机仿真出的所谓随机数事实上是通过程序模拟产生出来的确定性数字序列，只不过看似随机且能够通过大部分随机性检验而已。伪随机数的设计，涉及参数的选择，不恰当的选择，会导致一系列的问题，比如自循环性等。接下来，我们通过蒲丰投针试验，介绍蒙特卡洛在处理确定性问题上强大的功能。鉴于实际中可能遇到的形形色色的随机数问题，我们分两个章节分别介绍了离散型和连续型随机数的生成。这些模拟随机数的过程都附有相应的 Stata 程序，几乎每一行程序都有相应的注释。这样，虽然我们没有刻意介绍单个的命令，但是读者可以通过这些程序了解到具体命令的用法。接下来我们介绍了蒙特卡洛模拟在数值积分和处理复杂性系统中的应用，将复杂的数值积分问题和概率问题，通过蒙特卡洛模拟直观地展示在读者面前，目的是让读者对 Stata 编程和蒙特卡洛试验产生浓厚的兴趣。

　　第三部分我们从蒙特卡洛模拟转入具体数据的处理方法，我们的重点是中国金融数据的处理，在介绍过程中我们也会使用蒙特卡洛模拟生成某些不易得到的数据作为统计处理的对象。在数据处理方法上，这一部分涉及数据的编码、不同类型和来源数据的 Stata 处理方法，不同来源数据的合并等。特别是在第 14 章，本书介绍了如何计算相关系数矩阵，以及如何通过修改部分代码将结果输出的过程简化。通过这一部分的学习，读者可以掌握到常用的中国金融市场数据的 Stata 处理技巧，以及一些特殊数据的编程处理方法。

　　第四部分介绍具体模型的估计和计算结果的输出方法。我们介绍了一些常用的回归分析模型，包括线性回归模型和离散选择模型，但是我们把重点放在模型结果的输出上，力求使读者通过这部分的学习，能够在实际研究中将研究结果通过 Stata 编程，将计算结果以期刊文章常用的表格形式几乎自动地输出到 MS Word 中。

　　最后，本书在第五部分通过几个具体的实证案例介绍几个常用的金融实证分析方法，涉及期权定价的蒙特卡洛模拟、事件研究方法和对照组研究方法等非常实用的知识。有兴趣的读者可以根据本书的介绍，重复有关的研究。

　　本书把最有用的程序设计方法融合在一本关于蒙特卡洛模拟和金融研究方法的教材里，相信会给读者带来事半功倍的效果。通过对这本书的学习，读者不仅能熟悉 Stata 编程的技巧，而且能独立进行数据处理和熟悉蒙特卡洛模拟的精髓。本书的使用对象包括社会科学的科研人员、高等学校研究生、高年级本科生，既可以作为《计量经济学》、《应用计量经济学》和《金融实证分析》的教学辅助材料，也可以独立成为一门涉及统计软件编程或者蒙特卡洛模拟的教学参考用书。

　　作者曾经在香港大学长期从事研究工作，多年来我们一直希望能将自己在编程上的心得体会介绍给国内的 Stata 用户，特别是那些刚刚开始学习使用该软件的大学生和研究生。如今，虽然历时多年完成了本书的撰写，但是常常感觉到时间紧迫，没有精力将有关的方法详细地介绍，其中的错误也是在所难免的。我们欢迎广大读者对本书的错漏之处提出建议和批评，也希望有机会能在再版的时候，增加更多的内容和程序介绍。读者如有问题、建议或者批评，烦请发送电子邮件到 leechtcn@gmail.com，我们将非常感谢。

李春涛　张　璇
2009 年 10 月 16 日

目 录

第一篇 Stata 基础

工欲善其事，必先利其器。

社会科学研究，包括经济、金融、法律、生物统计、公共卫生、社会学、教育学甚至历史学①等各个学科门类，都越来越重视实证研究，越来越依赖于统计软件。

Stata 是一个非常优秀的统计、计量软件，由于界面友好、编程简单、功能强大，它正受到越来越多的关注，其市场占有率也越来越高，Stata 正逐渐成为许多研究者进行各门类社会科学学习和研究的首选软件。

本书第 1 章首先介绍该软件的安装和基本界面，第 2 章介绍如何利用帮助和如何利用网络寻找有用的代码，第 3 章介绍 Stata 的日期和时间函数。本书按照 Stata10 展开介绍，但是大部分内容适用于当前广泛使用的 7.0 以后的各个版本。阅读本章之前，本书强烈建议读者阅读 Stata 手册 Getting Started 部分（关于 Stata 的最基本的详细介绍），或者访问 UCLA 关于 Stata 功能介绍的网站（http://www.ats.ucla.edu/stat/stata/）。

---

① 1993 年瑞典皇家科学院和瑞典银行将诺贝尔经济奖授予 Robert William Fogel 和 Douglass Cecil North，以表彰他们在新历史研究领域作出的杰出贡献。他们的研究被称做历史计量学（Cliometrics），该学科将历史学和计量经济学有机地结合起来，开创了一个全新的历史学研究领域。

第1章

Stata 的安装、升级和界面介绍

1.1　Stata10 的安装

　　Stata10 的安装与其他软件相比没有特殊的地方，购买 Stata 软件后，打开 re-adme 或安装说明文件，双击 setup. exe，然后按照安装精灵的提示进行操作。安装以后，用户电脑桌面出现 Stata 图标，点击该图标，在弹出的对话框中输入有关的用户信息、版权信息和序列号，即完成安装。我们可以用 verinst 命令检查安装是否正确。从命令输入窗口键入 verinst 然后按回车键，如果得到类似如下的信息，说明 Stata 安装正确：

· verinst

```
Stata/SE 10.0 for Windows
Born 03 Mar 2008
Copyright(C)1985 -2008

Total physical memory: 1048040 KB
Available physical memory: 468952 KB

20 - student Stata for Windows (network) perpetual license:
        Serial number: 81910554459
        Licensed to: LEE CHUNTAO
                CUFE CHINA
```

1.2   Stata 的升级

新安装的 Stata 软件一定要立即升级，否则某些功能不能正常运行（比如 in-treg 命令会返回一个"Mata Run Time Error"的错误信息，但升级以后该问题就立即解决）。从 Stata 公司购买的 Stata10 软件，可以通过 Internet 实现在线升级，操作方法是直接在命令窗口输入以下命令：

· update query
· update all

在线升级完成以后，Stata 会告诉你最新版本的主程序文件已经成功下载，但是需要你从命令输入窗口键入 update swap 来完成整个升级过程。因此，真正完成在线升级，用户需要执行如下的三行命令：

· update query
· update all
· update swap

对于无法连接 Internet 的计算机，可以采用离线升级的方法升级。stata10 的离线更新有以下几个步骤：

（1）下载最新的执行文件，注意你使用的 Stata 的版本，SE（Special Edition）版本用户要下载 wsestata. bin，MP（Multiple Processor）版用户则需要下载 wmpstata. bin 文件，并将下载得到 . bin 文件存放于 Stata 的安装目录中①。

（2）将原来的 Stata 执行文件删除或者将扩展名由 . exe 更名为 . old。

（3）SE 版用户将前面下载到的 wsestata. bin 文件更名为 wsestata. exe，MP 版本用户将文件 wmpstata. bin 更名为 wmpstata. exe。

（4）下载最新 ado 文件：下载文件 ado. zip，解压到某个路径名中不带空格和汉字的目录下（如 c：\ temp 目录），打开 stata10，从命令输入窗口中依次执行如下命令。

· update from c:\temp
· update ado

---

① MP 是 Stata SE 的一个增强版，由于 2006 年以后的计算机很多支持双核或者多 CPU 模式，Stata MP 针对这种计算机开发，事实上是能通过多个处理器进行并行计算的 Stata 新版本。Stata 除了 SE 和 MP 之外还有很多其他的版本，比如网络版本，基于 Macintosh 操作系统的版本和基于 Unix 操作系统的版本。本书主要介绍基于 Windows 操作系统的 SE 版本，但是，据作者所知，大部分命令适用于基于 Unix 的网络版本。

对应的下载地址分别是：

MP：http：//www. stata. com/updates5/win mp/wmpstata. bin

SE：http：//www. stata. com/updates5/win se/wsestata. bin

Ado：http：//www. stata. com/support/updates/stata10/ado/ado. zip

1.3　Stata 的界面介绍

1.3.1　主窗口布局

图 1.1 给出 Stata 的窗口布局。右上方为屏幕输出窗口，屏幕输出窗口下面的白色长条是命令输入窗口，而我们输入的每一行命令都会滚动显示在左上方的历史命令窗口中。统计软件 Stata 处理的对象是数据，数据以变量为最主要的存

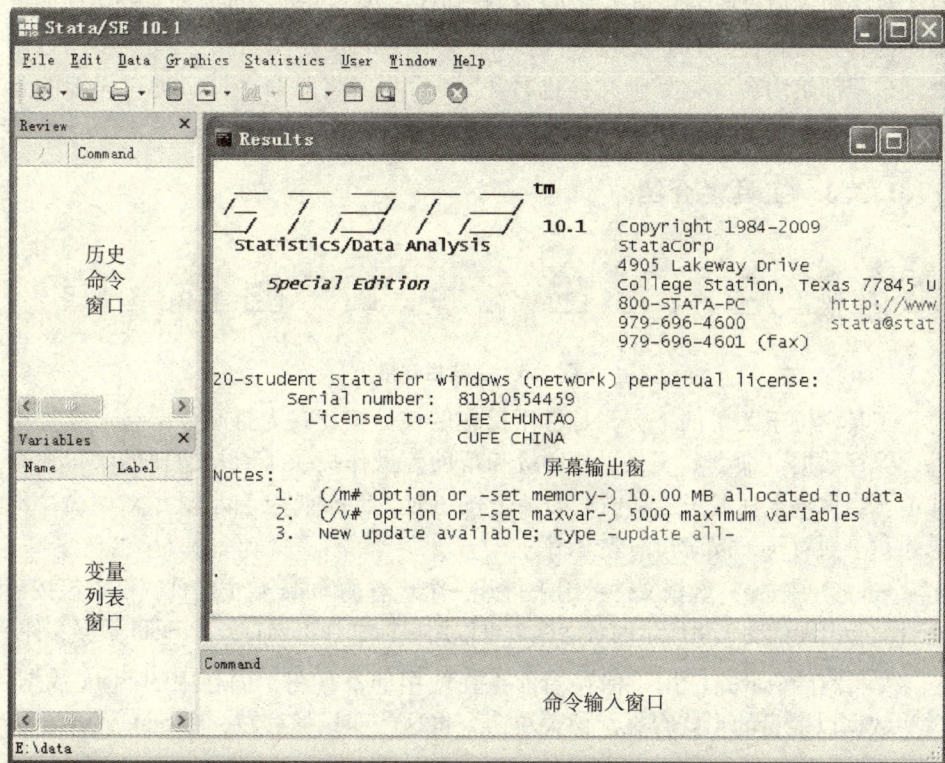

图 1.1　Stata 基本界面介绍

在形式。读入数据后，每一个变量的名称都会显示在左下方的变量列表窗口中。

1.3.2　主菜单介绍

File　Edit　Data　Graphics　Statistics　User　Window　Help

图 1.2　菜单栏介绍

菜单栏位于 Stata 界面的顶端，一共包括 8 个下拉式菜单（某些版本是 9 个甚至 10 个菜单，而且用户也可以增加自己的菜单）。用鼠标点击其中的任何一个菜单，下拉式菜单会显示出该菜单项的一系列命令。有时读者需要使用不同菜单下的多个命令，点击菜单的操作方式显得麻烦而且不利于重复运算，不少用户偏爱直接在命令窗口输入命令的操作方式。特别是当您需要进行大规模的运算时，直接输入命令或者将很多命令按执行顺序放在一个命令批处理文件中往往更加简约、方便和快捷。也就是这个原因，本书不介绍菜单操作，几乎所有的数据处理过程都是用命令批处理文件进行。[①] 随后我们将对命令窗口进行详细的介绍。

1.3.3　工具栏介绍

图 1.3　工具栏介绍

工具栏位于菜单的下方，是常用操作的快捷按钮，为打开数据（命令）文件、保存数据（命令）文件、打印机和帮助等操作提供了直接快速的菜单命令通道。当你将鼠标置于工具栏上的某个按钮时，Stata 便会自动显示对该命令的描述。下面对每一按钮作简要介绍：

打开（use）数据文件：用来打开一个现有的 Stata 数据文件。点击该按钮之后，会出现如图 1.4 所示的对话框，可以用鼠标选择需要打开的 Stata 数据文件。

保存（save）：用于保存当前正在使用的，存在于内存中的 Stata 数据，这些数据以变量的形式存在，该菜单命令将这些变量保存在一个 Stata 的电子表

---

① 初学者往往偏爱菜单式操作方式，但是大部分研究人员都发现菜单驱动的弊端，往往选择基于命令和程序的统计软件，比如 Stata、Matlab、R 和 SAS 等。

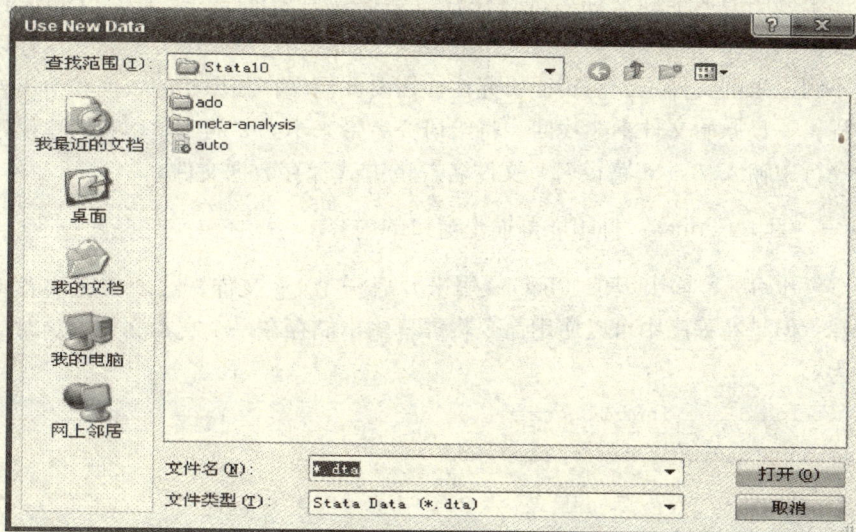

图1.4　打开数据文件

格中。点击该按钮之后，会出现如图 1.5 所示的对话框，用户需要选择文件的保存路径、保存类型并输入要保存的文件名称。一般情况下不要使用这一按钮，因为你的数据可能来自于一个已经存在的数据文件，点击 save 按钮以后，Stata 将

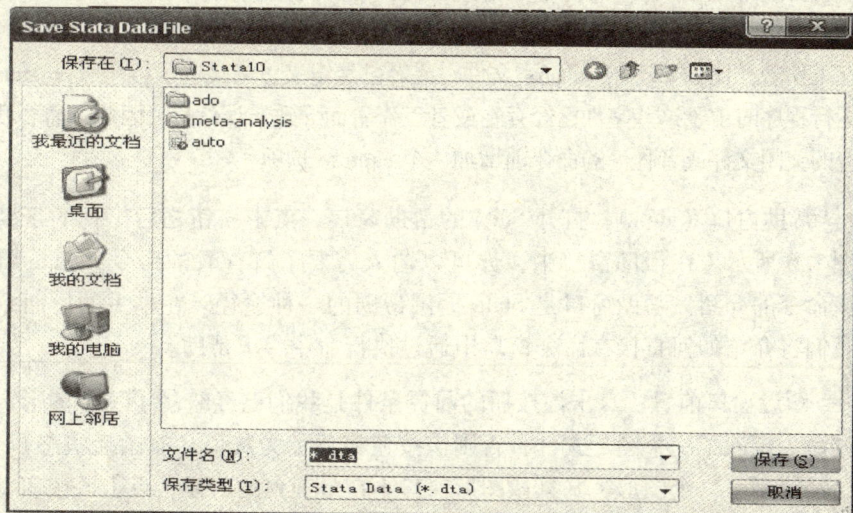

图1.5　保存数据文件

按照原来调用的地址和文件名进行保存，会覆盖原来的文件，在打开和保存之间，我们的操作可能已经修改过其中的数据，而这一过程是不可逆的，保存以后就找不到原来的文件了，而实证研究往往需要我们保存最原始的数据和给出处理的过程，一旦原始文件不能找回，将给研究者带来不必要的麻烦。我们建议读者在命令行中输入"save 路径名 \ 文件名"的方式保存数据文件。

打印（Print）：打印屏幕输出窗口的内容。

开始屏幕输出记录（log）：用来开启一个 log 文件，这一功能读者可以忽略掉，但是在程序中可以使用命令将屏幕输出储存在一个文本文件中。对应的命令为：

```
capture log close d:\mylog.txt
log using d:\mylog.txt, replace text
*输入其他命令
log close
```

上面的程序中，第一行命令是关闭一个工作着的 log 文件 d:\ mylog.txt，如果这个文件本身不存在或者当前并没有调用这个记录文件，那么直接调用命令 log close d:\ mylog.txt，Stata 将给出错误信息，并终止程序，因此，我们在这一命令之前增加了一个 capture，它告诉 Stata，如果系统已经打开了一个记录文件 d:\ mylog.txt，那么我们就将这个记录文件关闭，否则就什么也不做，忽略整条命令，转入下一行程序。在程序设计中，特别是在调试程序的过程中，往往因为程序中途中断，而某些文件还在工作着，比如 log 文件、post 文件，或者已经定义了的某些子程序（program），再次运行程序时由于这些文件已经存在或者工作着而导致错误信息，因此，需要我们在相应的关闭文件或者程序的命令前增加一个 capture 选项。

帮助窗口（view）：打开 Stata 的帮助窗口，点击该钮之后出现的帮助窗口如图 1.6 所示。在帮助窗口中，你可以输入需要了解查看的命令，Stata 将给出对该命令的介绍。帮助窗口是 Stata 提供帮助的一种途径。在本书的后面章节中，我们将介绍如何直接在命令窗口中通过执行命令寻求帮助。

图形窗口前置：点击该按钮的前提条件是我们已经绘制了一个图形，或者通过命令调入了一个图形文件，否则该按钮将显示为灰色（非激活状态）。当系统已经绘制了一个图形，并且该图形窗口不在最前台的时候，点击该按钮，将把图形窗口置于结果窗口之上，如图 1.7 所示。

新建命令（Do）文件：点击该按钮，打开 Do 文件编辑器，如图 1.8 所

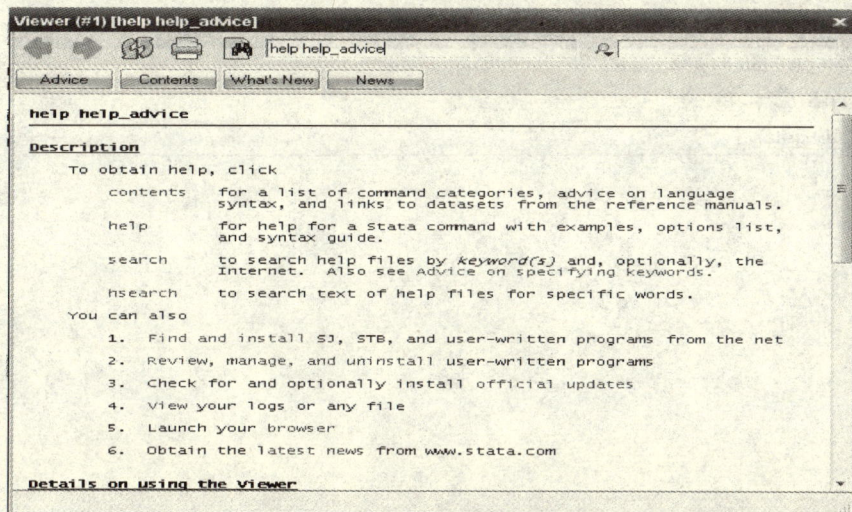

图 1.6　帮助窗口

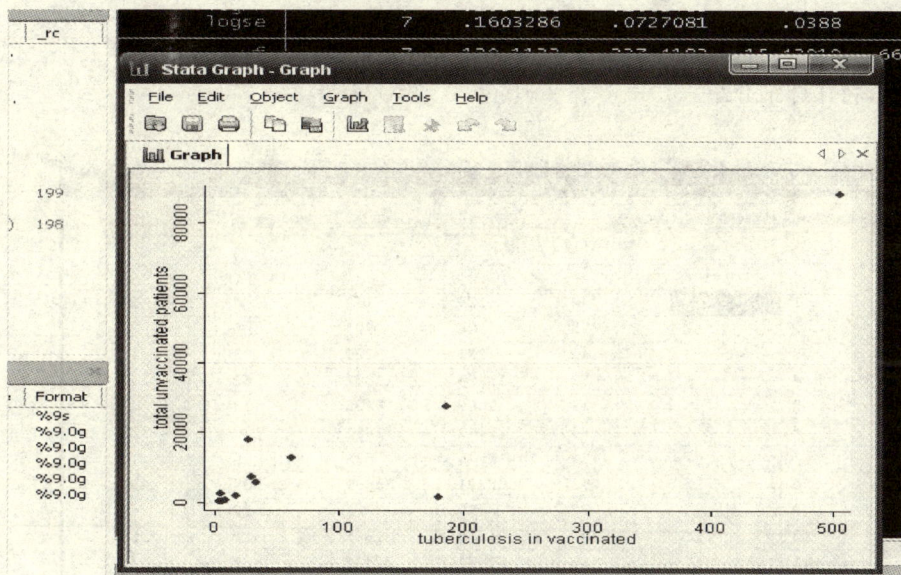

图 1.7　图形窗口前置

示。在 Do 文件窗口中，用户可以输入一系列需要执行的命令，点击 CTRL + D 或 CTRL + R 后将执行这些命令。对于 Do 文件的应用将在后面章节详细介绍。

数据编辑器（Data Editor）：点击该按钮，打开 Stata 的数据编辑器，如

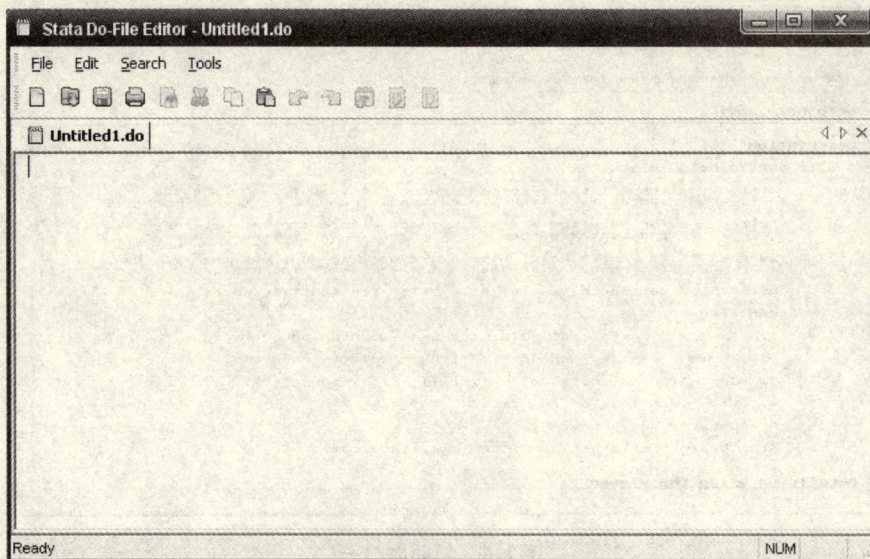

图 1.8　新建 Do 文件

图 1.9 所示。在该数据编辑器中，可以对数据进行录入、编码、修改等工作，以后章节将作详细介绍。

	trial	lat	nt	nc	rt	rc
1	1	44	123	139	4	11
2	2	55	306	303	6	29
3	3	42	231	220	3	11
4	4	52	13598	12867	62	248
5	5	13	5069	5808	33	47
6	6	44	1541	1451	180	372
7	7	19	2545	629	8	10
8	8	13	88391	88391	505	499
9	9	27	7499	7277	29	45
10	10	42	1716	1665	17	65
11	11	18	50634	27338	186	141
12	12	33	2498	2341	5	3
13	13	33	16913	17854	27	29

图 1.9　数据编辑器

数据浏览器（Data Browser）：点击该按钮，同样打开如图 1.9 的 Stata 的数据窗口。与数据编辑器不同的是，在该窗口中只能进行数据查看，不能对数据进行编辑和修改。

程序终止（Break）：点击该按钮，将终止正在运行的程序。在执行程序的过程中，用户可能会忽然想到程序需要添加或者修改某些内容，或者由于算法上的疏忽，导致程序出现死循环，迟迟不能给出计算结果，这时候需要终止程序，并对程序进行必要的修改，此时需要点击该按钮。

1.4 Stata10 窗口介绍

1.4.1 命令窗口

Stata 有三种命令执行方式：

（1）下拉菜单来实现。这种操作方式需要不断地下拉菜单，执行起来相对较慢，而且菜单也只是包含一些经常性的命令，并不能涵盖所有命令。

（2）通过命令窗口来实现的方式。

（3）Do 文件中的实现方式。

命令窗口相对于菜单操作方式来说，执行起来较为直接快速，不需要下拉菜单和查找命令。但是，这种命令窗口操作方式要求用户必须要熟记每个命令的语言，而且每次只能执行一个命令。使用时，用户只需要在命令窗口输入想要执行的命令即可。例如，我们在命令窗口输入：

· sysuse auto

屏幕显示如图 1.10 所示。

回车键之后，Stata10 系统自带的数据 auto.dta 将被调出，结果显示如图 1.11 所示。

1.4.2 历史命令窗口

历史命令窗口显示以前执行过的命令。在回顾窗口中点击命令项可使该命令再次执行。如果我们需要显示过去执行的多个命令，则可以在命令执行窗口输入如下命令：

#review 18

则 Stata 通过屏幕输出当前命令之前执行过的最后 18 条命令。

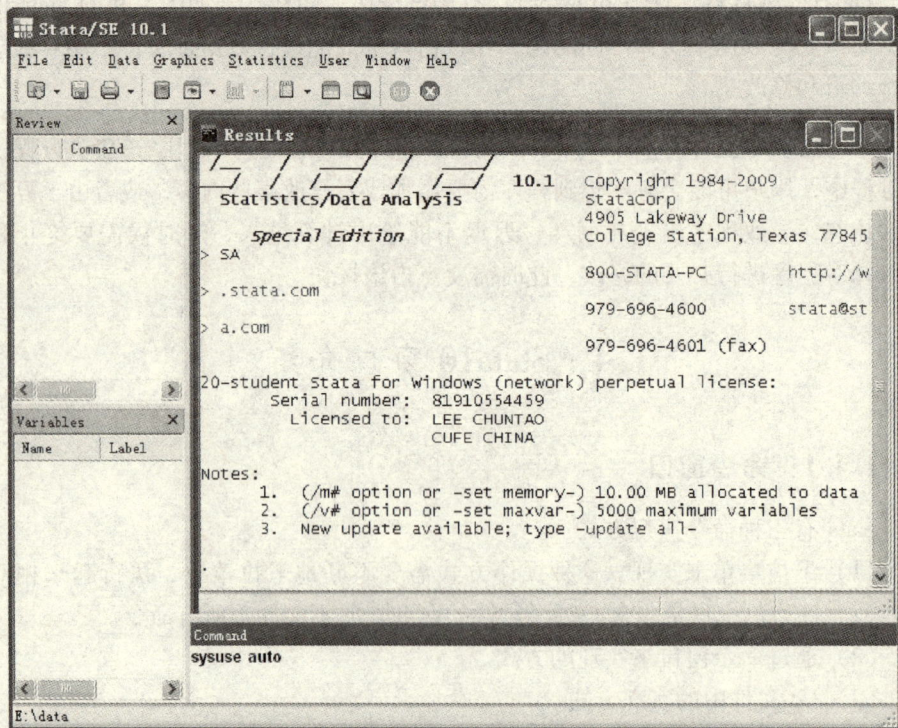

图 1.10   从命令窗口输入命令

每次键入命令往往比较烦琐，有时候我们的新命令往往和过去的命令相同或者只需将过去的命令稍作修改，此时可以通过用鼠标在历史命令窗口点击曾经执行过的命令，该命令行就会显示在命令输入窗口中，我们可以对命令稍作修改后按回车键执行该命令。

找到历史命令的另一个办法是用鼠标点击命令输入窗口后，用向上翻页键寻找前面执行过的命令。

1.4.3   变量列表窗口

变量列表窗口显示当前调入内存数据的所有变量名称、标签、变量类型和存储格式。如果没有定义变量名，则 Stata 自动显示为 v1，v2……；如果没有定义标签，则不显示标签。在编辑 Stata 命令的时候（比如回归分析的 regress），我们往往需要调用某些变量，此时可以用鼠标双击变量列表窗口的变量名称，该名称就会自动出现在命令输入窗口的当前光标处了。这样做不仅快捷，而且能避免手

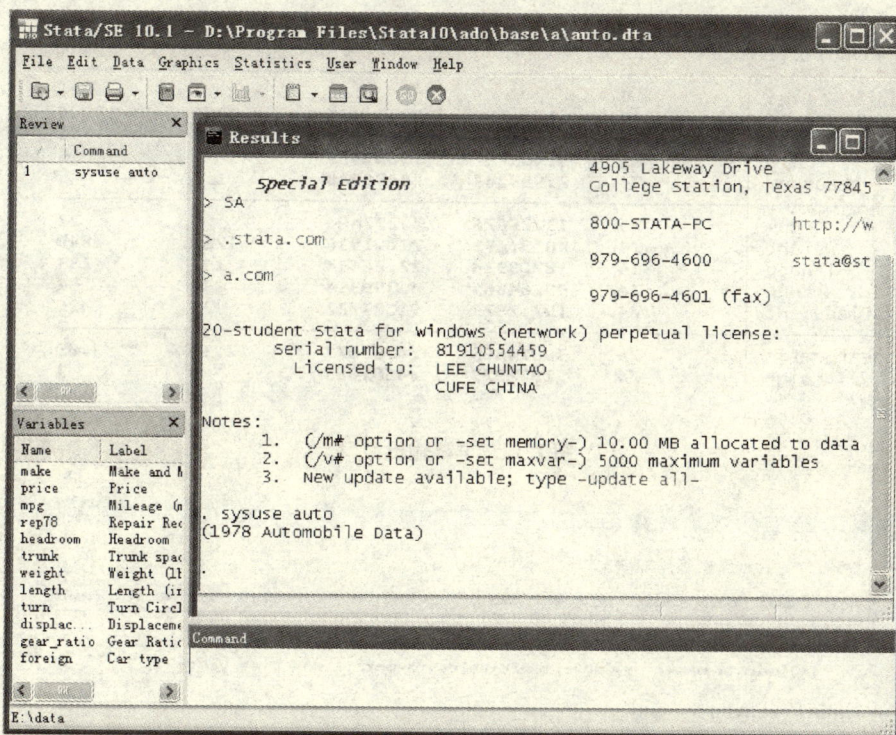

图1.11　命令执行结果

工输入可能出现的错误。

1.4.4　屏幕输出窗口

屏幕输出窗口显示命令的执行结果。如图 1.12 所示，屏幕输出窗口显示了执行 sum 命令之后的结果。

1.4.5　帮助窗口

该窗口显示帮助命令之后的内容。例如，在命令窗口中输入 help mkmat，则帮助窗口显示为如图 1.13 所示。

1.4.6　命令文件编辑窗口

Do 文件命令执行方式是 Stata 运行命令的第三种方式，这是大多数比较专业的用户，尤其是学术研究人员采用的主要命令执行方式。相对于菜单命令和命令

```
. sum
```

Variable	Obs	Mean	Std. Dev.	Min	Max
make	0				
price	74	6165.257	2949.496	3291	15906
mpg	74	21.2973	5.785503	12	41
rep78	69	3.405797	.9899323	1	5
headroom	74	2.993243	.8459948	1.5	5
trunk	74	13.75676	4.277404	5	23
weight	74	3019.459	777.1936	1760	4840
length	74	187.9324	22.26634	142	233
turn	74	39.64865	4.399354	31	51
displacement	74	197.2973	91.83722	79	425
gear_ratio	74	3.014865	.4562871	2.19	3.89
foreign	74	.2972973	.4601885	0	1

图 1.12　屏幕输出窗口

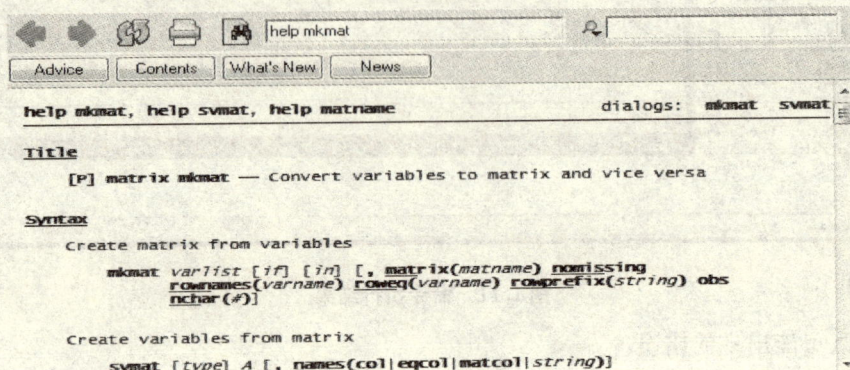

图 1.13　帮助窗口

窗口的交互操作，该操作方式有不少优点，比如：

（1）它通过批量运行程序避免了菜单命令和命令窗口只能一次运行一个命令的局限性，有助于处理大规模数据；

（2）Do 文件可以保存执行过的命令，方便检查和纠错，而且以后一旦需要类似的运算，可以直接从保存的命令文件中粘贴过来进行修改，避免重复劳动。

打开 Do 文件编辑窗口有两种方式：

第一种是在工具栏中点击 ▨ （New Do – file Editor），如图 1.14 所示。

第二种是直接在命令窗口中输入以下命令，然后回车。

```
doedit
```

Do 文件编辑窗口的基本界面如图 1.15 所示。

图 1. 14 点击 New Do‑file Edito

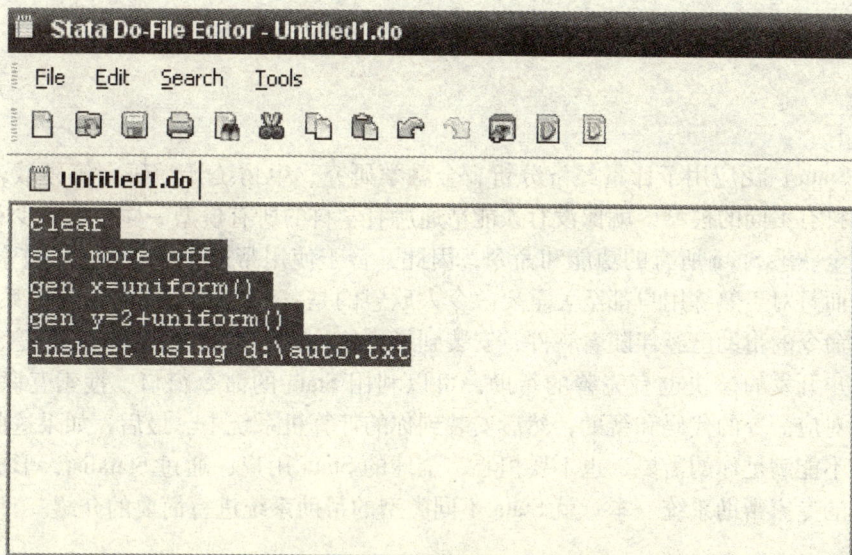

图 1. 15 Do 文件编辑窗口的基本界面

通过本章的介绍，读者应该能够对 Stata 进行安装和升级，同时对 Stata 的概貌和命令执行方式有一定的了解，知道每一个窗口和按钮的基本功能。本章仅是简要的介绍，如需更深入的了解，读者可以参考 Stata 手册的 getting start 部分。最后对本书的学习提出一些个人意见：

（1）学习本书之前，一定要安装 Stata 软件。

（2）学习过程中，读者需要边阅读，边实践，力求把本书提到的命令和程序在自己的计算机上实现出来。

（3）加入 Statalist，将你学习中遇到的疑难问题和心得体会和其他用户分享。

（4）积极参与有关领域的实证研究，将学习和科研结合起来，通过科研创新的具体问题，督促自己思考问题、寻找解决方案。

第 2 章

帮 助 系 统

Stata 广泛应用于计量经济分析、金融学研究、生物统计学研究等领域，不同学科有不同的模型，就像没有人能精通所有学科的所有模型一样，也很少有人能完全熟悉 Stata 所有的功能和命令，因此，善于使用帮助系统，不仅对于初学者，而且对于熟练用户都至关重要。令人欣慰的是，Stata 拥有完备的帮助系统，基本命令的帮助已经伴随着软件，安装到了你的计算机系统中。更重要的是，其他用户开发的模块也有完善的帮助，可以利用 Stata 的命令窗口，搜索互联网，得到对应命令的代码和帮助，然后安装到你的计算机系统中。最后，如果这些帮助还不能满足你的需要，也不要担心，全球的 Stata 用户，通过 Statalist，形成了庞大的专家帮助系统。本章就 Stata 不同类型的帮助系统进行简要的介绍。

2.1 系 统 帮 助

2.1.1 系统帮助的简单介绍

Stata 的任何一个命令，都附带着一个 help 文件。对任何命令，你只要在命令窗口中键入 help cmd（其中，cmd 代表你键入的具体命令，比如 regress），Stata 系统都会弹出帮助窗口，介绍该命令的具体用法。读者可以在命令输入窗口键入 help summarize，然后查看弹出的帮助信息。

从上面键入的命令 help summarize 看出，help 本身可以看做是 Stata 的一个命令，所以，这个命令的具体用法也有一个 help 文件给出详细的说明。读者可以在命令输入窗口键入 help help，回车后查看一下帮助信息。从这个信息看出，Stata 的帮助系统仅 help 命令就包含两个姊妹命令 help 和 chelp。help 命令通过弹出帮助窗口显示帮助信息，chelp 命令则将帮助信息直接打印在屏幕输出窗口。

help 命令不仅可以给出命令的帮助信息，也可以给出非命令类主题（比如函数库、日期格式等）的帮助信息。表 2.1 列出了常用的命令类帮助和非命令主题帮助的例子。

表 2.1　　　　　　　　　　　　　　常用帮助命令

命令类帮助	非命令主题帮助
help regress	help function
help logit	help operators
help summarize	help exp
help egen	help macrolists
help generate	help _ variables
help matrix	help _ pi
help label	help dates _ and _ times
help pwcorr	help ado
help graph	help syntax

读者可以将这些命令逐个键入并观察得到的帮助信息。事实上，每一个帮助信息都不厌其烦地把命令或者非命令主题介绍得非常清楚，包括命令的语法、选项和例子。很多命令的选项非常多，大部分是初学者用不上的，而命令的语法也因为这些选项而变得简直不可读，正是由于这个原因，读者往往觉得介绍得太烦琐。本书建议初学者直接跳转到命令的使用实例。几乎每一个命令都会携带一些例子。读者只需将具体的例子看懂，并将这些例子粘贴到自己的命令编辑器中略作修改，往往就可以达到自己的目的了。随着这些命令使用次数的增多，读者便会逐渐发现其更加先进或者更复杂的功能。

2.1.2　系统帮助示例

比如说，读者需要使用 regress 命令，用 chelp regress 命令可以得到数十页的帮助信息，显然，如果看完每一个帮助信息，势必浪费大量的时间，本书建议读者直接跳到例子部分，几乎所有的 Stata 帮助信息都会包括一些应用示例，这部分往往在帮助信息的最后，下列是 Stata 对 regress 命令帮助信息中的部分例子：

```
Example: linear regression

    Setup
        · sysuse auto
```

```
· generate weightsq = weight^2
· regress mpg weight weightsq foreign
```

Obtain beta coefficients without refitting model
```
· regress, beta
```

Suppress intercept term
```
· regress weight length, noconstant
```

```
· generate domestic = ! foreign
```

Model already has constant
```
· regress weight length domestic foreign, hascons
```

通过这个例子，读者一般都能了解到 regress 的初步用法。假定你要做一个回归分析，首先需要读入数据（见 setup 的第一行命令），并对数据进行必要的处理（比如例子中用 generate 命令生成一个新的变量 weightsq），然后是模型估计，你只需要比猫画虎地将程序的第三行 regress mpg weight weightsq foreign 中的被解释变量和解释变量换成你自己的数据即可。

关于非命令主题的帮助，我们用 help operator 为例，略作介绍。通过命令编辑窗口输入 chelp operator 以后，我们得到如表 2.2 所示的 Stata 常用的运算符。

表 2.2　　　　　　　　　　　常用运算符

数学运算符		逻辑运算符		关系运算符	
+	数学加	&	逻辑与	>	大于
−	数学减	|	逻辑或	<	小于
*	数学乘	!	逻辑非	> =	大于或等于
/	数学除	~	逻辑非	< =	小于或等于
^	乘方			==	等于
−	负号			! =	不等于
+	字符串加			~ =	不等于

2.2　网络帮助

如果我们不知道具体的命令，但是知道有关命令的关键词，则可以用 findit

来搜索网络得到相关帮助信息。举例来说，假定我们要做一个 Fama – McBeath 回归，但是不知道具体的命令，则可以从命令输入窗口执行 findit Fama，然后就可以找到一个命令 xtfmb，点击有关该命令的帮助信息，不难发现这正是我们需要的命令。当然了，Stata 的搜索功能尚不能和专业的搜索引擎相媲美，如果你用 findit Fama-McBeath，可能什么都找不到，针对这种情况，本书作者建议你直接用 Google。在 Google 中搜索"关键词＋Stata"（比如 Fama-McBeath Stata），往往也能搜索到有关 xtfmb 这条命令。请读者用 findit 搜索如下的命令：

`findit outreg`

执行该命令后，系统弹出一个帮助（view）窗口如图 2.1 所示。

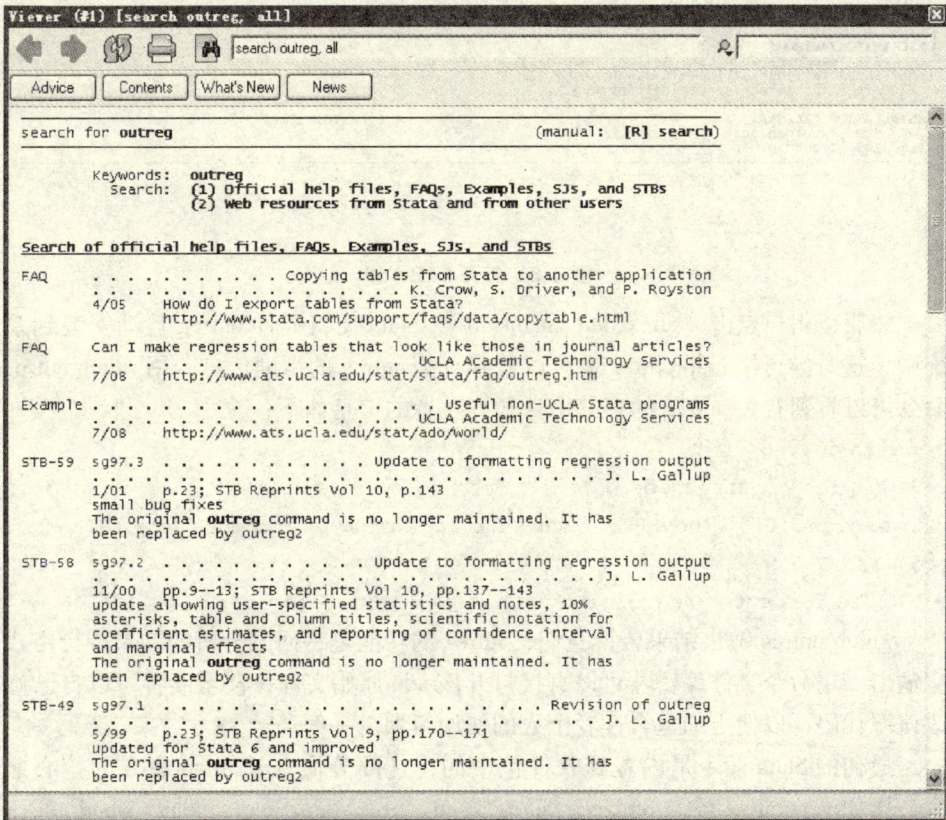

```
Viewer (#1) [search outreg, all]                                                    ✕
←  →  🔄  🖨  🔍  search outreg, all                                       🔍
[Advice]  [Contents]  [What's New]  [News]

search for outreg                                    (manual:  [R] search)

          Keywords:  outreg
          Search:    (1) Official help files, FAQs, Examples, SJs, and STBs
                     (2) Web resources from Stata and from other users

Search of official help files, FAQs, Examples, SJs, and STBs

FAQ       . . . . . . . . . . Copying tables from Stata to another application
          . . . . . . . . . . . . . . . . K. Crow, S. Driver, and P. Royston
          4/05   How do I export tables from Stata?
                 http://www.stata.com/support/faqs/data/copytable.html

FAQ       Can I make regression tables that look like those in journal articles?
                                           UCLA Academic Technology Services
          7/08   http://www.ats.ucla.edu/stat/stata/faq/outreg.htm

Example . . . . . . . . . . . . . . . . . , Useful non-UCLA Stata programs
                                           UCLA Academic Technology Services
          7/08   http://www.ats.ucla.edu/stat/ado/world/

STB-59    sg97.3 . . . . . . . . . . . . Update to formatting regression output
                                                             J. L. Gallup
          1/01   p.23; STB Reprints Vol 10, p.143
          small bug fixes
          The original outreg command is no longer maintained. It has
          been replaced by outreg2

STB-58    sg97.2 . . . . . . . . . . . . Update to formatting regression output
                                                             J. L. Gallup
          11/00   pp.9--13; STB Reprints Vol 10, pp.137--143
          update allowing user-specified statistics and notes, 10%
          asterisks, table and column titles, scientific notation for
          coefficient estimates, and reporting of confidence interval
          and marginal effects
          The original outreg command is no longer maintained. It has
          been replaced by outreg2

STB-49    sg97.1 . . . . . . . . . . . . . . . . . . Revision of outreg
                                                             J. L. Gallup
          5/99   p.23; STB Reprints Vol 9, pp.170--171
          updated for Stata 6 and improved
          The original outreg command is no longer maintained. It has
          been replaced by outreg2
```

图 2.1　用 findit 搜索命令 outreg

事实上，该帮助窗口列出了一系列 Stata 文件库（包括向 Stata 公司登记的一些网络资源）的包含关键词 outreg 的文件，包含常见问题解答（FAQ），Stata 案

例库（Example）和 Stata 技术手册（STB）的一系列链接，用户如果纯粹是要找
到 outreg 这个命令，可以直接点击最新的 STB 链接（Findit 搜索到的 STB 按照从
新到旧的顺序排列），本例中最新的 STB 是 STB - 59，打开该链接，帮助窗口如
图 2.2 所示。

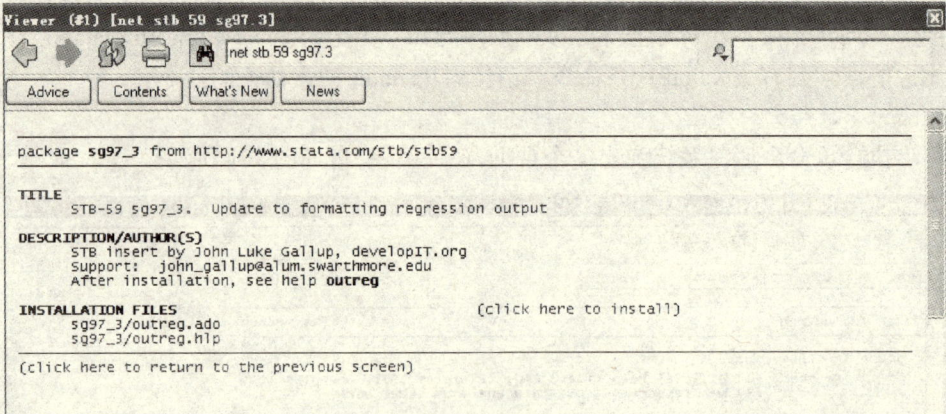

```
Viewer (#1) [net stb 59 sg97.3]                                              ×

 ◁   ▷   🔄   🖨   🔍   net stb 59 sg97.3                                  🔍

 [Advice]  [Contents]  [What's New]  [News]

 package sg97_3 from http://www.stata.com/stb/stb59

 TITLE
     STB-59 sg97_3.  Update to formatting regression output

 DESCRIPTION/AUTHOR(S)
     STB insert by John Luke Gallup, developIT.org
     Support:  john_gallup@alum.swarthmore.edu
     After installation, see help outreg

 INSTALLATION FILES                           (click here to install)
     sg97_3/outreg.ado
     sg97_3/outreg.hlp

 (click here to return to the previous screen)
```

图 2.2　打开 STB - 59

然后，用户点击“click here to install”，Stata 便将插件 outreg 自动安装到系
统中，这时候再用 help outreg 便可以看到有关 outreg 的帮助信息，用 which outreg
命令可以看到有关 outreg 的存储信息和开发者的信息如下：

· which outreg

c: \ado \plus \o \outreg. ado

*! version 3. 0. 6 27nov00 by john _ gallup@ alum. swarthmore. edu (STB - 59:
sg97.3)

*! Write formatted regression output to a text file

which outreg 输出结果告诉我们，outreg 的功能是将回归分析的结果进行格式
化输出。用命令文件编辑器可以直接打开该 ado 原始文件，甚至读者可以自己修
改该源代码，以便更加适合读者个人的使用习惯。

最初的 Stata 命令是内置到软件包中的，这部分命令是 Stata 命令的核心命
令，比如 generate、log、replace、sort、keep、drop、do、use、help、which 等比
较基础的命令，都是内置命令，Stata 根据这些内置命令，逐渐开发出一些更加
复杂的命令，这部分命令以插件（ado 文件）的形式，安装到系统中去。用
which 命令可以看到某一个命令到底是内置命令还是 ado 插件命令，比如执行如
下的命令：

```
which which
which use
which log
```

我们将得到如下的屏幕输出：

```
built - in command: which
built - in command: use
built - in command: log
```

某些看似很基础的命令，实际上是在基本命令的基础上开发出来的 ado 插件，比如 regress、egen 等，如果用户特别熟悉基本命令，也可以抛开这些插件命令，当然这样做是很不经济的。由于 Stata 的插件越来越多，功能越来越复杂，作为 Stata 用户，其实应该不断地关注 Stata 的有关出版物或者网站，时刻更新自己的知识范围，以便得到更好的技术支持，更好地利用 Stata 有关的新功能，从这个意义上说，Stata 是一个不断更新、不断膨胀的知识宝库。当然，这些插件也许会有不完备的地方，用户如果发现了其中的问题，也请立即通过 Statalist 公布给其他的用户，以便我们的用户群和 Stata 公司尽快作出修复。

2.3　专家帮助

对于初学者，即便是仅仅专注于某一个领域内的功能，涉及的 Stata 命令和函数也很多（而且一直在增加中），很难完全熟悉所有的命令和处理方法，在这种情况下，我们需要帮助。任何机械的搜索和帮助都是有限的，但是分布在全球的上百万 Stata 用户提供的专家帮助却能及时填补这个空白。

本书的作者建议读者从使用 Stata 的第一天起，就加入由哈佛大学公共卫生学院（Harvard School of Public Health）发起和运作着的 Statalist，这是一个独立的表列式电子邮件伺服器，每个月都有超过 2800 个 Stata 用户通过它交换超过 1000 条信息，交换超过 50 个程序。加入该 List 的方法非常简单，只要向 majordomo@ hsphsun2. harvard. edu 发送一个纯文本的电子邮件，将 subscribe statalist 作为邮件的内容，你的电子邮件就会被添加到 Statalist 中，然后，所有发给 Statalist 的邮件都会自动转发到你的电子邮件中。如果你遇到棘手的问题，也可以向该系统发送电子邮件，将你遇到的问题用英文写好，以纯文本格式发送到下面的电子邮件中：

statlist@ hsphsun2. harvard. edu

你的问题就会被分布于世界各地的所有 Statalist 成员看到，其中不乏知名的专家、学者，更难能可贵的是，Stata 用户都很热心，他们会在地球的各个角落回答你的问题。我们将基于用户相互帮助的 Statalist 称做专家帮助，同时也希望每一位新用户，在力所能及的前提下，主动回答其他用户的问题，成为 Stata 社区的专家和一个负责任的成员。同时，鉴于英文邮件对很多用户来说存在语言上的障碍，我们呼吁尽早推出一个中文版的 Statalist，以便国内用户能够方便地交流和沟通有关 Stata 应用中的问题。

第 3 章

Stata 的日期和时间

　　很多数据都涉及日期，宏观经济研究中常常使用年度数据、季度数据和月度数据等，金融研究中常常涉及日数据，即便是横截面数据，我们也会遇到日期，比如在劳动经济学研究中，常常会用到工人的出生年月日，因此日期是一类非常重要的数据。不同的文化往往伴随着不同的日期表达方式，英美国家喜欢用 Jan 22nd，2009 的形式表达日期，中国人喜欢用 2009 – 01 – 22 的形式表达日期，这些表达方式，对于计算机来说都是字符串，无法进行加减运算，Stata 用一种特殊的形式，将日期、月份、季度、星期等和整数之间建立起了一一对应关系，这种对日期的编码被称做 elapsed dates。具体说来，对于日数据，将 1960 年 1 月 1 日定义为第 0 天，其他日期定义为该日相对于第 0 天的天数，并冠以正负号表明是第 0 天之前（ – ）或者之后（ + ），比如 1959 年 12 月 31 日对应于 –1，1962 年 6 月 19 日是 1960 年 1 月 1 日后第 900 天，所以对应于 900。Stata 的月份和季度也有类似的定义，分别以 1960 年 1 月为第 0 月和 1960 年第 1 季度为第 0 季。表 3.1 列出部分日期与 Stata 日期编码的对应关系：

表 3.1　　　　　　　　　　　　**日历数据与 Stata 编码**

公历日期	Stata 日期	公历月份	Stata 月份	公历季度	Stata 季度
1959 09 24	– 99	1959 8	– 5	1959 1	– 4
1959 12 28	– 4	1959 9	– 4	1959 2	– 3
1959 12 29	– 3	1959 10	– 3	1959 3	– 2
1959 12 30	– 2	1959 11	– 2	1959 4	– 1
1959 12 31	– 1	1959 12	– 1	1960 1	0
1960 01 01	0	1960 01	0	1960 2	1
1960 01 02	1	1960 02	1	1960 3	2

公历日期	Stata 日期	公历月份	Stata 月份	公历季度	Stata 季度
1960 01 03	2	1960 03	2	1960 4	3
1962 06 17	898	1962 06	29	1962 1	8
1962 06 18	899	1962 08	31	1962 2	9
1962 06 19	900	2009 09	596	2009 1	196

实际数据往往不会按照 Stata 的编码定义季、月份和日期，而是沿用易于理解的传统方式，要想用 Stata 处理这些数据，必须首先对这些日期数据进行必要的编码。以下，我们用实例的方式对这些编码和处理方式进行简单的介绍。

3.1   date( ) 函数

假设我们有一组教授的生日数据，已经按照文本格式存在于文件 d:\dates.txt 中（读者可以首先在写字板中编辑如下的内容，并存入文件 d:\dates.txt 中），我们可以用 type 命令显示该数据的全部内容：

```
type d:\dates.txt
John 1 Jan 1960
Mary 11 Jul 1955
Kate 12 Nov 1962
Mark 8 Jun 1959
```

该数据有如下的特点：（1）没有变量名行；（2）每个观测值仅仅包含工人的姓名和出生日期；（3）每行的前四列字符为员工名称，后面是出生日、月和年；（4）生日的存储格式是"日 月 年"，并且日期和年份以数字形式出现，月份用英文缩写格式，三项之间用空格隔开。[①] 根据这一数据的特点，我们用 infix 命令将这一数据读入到 Stata 中，infix 设定要读入变量的存储格式（字符型、数字型等），变量名和该变量在原始文件中的存储字段。本例中，infix 要从 d:\dates.txt 中读入两个变量，分别是 name 和 bday，两者都是字符型的，在原始文件的每一行中分别处于 1-4 字段和 6-17 字段，命令如下：

```
infix str name 1-4 str bday 6-17 using d:\dates.txt
(4 observations read)
```

然后我们用 list 命令将读入的样本列出，与用 type 命令显示的原始文件相

---

① 这种数据格式称做固定宽度数据，有关的读入方式详见第 10.4 节。

比，用 infix 读入的数据，现在多了变量名行。显然，Stata 将 bday 数据正确无误地读入了内存中：

```
list
        name                bday
1.      John        1     Jan 1960
2.      Mary       11     Jul 1955
3.      Kate       12     Nov 1962
4.      Mark        8     Jun 1959
```

但是此时的 bday 是一个字符型变量，本身是没有定义大小关系的，因此，除非你将它转化成 Stata 的日期格式，不然连诸如出生日期大小的比较都无法进行。我们可以用 date( ) 函数将这一字符串转化成 Stata 能识别的日期格式，如下的例子用 bday 字符日期变量生成一个名为 birthday 的日期型变量。① 我们需要为 date( ) 函数提供两方面的信息，其一为日期型字符串，比如"11 Jul 1955"，其二为字符串中年月日的顺序（比如本例中，年月日的顺序为"DMY"，代表日 - 月 - 年顺序）。②

```
clear
infix str name 1 - 4 str bday 6 -17 using d:\dates.txt
generate birthday = date(bday,"DMY")
```

现在，我们再用 list 命令查看 bday 和 birthday 的区别：

```
list
        name              bday      birthday
1.      John        1    Jan 1960          0
2.      Mary       11    Jul 1955      -1635
3.      Kate       12    Nov 1962       1046
4.      Mark        8    Jun 1959       -207
```

即便是熟练的 Stata 用户，看到最后一列的数据仍然会一头雾水，虽然根据表 3.1，我们已经知道 mark 的生日比 1960 年 1 月 1 日早 207 天，但是我们仍然会觉得这种表示方式非常不直观，为此，Stata 允许我们修改数据的显示格式，我们可以用 format 命令，强制 birthday 按照用户喜欢的日期表达方式显示：③

---

① Stata 并没有一个特殊的日期型数据格式，所有日期型也都是整型数据。

② 根据你使用的 Stata 的不同版本，该选项会有细微的差别，在 Stata 9 中，我们用小写字母"dmy"表示字符串中年月日的顺序，在 Stata10 版本中，则需要用大写字母，除非特殊说明，本书的程序都是按照 Stata10 编写的。

③ 显示格式只是为了方便用户，但是并不改变其具体数值。

```
format birthday % d
list
        name            bday      birthday
  1.    John     1    Jan 1960    01jan1960
  2.    Mary    11    Jul 1955    11jul1955
  3.    Kate    12    Nov 1962    12nov1962
  4.    Mark     8    Jun 1959    08jun1959
```

上面的 Format 命令中,% d 表示 birthday 的显示格式是简单的日期格式,即用两位数字表示日期,用三个小写字母代表月份的缩写,最后用 4 位数字代表年份,事实上,我们可以用不同日期的格式显示日期数据,试运行程序 3.1。

程序 3.1:

```
1) clear
2) set obs 4
3) gen int bday = uniform() * 1000 - 200
4) gen bday1 = bday
5) gen bday2 = bday
6) gen bday3 = bday
7) gen bday4 = bday
8) gen bday5 = bday
9) format bday1 % d
10) format bday2 % dCYND
11) format bday3 % dCY _ N _ D
12) format bday4 % dCY _ m _ D
13) format bday5 % dm _ D _ Y
14) list
```

程序 3.1 注释:

1) 清空内存。

2) 设置观测值个数(记录个数)为 4。

3) 生成一随机整型变量 bday,其中 uniform( ) 是伪随机数发生器,我们会在第 4 章对它进行详细的介绍。它可以用来生成 (0,1) 区间上均匀分布的伪随机数。该命令首先生成一个 (0,1) 区间上的均匀分布变量,然后对这个变量进行线性变换,熟悉概率论的读者不难发现,生成的变量 bday 基本上服从 (- 200,800) 的均匀分布。generate 后面的 int 要求 bday 只能取整数值。

4) 生成变量 bday1,它的取值与 bday 相同。

5) 生成变量 bday2,它的取值与 bday 相同。

6）生成变量 bday3，它的取值与 bday 相同。

7）生成变量 bday4，它的取值与 bday 相同。

8）生成变量 bday5，它的取值与 bday 相同。

9）规定 bday1 的显示格式为 Stata 日期型数据的缺省格式（比如：30oct1959）。

10）规定 bday2 的显示格式为 YYYYMMDD 格式，其中％d 表示 bday2 是日期格式，C 代表年份的前两个数字，即世纪（century），Y 代表年份的后两个数字（year），N 代表月份，用两位数字表示，比如 2 月份是 02。D 设定用两位数字表示日期。

11）设定 bday3 的显示方式，类似上面，下画线表示年月日之间用空格分开。

12）设定 bday4 的显示方式，类似 bday3，用 m 替换 N，设定月份用英文前三个字母缩写表示。

13）设定 bday5 的显示方式，相当于改变 bday4 的顺序，并只用年份的后两位数字表示。其实读者还可以任意改变顺序，或者将 MND 改变大小写，以观察显示结果的区别。

14）屏幕显示各个变量。

以上程序的输出结果列表如表 3.2 所示。

表 3.2　　　　　　　　　　　日期的不同显示格式

bday	bday1	bday2	bday3	bday4	bday5
-63	30oct1959	19591030	1959 10 30	1959 Oct 30	Oct 30 59
443	19mar1961	19610319	1961 03 19	1961 Mar 19	Mar 19 61
357	23dec1960	19601223	1960 12 23	1960 Dec 23	Dec 23 60
404	08feb1961	19610208	1961 02 08	1961 Feb 08	Feb 08 61

虽然显示方式不同，但是根据变量生成的过程可以确信，它们的实际数值都是一样的。

date（）函数的功能非常强大，事实上，虽然日期的录入方式各种各样，我们几乎都可以用 date（）函数将它们转化成 Stata 的日期格式，读者可以运行程序 3.2。

程序 3.2：日期显示格式

```
1)clear
2)set obs 4
```

```
3)gen int bday = uniform()*1000-200
4)gen bday1 = bday
5)gen bday2 = bday
6)gen bday3 = bday
7)gen bday4 = bday
8)gen bday5 = bday
9)format bday1 %d
10)format bday2 %dCYND
11)format bday3 %dCY_N_D
12)format bday4 %dCY_m_D
13)format bday5 %dm_D_Y
14)outsheet using d:\bday.txt, replace
15)insheet using d:\bday.txt, clear
16)list
17)sum
18)gen birthday1 = date(bday1,"DMY")
19)gen birthday3 = date(bday3,"YMD")
20)gen birthday4 = date(bday4,"YMD")
21)gen birthday5 = date(bday5,"MD19Y")
```

3.2   mdy() 函数

运行程序 3.2，我们先生成了 bday1-bday5，然后用 outsheet 将数据存储在一个 txt 格式的外部文件中，然后用 insheet 将这个外部文件读入，不难看出，insheet 读入之后，除 bday2 之外，其他几个变量都变成字符型的数据了。然后我们将这些字符型变量用 date() 函数转化成 Stata 的日期数据，当然，最后它们都变成了整数。bday2 的转化比较复杂。虽然 Stata10 声称可以将这样的长整型数据转化为字符串，然后用 date() 函数转化为日期变量，但是我们发现转化成字符串的时候，Stata 给出的是该长整型的科学计数法字符串，因此不能用 date() 函数，不过我们可以用比较原始的方式将这一数据转化成日期型：

程序 3.3：从长整型到日期型

```
1)gen int year =bday2/10000
2)gen int month = mod(bday2,year)/100
3)gen int day = mod(bday2,100)
4)gen birthday2 =mdy(month, day, year)
```

```
5)drop month day year
6)format birthday2 % dCY _ N _ D
```
　　上面程序中我们引入了两个函数，分别是 mdy( ) 和 mod( )。mdy( ) 函数调用三个整数型自变量：月、日和年，并输出该日期对应的 Stata 整数型日期编码。比如：
```
disp mdy(1,1,1960)
0
disp % d mdy(12,25,2001)
25dec2001
```
　　我们可以用 mdy( ) 函数方便地计算许多有意思的东西，比如说某人的生日是 1974 年 2 月 27 日，那么，我们可以用以下的命令计算出他出生到现在总共多少天了：
```
disp date(" $ S _ DATE", "DMY") -mdy(2,27,1974)
12936
```
　　或者计算任意两个日期之间相隔的天数：
```
disp mdy(8,10,2008) -mdy(7,1,1997)
4058
```
　　以上的命令用到了 Stata 的一个系统变量 $S _ DATE，该系统变量以一个全局宏（global）的形式存在，它返回一个字符串格式的当前日期，字符串的形式为 14 Feb 2009。类似的系统变量还有 $S _ TIME，读者可以验证如下的命令：
```
· display " $S _ DATE"
29 Jul 2009
· display " $S _ TIME"
20:19:09
· display " $S _ TIME $S _ DATE"
20:19:09 29 Jul 2009
```
　　不过如今 Stata 越来越不喜欢全局宏的系统参数或者变量，以致手册中对这方面的解释也很少，相反，新的手册更偏重于一些 c( ) 类的系统参数，比如当前日期用 c(current _ date)，当前时间用 c(current _ time)，圆周率 π 用 c(pi) 表示等，关于这方面的详细介绍，请读者用 creturn list 命令进行查看。
　　程序 3.3 中还涉及函数 mod(m, n)，它给出 m 除以 n 以后的余数。如果 m 和 n 都是整数，这就是算术中所说的余数，但是 Stata 中，m 和 n 可以是小数，事实上，对于整数 m 和 n，这一函数可以写成如下的形式：

$$\mathrm{mod}(m,n) = m - \left[\frac{m}{n}\right] \times n \tag{3.1}$$

其中，$\left[\dfrac{m}{n}\right]$ 表示 $\dfrac{m}{n}$ 的整数部分。读者可以用以下的代码验证一下 mod( ) 函数的定义：

```
disp mod(13,7)
6
disp mod(11,5)
1
disp mod(1.34,0.1)
.04
disp mod(3,0)
```

　　最后一个命令给出空值，因为 3 除以 0 本身没有定义，其余数当然也没有定义。回到程序 3.3，该程序片段中，我们首先计算出日期对应的月、日和年，然后用 mdy( ) 函数，将月、日和年这些原始数据转换成 Stata 的日期编码，最后我们用 format 改变了 birthday2 的显示格式。应该顺便指出的是，虽然 format 命令变化万千，我们却没有必要掌握所有的输出格式，我们只需要记住自己习惯的日期表达方式对应的 format 命令即可。本书作者推荐的日期表达方式为：%dCY _ N _ D。

3.3　td( ) 函数

　　函数 td( ) 是将你输入的日期字符串（按照日、月、年的顺序）直接转换成 Stata 的日期数据，你不需要指明函数自变量的数据类型。但是这一函数在 Stata 中被称为伪函数，事实上在编程中用处不大，作为一个计算器功能还不错，读者可以运行如下的命令：

```
disp td(05jul1972)
disp td(05 jul 1972)
disp%d td(05 Jul 1972)
disp%d td("05 7 1972")
```

3.4　从日期到年、月、日等

　　Stata 也提供了将日期数据转换成对应的年、月、日等的函数，假定 d = date(05jul1972) = 4569，这些函数列表如表 3.3 所示。

表 3. 3 日历函数

函数	输出类型	
year(d)	年份	1972
month(d)	月份	7
day(d)	日期	5
doy(d)	该年的第几天	187
halfyear(d)	第几个半年	2
quarter(d)	第几季度	3
week(d)	第几周	27
dow(d)	星期几，取值为 0 到 6 的 7 个整数	0 表示星期日，3 代表星期三

3.5 月度和季节数据

除了日期格式，Stata 还定义了月份和季度时间变量，本节将对这些数据进行简要的介绍。月份数据有两个指标，分别是年和月，比如 1974 年 2 月，因此，只要知道这两个指标，就可以定义一个月份变量。如表 3.1 所示，Stata 定义的月度数据也是整数型的，并且以 1960 年 1 月为第 0 月。按照这个逻辑，我们可以将一些数据对应的 Stata 月度编码计算出来，Stata 也提供了一些屏幕输出格式，让用户更加直观地理解这些编码。读者可以运行程序 3.4。

程序 3.4：月度和季节数据

```
1)clear
2)set obs 10
3)gen d =_n*500
4)gen date =d
5)format date %dCY_N_D
6)gen ym =ym(year(date),month(date))
7)format ym %tmCY_N
8)gen yq =yq(year(date),quarter(date))
9)format yq %tq
10)gen yw =yw(year(date),week(date))
11)format yw %tw
```

程序 3.4 注释：

1) 清空内存。

2）设定样本容量为 10。

3）生成整型变量 d，其中_ n 代表样本序号，第一个样本对应_ n 等于 1，第 10 个样本对应_ n 等于 10。

4）将 d 的数值付给变量 date。

5）设定 date 的显示格式。

6）生成每一个日期对应的月份编码 ym。

7）设定 ym 的显示格式，其中%tm 表示变量 ym 的显示格式是月数据格式，CY_N 表示具体的显示格式。

8）生成每一个日期对应的季节编码 yq。

9）设定 yq 的显示格式。

10）生成每一个日期对应的星期编码 yw。

11）设定 yw 的显示格式。

程序运行结果可以如表 3.4 所示。

表 3.4　　　　　　　　　　　日历数据编码示例

d	date	ym	ym1	yq	yq1	yw	yw1
400	1961 02 04	1961 02	13	1961q1	4	1961w5	56
800	1962 03 11	1962 03	26	1962q1	8	1962w10	113
1200	1963 04 15	1963 04	39	1963q2	13	1963w15	170
1600	1964 05 19	1964 05	52	1964q2	17	1964w20	227
2000	1965 06 23	1965 06	65	1965q2	21	1965w25	284
2400	1966 07 28	1966 07	78	1966q3	26	1966w30	341
2800	1967 09 01	1967 09	92	1967q3	30	1967w35	398
3200	1968 10 05	1968 10	105	1968q4	35	1968w40	455
3600	1969 11 09	1969 11	118	1969q4	39	1969w45	512
4000	1970 12 14	1970 12	131	1970q4	43	1970w50	569

3.6　clock( ) 函数

随着分时数据在金融学中的广泛应用和生物学研究（比如生灭过程）的需要，时间被引入到 Stata 中。Stata 的时间定义与日期定义相似，不过以毫秒为单位，它以 1960 年 1 月 1 日 00：00：00 为 0 时刻，往后每增加 1 毫秒，对应的时间增加 1，向前每增加 1 毫秒，对应的时间编码减去 1，我们可以用表 3.5 列出 Stata 的时间编码和标准时间的对应关系。

表 3.5　　　　　　　　Stata 时间编码与标准时间的对应关系

标准时间	Stata 时间编码
1959 12 31 23:59:59. 100	-900
1959 12 31 23:59:59. 120	-880
1959 12 31 23:59:59. 126	-874
1959 12 31 23:59:59. 184	-816
1959 12 31 23:59:59. 220	-780
1959 12 31 23:59:59. 900	-100
1959 12 31 23:59:59. 996	-4
1959 12 31 23:59:59. 997	-3
1959 12 31 23:59:59. 998	-2
1959 12 31 23:59:59. 999	-1
1960 01 01 00:00:00. 000	0
1960 01 01 00:00:00. 001	1
1960 01 01 00:00:00. 002	2
1960 01 01 00:00:00. 003	3
1960 01 01 00:00:00. 004	4
1960 01 01 00:00:00. 005	5
1960 01 01 00:00:00. 035	35
1960 01 01 00:00:00. 164	164

　　不难看出，Stata 的时间定义以日期定义为基础，任意的时间都是以特定的日期来定义的，而且精确到毫秒，但是不同的用户对时间的精度需求不同，可能提供不同精度的时间，而且时间本身往往是以字符串形式提供的，实际编程中需要对不同类型的时间进行编码。编码之前必须清楚的是，以表 3.5 的时间为例，包含了 7 个字段，但是我们实际应用中涉及的时间可能省略了部分字段，比如有些时间数据只包含了小时和分钟，有些省略了年份，这就需要将省略的部分补齐，为此，Stata 定义了一些缺省编码，时间字段的缺省编码如表 3.6 所示。

表 3.6   缺省时间编码

字段	缺省编码
年	1960
月	1
日	1
时	00
分	00
秒	00
毫秒	000

有了缺省编码，我们就可以把任意的时间字符串通过函数 clock( ) 转化成 Stata 的时间编码。clock( ) 函数的格式如下：

clock("时间字符串"、"字符串格式")

其中时间字符串是我们常用的任意格式的时间，包含或者缺省了年、月、日、时、分、秒和毫秒的任意组合，字符串格式给出前面的时间字符串中，7 个组成部分的排列顺序，但是又和格式化显示或者输出的格式不同，因此相对比较复杂，我们用表 3.7 给出各种不同的对应关系。

表 3.7   不同类型时间表述的格式编码

时间字符串	对应的格式字符串（mask）
01dec2006 14:22	"DMYhm"
01 – 12 – 2006 14:22	"DMYhm"
1dec2006 14:22	"DMYhm"
1 – 12 – 2006 14:22	"DMYhm"
01dec06 14:22	"DM20Yhm"
01 – 12 – 06 14.22	"DM20Yhm"
December 1, 2006 14:22	"MDYhm"
2006 Dec 01 14:22	"YMDhm"
2006 – 01 – 12 14:22	"YMDhm"
2006 – 01 – 12 14:22:43	"YMDhms"
2006 – 01 – 12 14:22:43. 2	"YMDhms"
2006 – 01 – 12 14:22:43. 21	"YMDhms"
2006 – 01 – 12 14:22:43. 213	"YMDhms"

时间字符串	对应的格式字符串（mask）
2006 – 01 – 12 2:22:43. 213 pm	"YMDhms"
2006 – 01 – 12 2:22:43. 213 pm.	"YMDhms"
2006 – 01 – 12 2:22:43. 213 p. m.	"YMDhms"
2006 – 01 – 12 2:22:43. 213 P. M.	"YMDhms"
20060112 1422	"YMDhm"
14:22	"hm"
2006 – 12 – 01	"YMD"
Wed Dec 01 14:22:43 CST 2006	"#MDhms#Y"

格式编码中需要注意的是：

（1）年月日部分使用大写字母 YMD 表示。

（2）时间部分用小写字母 hms 表示。

（3）毫秒（如果存在）紧跟着秒，二者之间用句点隔开。

（4）clcok()函数会自动看看时间部分有没有精确到毫秒。

（5）clcok()函数还会自动看看时间部分有没有 pm 标志，如果没有就根据小时的数据解读，如果小时部分小于 12，则当做 am，除非时间字符串中已经有了 pm 标志。

（6）时间字符串中无用的部分（比如表示星期几的 wed）可以用"#"标出，提醒 Stata 忽略该部分字符。

（7）如果时间字符串忽略了部分成分，则用其对应的缺省值取代，比如，执行如下命令：

```
· disp %tc clock("00:00","hm")
01jan1960 00:00:00
· disp %tc clock("1960 31 00:00","YDhm")
31jan1960 00:00:00
```

定义了时间编码以后，我们可以把时间的各个成分提取出来，我们用一个 Stata 的系统日期和时间为例，提取时间函数对应的成分，对应的函数、例子如程序 3.5 所示，读者可以运行该程序并检验输出结果。

程序 3.5：时间成分提取

```
local time = clock(c(current_date) +" "+c(current_time),"DMYhms")
disp `time'
```

```
disp % tc `time'
disp dofc(`time')
disp year(dofc(`time'))
disp month(dofc(`time'))
disp day(dofc(`time'))
disp week(dofc(`time'))
disp dow(dofc(`time'))
disp hh(`time')
disp mm(`time')
disp ss(`time')
```

第二篇　蒙特卡洛模拟

　　本篇重点介绍各种伪随机数的模拟技巧，这也是所有蒙特卡洛模拟的基础。伪随机数的基础是单位均匀分布，我们首先从单位均匀分布的生成机理（线性同余法）出发，介绍最基本的随机模拟方法，然后从单位均匀分布出发，模拟各种不同分布的伪随机数。这一部分的学习，不仅让读者了解各种不同的伪随机数的生成方法，更重要的是让读者通过生成的数据逐渐熟悉 Stata 的编程技巧，并编制出一个个完备的小程序。本篇分 6 个章节介绍，第 4 章介绍伪随机数的生成，第 5 章介绍蒲丰投针试验，第 6 章介绍离散型随机数的模拟，第 7 章介绍连续型随机数的模拟，第 8 章介绍蒙特卡洛的数值积分方法，第 9 章则模拟几个简单的系统介绍蒙特卡络的应用，这些系统的很多问题很难用数学推导的方法给出准确的答案，然而用蒙特卡洛试验则可以很快给出数值结果。

第 4 章

伪随机数的生成

4.1 引言

每一台计算机，包括我们的掌上型计算器，都能生成随机数。随机数在现代社会中，特别是在安全保卫和军事科技中的应用非常广泛。图 4.1 是汇丰银行设计的一款网上银行保安密码器（Security Device），该密码器每 16 秒生成一个 6 位数字的随机数，也就是说，该随机数是时间的函数。

图 4.1　汇丰银行保安密码器

但是，随机数是怎么生成的呢？首先需要声明的是，计算机不会产生绝对随机的随机数，只能产生相对随机，或者看似随机的数字，即"伪随机数"。其实，伪随机数的产生是有其本身内在规律性的，它是一种由程序计算出来的，看似随机而事实上确定的数字序列。由于表面上的随机性，伪随机数可以通过绝大多数统计随机性检验，因此成为对现实世界随机事件的近似模拟，在模拟应用（复杂性系统）和密码技术中扮演着重要的角色。

那么，伪随机数是怎样生成的呢？这里要提到随机数生成器的概念，它分为物理随机数生成器和伪随机数生成器。物理随机数生成器（Hardware Random Number Generators）生成的随机数更接近于真实的随机数；而伪随机数生成器（Pseudo Random Number Generator，PRNG）用来生成这样一个数据序列，它们与随机数有相近的特征，但是，这个序列并不是真正随机的，它们完全是由一些初始参数决定的。

在现实中，不同计算机软件利用不同方法（比如汇丰银行的保安密码的参数和生成方法）来生成伪随机数，并且开发商对这些方法都是保密的。基于以上原因，对于伪随机数的各种生成方法，虽然我们并不知道具体公式，但最常用的都是由 D. H. Lehmer 于 1948 年发明的线性同余法（Linear Congruence）发展而来的，其他方法与之相比只是具体参数不同而已。

4.2　线性同余法

线性同余法（Linear Congruential Generator，LCG）原理易于理解，并且很容易快速实现。具体的设计涉及四个参数：乘数 a，增量 c，模数 m 和初值 X_0，可用下列公式表示：

$$X_{n+1} = (aX_n + c)\bmod m \qquad (4.1)$$

其中，X_n 就是随机数序列，并且有如下关系：

$0 < m$，m 是模数（modulus）

$0 \leqslant a < m$，a 为乘数（multiplier）

$0 < c < m$，c 为增量（increment）

$0 < X_0 < m$，X_0 为种子（seed）或初始值（start value）

（以上这些变量都是整数）

一般来说，一个 LCG 的周期最大就是 m，而且往往是要小于 m。LCG 的周期会等于 m，当且仅当：c 和 m 互为质数，$a-1$ 能被 m 的所有质数因子（prime factor）整除，$a-1$ 是 4 的倍数，而且 m 是 4 的倍数。

LCG 能不能生成较好的伪随机数，c、m 和 a 的选择至关重要。历史上曾经因为比较差劲的系数选择导致线性同余随机数生成器无效的例子比比皆是。一个比较有说服力的例子是：20 世纪 70 年代广泛使用的 RANDU（这是一个声名狼藉的线性同余伪随机数生成器），它的公式如下：$V_{j+1} \equiv (65539 V_j) \bmod 2^{31}$，$V_0$ 是奇数，随机数 $X_j \equiv V_j / 2^{31}$）的许多结果现在都受到了质疑，因为它没有选择到合适的参数。

大量理论和检验表明，当 m 是 2 的乘方时，LCG 是最有效的，特别是 $m = 2^{32}$ 或 $m = 2^{64}$ 时。下面是一些常用的编译器中 $rand()$ 函数的系数选择情况：

表 4.1　　　　　常用的编译器中 *rand*( )函数使用的线性同余参数

编译器	m	a	c
Numerical Recipes	2^{32}	1664525	1013904223
Borland C/C++	2^{32}	22695477	1
GNU Compiler Collection	2^{32}	69069	5
ANSI C：Watcom, Digital Mars, CodeWarrior, IBM VisualAge C/C++	2^{32}	1103515245	12345
Borland Delphi，Virtual Pascal	2^{32}	134775813	1
Microsoft Visual/Quick C/C++	2^{32}	214013	2531011
Apple CarbonLib	$2^{31}-1$	16807	0

4.3　线性同余法在 Stata 中的实现

了解了线性同余法的原理以后，我们可以把该方法作为一种程序设计的训练，通过选取线性同余的参数，编制自己的随机数生成器。当然，这里的关键在于，通过自己生成随机数，了解如下的特性：

(1) 伪随机数的非随机性；

(2) 参数选取对随机数生成的影响；

(3) 伪随机数的自循环性等特征。

例 4.1　随机数生成器

我们试图生成 100 个伪随机数，选取的参数分别是：a = 13，m = 17，c = 0，程序和对应的注释如下：

程序 4.1：

```
1)clear
2)set obs 100
3)local m = 17
4)local a = 13
5)gen int y = 1 if _n ==1
6)gen t = _n
7)replace y =mod(`a'*y[_n-1], `m') if _n >1
8)gen x = y/`m'
9)list x
10)twoway line x t
```

程序 4.1 注释：

1）清空 Stata 内存的变量数据。

2）设置观测值个数为 100。

3）设置参数 `m' = 17[①]。

4）设置参数 `a' = 13。

5）设置 y 的初始值为 1。注意此处，y 是一个整数。_n 代表观测值的序号，取值范围为 1 到 100，在程序设计中可以当做一个变量使用。

6）为观测值序号定义一个新的变量 t，其实这个变量是没有必要的，但是为了将来作图需要，也为了直观起见，我们生成这一观测值序列号。

7）为 y 循环赋值，即前一个 y 乘以参数 `a' 然后再除以 `m' 的余数。表面上看，该赋值语句没有循环，但是事实上，Stata 首先对 _n = 2 的观测值赋值，然后根据这个结果，计算 _n = 3 的时候的 y，依此类推。

8）生成伪随机变量 x = y/`m'。注意：最终我们生成的伪随机数是一个区间（0，1）上的小数。

9）列表显示 x。

10）绘制 x 随着 t 变化的趋势图，主要是为了直观地说明，线性同余法生成的伪随机数达到一定的数量以后，会出现重复、循环的特点。

程序 4.1 最终生成伪随机数，如表 4.2 所示。

表 4.2　　　　　　　　　　　伪随机数表（一）

t	y	x
1	1	0.0588235
2	13	0.7647059
3	16	0.9411765
4	4	0.2352941
5	1	0.0588235
6	13	0.7647059
7	16	0.9411765
8	4	0.2352941
……	……	……

① 本书中被定义为局部宏（local）的参数，比如 local m，在引用的时候用 `m' 表示。注意，这里不是使用一对单引号，左边是键盘左上角 Esc 下面的那个键，右边才是单引号。

续表

t	y	x
97	1	0.0588235
98	13	0.7647059
99	16	0.9411765
100	4	0.2352941

不难看出，y 和 x 从第 5 个数字开始循环，原因在于我们选取的 m 太小，因为一个整数除以 m 的余数最多有 m 个不同的取值，太小的 m 本身说明，生成的伪随机数在 m 步之内必然会重复。因此，合理地选取较大的参数 m 至关重要。图 4.2 的图形更加直观地说明这种循环特征。

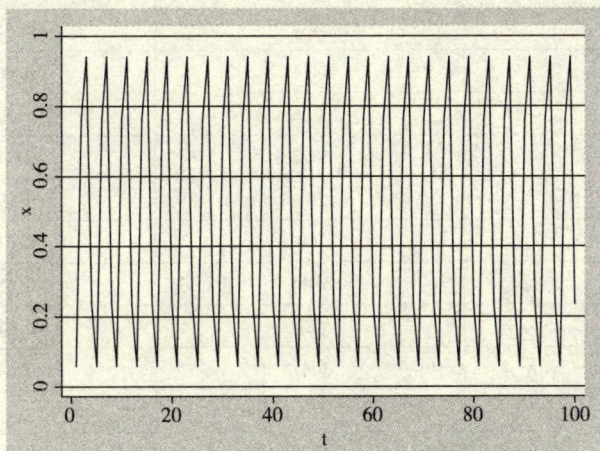

图 4.2　伪随机数的自循环性

例 4.2　随机数生成器

在这个例子中，我们适当地选取较大的 m 和 a，重复上面的问题。由于选取了较大的 m（$2^{13} - 13$）和 a（$7^{10} - 17$），伪随机数序列可以持续较长一段才开始循环。对应的程序如程序 4.2 所示。

程序 4.2：

```
clear
set obs 100
local m = 2^13 -13
local a = 7^10 -17
```

```
gen int y = 1 if _n ==1
gen t = _n
replace y =mod(`a' * y[_n-1], `m') if _n >1
gen x = y/`m'
list x
twoway line x t
```

程序 4.2 运行后得到伪随机数序列，如表 4.3 所示。

表 4.3   **伪随机数表（二）**

t	y	x
1	19	0.002323
2	2324	0.2841423
3	4454	0.5445654
4	5411	0.6615723
5	3226	0.3944247
6	5873	0.7180585
7	761	0.0930432
8	100	0.0122264
9	5344	0.6533806
10	627	0.0766597
11	3081	0.3766964
……	……	……
93	4960	0.6064311
94	6606	0.8076782
95	19	0.002323
96	2324	0.2841423
97	4454	0.5445654
98	5411	0.6615723
99	3226	0.3944247
100	5873	0.7180585

输出图形如图 4.3 所示，不难看出，参数改变以后，伪随机数序列变长，到第 95 个数字以后才开始循环。虽然和例 4.1 相比有很大的改进，但是仍然不能满足随机模拟的需要。

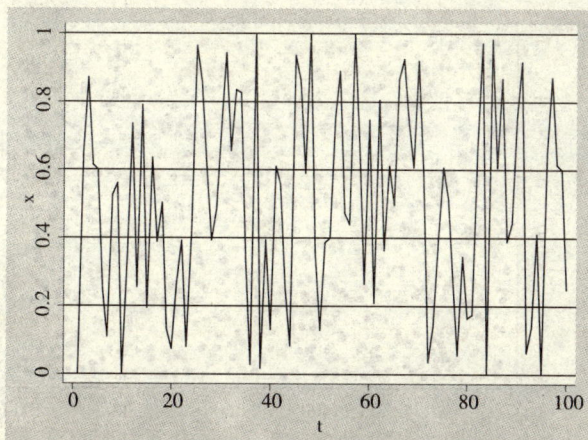

图 4.3　伪随机数轨迹

　　要达到随机模拟的需要，我们需要数量级达到百万以上的 m 和 a，程序 4.3
选取更大的参数生成伪随机数，我们发现在这种情况下，随机数序列可以持续很
长时间而不循环，如例 4.3 所示。

例 4.3　随机数生成器

程序 4.3：

```
clear
set mem 100m
set obs 1000
local m = 10^12 -11
local a = 427419669081
gen int y = 1 if _n==1
gen t = _n
replace y =mod(`a'* y[_n-1], `m') if _n>1
gen x = y/`m'
twoway scatter x t
```

　　运行后得到如图 4.4 的结果。我们生成 1000 个随机数，并没有发现出现循
环。事实上，以上的随机数序列，至少在前 100 万个数字之内不会出现循环，对
应的散点图也基本上均匀地分布着，能通过一系列的随机性检验，如游程检验
（run test）、秩和检验（rank sum test），基本上达到了看似随机的目的。

　　观察上面三个例子，我们发现，对于线性同余法来说，参数的选择是一个值
得考虑的问题，参数的选择直接决定伪随机数在视觉上的"随机"效果。

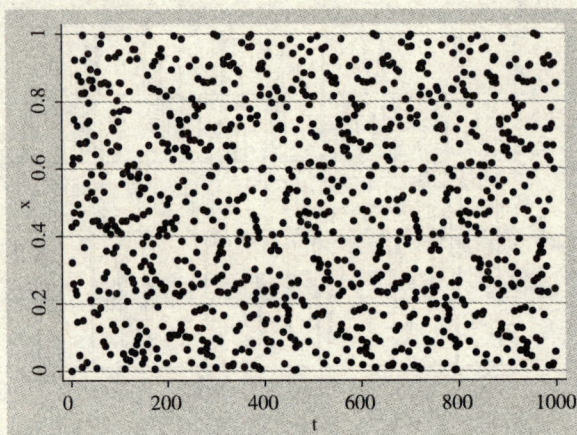

图 4.4　伪随机数散点图

除了参数的选取之外，初值的选取也会影响随机数序列的随机性。假定我们的初值 y=0，我们会得到一个恒等于 0 的序列，当然就失去了伪随机的意义。初值为 0 是一种极端的情况，事实上，大部分伪随机数生成器（包括 Stata）都会将这种极端的初值重新设定为另一个初值，从而仍然能生成一个完整的随机序列。

但是，给定一个随机数生成器，一旦初值设定了，将来的伪随机数序列也就确定了。某些随机模拟需要我们能重复研究的结果，为了使结果保持不变，我们需要在使用软件生成随机数的时候，首先设定初值。在 Stata 中，我们可以用函数 uniform( )生成区间（0，1）上的均匀分布随机数序列，在调用这个函数的时候，我们可以用 set seed #设定初值，例如每次调用如下的程序，我们总是得到不同的随机数序列 x：

程序 4.4：

```
clear
set obs 100
gen x = uniform()
```

但是，如果在程序中加入 set seed #命令，如程序 4.5 所示，每次运行后的结果就不会改变了：

程序 4.5：

```
clear
set seed 1234567
set obs 100
```

```
gen x = uniform()
```

　　在今后的章节中，我们常常会需要生成一个随机数，函数 uniform( ) 生成的区间（0，1）上的均匀分布，是我们将来生成任何类型分布随机数的基础，因此，这个函数将会被反复调用到，我们给这一特殊的分布命名为单位均匀分布，或者标准均匀分布。

　　除非为了研究随机数生成的过程，或者为了某些特殊的需要（如设计保安编码器），你一般不用自己设计像上面所展示的随机数发生器。一般来说，在蒙特卡洛随机试验或者随机模拟中，我们都是使用软件自身的伪随机数发生器。因此，本章的重点不是教你如何设计你自己的伪随机数发生器，而是让你了解伪随机数不随机的事实。

第 5 章

蒲丰投针问题

5.1 试验概述与数学推导

蒲丰投针问题（Buffon's Needle）是法国科学家蒲丰于 1777 年提出的一种计算圆周率 π 的试验方法——随机投针法。这一方法在概率统计和随机模拟中都非常著名，因为它既是经典的几何概型问题，又是首次使用随机试验方法成功处理了数学中的确定性问题，为概率论的发展起到了一定的推动作用。这一方法的步骤如下：

（1）在一个平面上画出许多条间距为 1 厘米的平行线①。

（2）取一根长度为 1 厘米的针，随机地向画有平行直线的纸上投掷 N 次，观察针与直线相交的次数，记为 M。

（3）计算针与直线相交的概率。

如图 5.1 所示，在这个试验中，针的长度等于 1 厘米，平面上相互平行且等

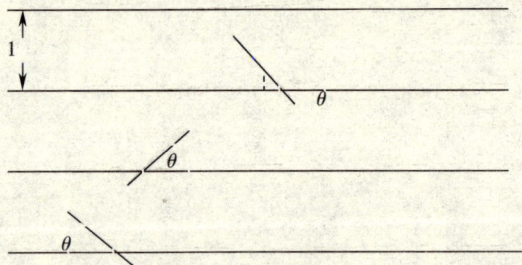

图 5.1 Buffon 投针试验

---

① 平行线的间距并非一定为 1，可以是任何一个值，但是如果设为 1 厘米，可以简化数学推导的过程。

距的平行线间的距离等于 1 厘米，针的中点距离其最近的平行线的距离等于 d 厘米，针与平行线所成夹角为 θ。

如果 X_i 表示第 i 次投针试验，若针与平行线相交，则 X_i 等于 1，否则 X_i 等于 0，X_i 可以表示如下：

$$X_i = \begin{pmatrix} 1 & if & d \leqslant \dfrac{\sin\theta}{2} \\ 0 & if & d > \dfrac{\sin\theta}{2} \end{pmatrix} \tag{5.1}$$

令 $X = \sum\limits_{i=1}^{n} X_i$，则 X 是 N 次试验中针与平行线相交的次数 M。X 的期望值 $E(x)$ 可以表示如下：

$$\begin{aligned} E(X) &= E\left(\sum_{i=1}^{n} X_i\right) \\ &= \sum_{i=1}^{n} E(X_i) \\ &= \sum_{i=1}^{n} \left[0 \cdot p(X_i == 0) + 1 \cdot p(X_i == 1)\right] \\ &= \sum_{i=1}^{n} p(X_i == 1) \end{aligned} \tag{5.2}$$

根据公式（5.1）中针与平行线相交的条件，我们可以用图 5.2 更加直观地解释针与平行线相交的概率计算方法。图 5.2 的横轴表示针与最近平行线的夹角 θ，纵轴为针的中点与最近平行线的距离 d。如图 5.2 所示，在弧线下方阴影所代表的投针一定与平行线相交，在矩形内弧线上方区域内所代表的投针试验一定与平行线不相交。

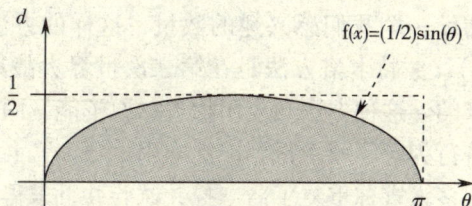

图 5.2

因此，投针试验中，针与平行线相交的概率，即 $P(X_i = 1)$ 等于阴影部分面积与矩形面积之比。

$$P(X_i = 1) = \frac{S_{阴影}}{S_{矩形}}$$

$$= \frac{\int_0^\pi \frac{1}{2}\sin\theta d\theta}{\frac{1}{2}\pi}$$

$$= \frac{2}{\pi} \tag{5.3}$$

由公式 (5.2) 及公式 (5.3) 可得

$$E(X) = \sum_{i=1}^N P(X_i = 1) = \frac{2}{\pi}N \tag{5.4}$$

因此，在投针试验中，针与平行线相交的次数与总投针次数的比值为 $2/\pi$，即

$$\frac{E(X)}{N} = \frac{2}{\pi} \tag{5.5}$$

即

$$\pi = \frac{2}{[E(X)/N]} \tag{5.6}$$

我们用 p 代表针与平行线相交的概率，并用其大样本条件下的频率 M/N 来近似，则可以根据观测到的频率 p，反过来计算 π 的值，即

$$\pi = \frac{2}{p} = \frac{2N}{M} \tag{5.7}$$

5.2   计算机模拟

蒲丰投针试验是蒙特卡洛试验的最初萌芽，像投针试验一样，用通过概率试验所求得的概率来估计一个我们感兴趣的数量，这样的方法称为蒙特卡洛方法（Monte Carlo Method）。蒙特卡洛方法是在第二次世界大战期间随着计算机的诞生而兴起和发展起来的。这种方法在应用物理、原子能、固体物理、化学、生态学、社会学以及经济行为等领域中得到广泛应用。

虽然历史上有很多人宣称重复了蒲丰投针试验并且求得了圆周率的数值，但是对该试验的质疑也很多。比如，需要在多大的平面上投针；当针落下来的时候，如何保证其落点和方位的随机性特点，等等。

随着计算机的飞速发展，以及伪随机数的广泛应用，一些现实中难以达到的条件可以被模拟出来，进而使得诸如蒲丰投针问题等现实中很难模拟的问题真正

被模拟出来。本章介绍了利用计算机模拟蒲丰投针问题的三种不同方法。

例 5.1　随机确定蒲丰针的中点和角度

实现蒲丰投针的随机性，关键在于针的位置怎么确定。与图 5.1 不同，在图 5.3 中，我们在坐标系中利用平行于横坐标的一系列平行线作为试验中的平行线。此时，针与横坐标之间的夹角取值范围规定为（−90°，90°）[①]。如果我们确定了针的中心点和针与 X 轴的夹角，则针的位置完全可以确定。程序思想可以用图 5.3 表示。

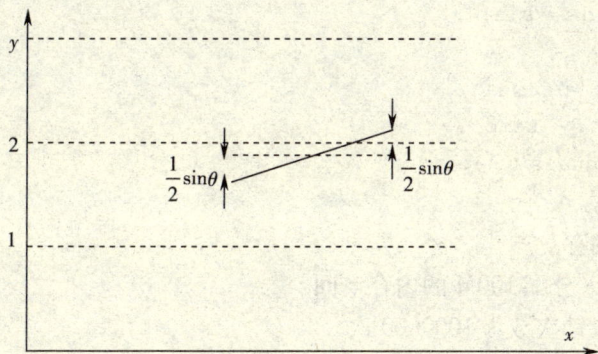

图 5.3　蒲丰投针试验 1

（1）在一个足够大的平面上，设计平面直角坐标系，画出间隔为 1 的、平行于横轴的直线，每条线的纵坐标分别是（0，1，2⋯ 100）。

（2）针的中心点纵坐标 y 服从（0，100）的均匀分布，横坐标随意分布。

（3）针与 X 轴的夹角 θ 服从（−90°，90°）的均匀分布。

（4）因此，针的两个端点纵坐标分别是 $y \pm \dfrac{1}{2}\sin\theta$。

（5）针的中点与相邻的直线的距离分别是 $\mathrm{mod}(y,1)$ 和 $1 - \mathrm{mod}(y,1)$，其中，$\mathrm{mod}(y,1)$ 表示 y 的小数部分。

（6）针与直线相交，则 $\dfrac{1}{2}\sin\theta \geq \min[\,\mathrm{mod}(y,1),1 - \mathrm{mod}(y,1)\,]$。

根据以上分析，我们设计出程序 5.1（含注释）。

---

①　为了定义角度方便，我们也可以首先定义针的头与尾，并将从针头到针尾的方向和横坐标方向的夹角定义为 θ。本例中我们只用针与横轴夹角的锐角，如果针的下端或者下端的延长线与横轴的夹角是锐角，则定义为负角。

程序 5.1：蒲丰投针试验

```
1)clear
2)set mem 100m
3)set obs 1000000
4)gen y = uniform()*100
5)gen theta = uniform()*_pi - _pi/2
6)gen d = min(mod(y,1), 1 - mod(y,1))
7)gen sin = 0.5*sin(theta)
8)gen hit = (d < = sin)
9)sum hit
10)local temp = r(mean)
11)local pi = 2/`temp'
12)disp "Pi equals to `pi'"
```

程序 5.1 注释：

1）清空内存。

2）为 Stata 分配 100M 的内存空间。

3）设置投针次数为 1000000 次。

4）y 是（0，100）的均匀分布随机变量，代表针中点的纵坐标。

5）θ 是区间（$-90°$，$90°$）上的均匀分布，_pi 是 Stata 内置的圆周率常数 π。

6）计算针的中点距离两边直线的最短距离 d。

7）计算针的端点距离中点的横坐标距离 $\sin\theta$。

8）针与直线相交（$d < \sin$），则 hit $==1$。

9）通过 summarize 命令，得到 hit 的平均值，即针与直线相交的频率。[①]

10）将这一频率记在一个名为 temp 的 local 中。

11）计算 π 的值，记在一个名为 pi 的 local 中。

12）将 π 值打印在屏幕上。

5.3　计算机模拟的改进

以上的程序非常直观，也弥补了原始蒲丰投针试验中无法保证针的位置随机

---

① Summarize 给出变量的基本统计特征，包括样本容量、均值、方差、中值等。它不仅提供屏幕输出，而且将这些指标保存在一些 r( ) 类的宏中。执行完 summarize 命令以后，读者可以用 return list 命令查看这些中间结果，或者在后续的命令中调用这些结果，直到下一个拥有 r( ) 类返回值的命令执行为止。本例中，执行完 summarize 命令以后，Stata 将 hit 的均值保留在 r(mean) 中。

的缺陷，计算出的 π 值也相当准确，似乎没有什么问题了，但事实上这并不是一个好的程序，因为这个程序犯了一个致命的错误。蒲丰投针的目的是计算 π 的值，可是，以上的程序却在计算之前已经首先使用了三角函数和 π 本身的值，因此，有循环论证的嫌疑。接下来，我们用例 5.2 来解决这一问题。

例 5.2　避免使用三角函数和 π 值的蒲丰投针试验 1

　　为了避开使用三角函数和 π 值本身带来的循环论证，如图 5.4 所示，我们从坐标系中随机寻找两个点（x0，y0）和（x2，y2），这两个点的横坐标和纵坐标都服从区间（0，100）上的均匀分布，这样看起来既可以保证蒲丰针落点的随机性，也可以保证方位的随机性（请认真思考这一问题）。然后我们在线段（x0，y0）——（x2，y2）的方向上寻找点（x1，y1），使得（x0，y0）到（x1，y1）的欧氏距离为 1，计算公式如下：

$$x1 = x0 + \frac{(x2 - x0)}{\sqrt{(x2 - x0)^2 + (y2 - y0)^2}} \tag{5.8}$$

$$y1 = y0 + \frac{(y2 - y0)}{\sqrt{(x2 - x0)^2 + (y2 - y0)^2}} \tag{5.9}$$

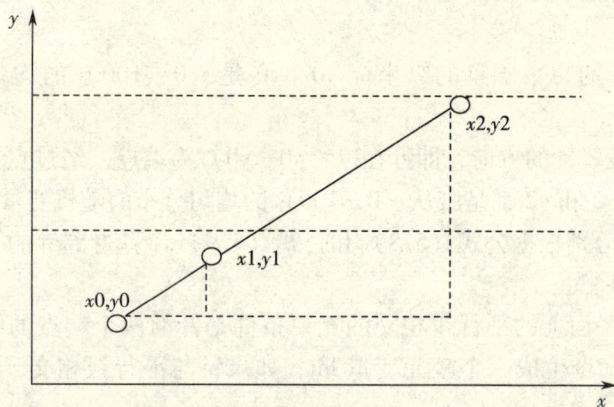

图 5.4　蒲丰投针试验 2

实现以上蒲丰投针试验的程序见（见程序 5.2）和注释如下：

程序 5.2：改进的蒲丰投针试验

```
1)clear
2)set seed 1234567
3)set mem 100m
4)set obs 1000000
5)gen y0 = uniform()*100
```

```
6)gen x0 = uniform()*100
7)gen y2 = uniform()*100
8)gen x2 = uniform()*100
9)gen x1 = x0 +1/sqrt((x2 - x0)^2 + (y2 - y0)^2) * (x2 - x0)
10)gen y1 = y0 +1/sqrt((x2 - x0)^2 + (y2 - y0)^2) * (y2 - y0)
11)gen hit = (int(y0) ~ =int(y1))
12)sum hit
13)local temp = r(mean)
14)local pi = 2/`temp'
15)disp "Pi equals to `pi'"
```

程序 5.2 注释：

1）清空内存。

2）设置随机数生成器的种子值为 1234567。

3）给 Stata 分配 100 兆内存空间。

4）设置将来生成变量的观测个数为 1000000，也就是说要投 1000000 次针。

5）设置针的一个端点的横坐标 x0，x0 是（0，100）的均匀分布随机变量。

6）设置针的一个端点的纵坐标 y0，y0 是（0，100）的均匀分布随机变量。

7）、8）设置针的方向，即针在以（x0，y0）为端点，经过点（x2，y2）的射线上，并且 x2 和 y2 都是服从（0，100）的均匀分布的随机变量。

9）、10）分别根据公式（5.8）和公式（5.9）计算得到针的另一个端点的坐标（x1，y1）。

11）针与平面上的平行线相交的充要条件是针的两个端点的纵坐标整数部分不相同；该命令生成一个哑元变量 hit，如果针与平行线相交，则 hit 等于 1，否则 hit 等于 0。

12）计算 hit 的基本统计特征，包括均值。

13）命令 summarize 以后，变量 hit 的均值保留在 r(mean) 中，可以当做一个数字被调用，这一均值正是蒲丰针与平行线相交的频率（收敛于概率）。

14）计算 π 的值。

15）将 π 值直接输出到屏幕。

例 5.2 程序给出的 π 值是 3.15。如果该程序正确，100 万次投针应该给出比较精确的 π 值。显然 3.15 与 π 的准确值有一定的差距，因此我们有理由怀疑以上程序的正确性。事实上，这一误差的根源在于我们设定的方式并不能给出 θ 的一个均匀分布，其原因如图 5.5 所示。

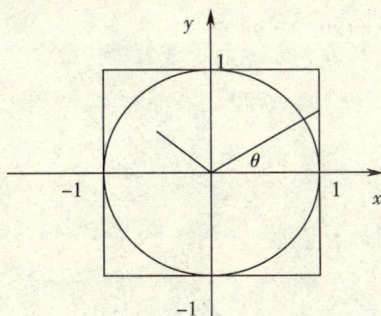

图 5.5　正方形内的均匀分布与极坐标角度的非均匀分布

假定变量 x 和 y 相互独立且均服从区间（-1，1）上的均匀分布，则（x，y）为图 5.5 所示正方形内的均匀分布。我们可以证明，此时正方形内任一点（x，y）和 x 轴的夹角 θ 不是均匀分布。为了证明 θ 不服从均匀分布，我们只需要证明图 5.5 中正方形第一象限部分的点对应的 θ 不是均匀分布即可。显然，当 $\theta \leqslant \dfrac{\pi}{4}$ 的时候，θ 的分布函数是：$F(\theta) = \dfrac{1}{2} \times 1 \times \tan(\theta)$，即从原点到点（x，y）的射线在正方形第一象限部分割出的三角形的面积。显然这一部分的分布函数对应的密度函数不可能是常数，因此 θ 不是均匀分布。

例 5.3　避免使用三角函数和 π 值的蒲丰投针试验 2

如果我们将（x，y）限制在单位圆内，根据极坐标变换的原理，我们可以证明此时的 θ 必然服从均匀分布。为了解决程序 5.2 的错误，我们首先在均匀分布的单位圆内找一个点，用来确定 θ，然后在坐标系中随机定义点（x1，y1），并计算针的另一个端点（x2，y2），试验程序如下：

程序 5.3：避免三角函数运算的蒲丰投针试验

```
1)clear
2)set seed 1234567
3)set mem 100m
4)set obs 1500000
5)gen y0 = uniform()
6)gen x0 = uniform()
7)keep if y0^2 + x0^2 < =1
```

```
8)keep if _n < =1000000
9)gen x1 = uniform() *100
10)gen y1 = uniform() *100
11)gen x2 = x1 + x0/sqrt(x0^2 + y0^2)
12)gen y2 = y1 + y0/sqrt(x0^2 + y0^2)
13)gen hit = (int(y1) ~ =int(y2))
14)sum hit
15)local temp = r(mean)
16)local pi = 2/`temp'
17)disp "Pi equals to `pi'"
```

程序 5.3 注释:

1) 清空内存。

2) 设置随机数生成器的种子值为 1234567。

3) 给 Stata 分配 100 兆内存空间。

4) 设置将来生成变量的观测个数为 1500000。

5) 任取单位正方形内一点 (x0, y0), y0 服从 (0, 100) 均匀分布。

6) x0 服从 (0, 100) 均匀分布。

7) 如果 (x0, y0) 不在单位圆内, 则去掉该点。

8) 只保留前 100 万个记录。

9)、10) 分别生成点 (x1, y1), 两个坐标值都服从区间 (0, 100) 上的均匀分布。

11)、12) 生成点 (x2, y2), 使得该点与 (x1, y1) 之间的距离是 1, 两点间的连线与 x 轴的夹角与单位圆内的点 (x0, y0) 和原点的连线与 x 轴夹角相等。

13) 如果 y1 和 y2 的整数部分不同, 则 (x1, y1) 和 (x2, y2) 之间的线段必然和一条平行线相交, 程序生成哑变量 hit, 如果相交, 则 hit 等于 1, 否则 hit 等于 0。

14) 计算 hit 的基本统计特征, 包括均值。

15) 将变量 hit 的均值保留在 r (mean) 中, 可以当做一个数字被调用, 这一均值正是蒲丰针与平行线相交的频率 (收敛于概率)。

16) 计算 π 的值。

17) 将 π 值直接输出到屏幕。

5.4　多次试验模拟

以上程序给出的结果是: $\pi = 3.142$, 精度有一定的提高。虽然我们进行的投针次数是 100 万次，但是对于蒲丰投针试验来说，我们仅仅进行了一次试验，只不过在该次试验中，我们的投针次数是 100 万次而已。为了提高试验的精度，我们可以重复多次试验，然后用多次试验计算出的圆周率 π 的平均值作为最终的 π 的近似值。Stata 有一个辅助命令 simulate，可以将其他命令的运算重复执行多次，以达到重复试验的目的。

程序 5.4 就是利用了辅助命令 simulate，重复了例 5.3 的蒲丰投针试验。程序首先定义了一个子程序，调用该子程序时向 Stata 提供投针次数和平面大小，子程序就完成例 5.3 的蒲丰投针试验。然后用 simulate 命令将子程序定义的试验重复多次。

simulate 命令格式如下：

```
simulate [exp_list] , reps(#) [options] : command
```
说明：

（1）exp_list 的作用是告诉 Stata，执行完冒号后的命令，simulate 要计算的返回值是什么。如果我们没有指定要 simulate 计算某一个具体的返回值，那么 simulate 就计算一个缺省的返回值。

Stata 命令都有返回值，可以大致分为 e-class 或者 r-class。针对模型估计型命令，返回值是 e-class，对于大部分其他命令，返回值是 r-class。不过与其说 Stata 命令有返回值，还不如说这些数值本身就存在着，只是被 Stata 的命令修改了而已。e-class 的返回值都可以用 e() 调用。比如线性回归命令执行以后，你可以用 ereturn list 命令查看这些 e() 返回值，例如 e(b) 代表线性回归系数列向量，e(V) 则返回了方差—协方差矩阵。在 regress 之后，如果你输入 disp e(r2)，屏幕将输出线性回归的拟合优度 R^2。对于命令 regress，缺省设定情况下，simulate 将计算系数向量。对于 r-class 的命令，simulate 在缺省设定下，将计算所有的数字型返回值。

（2）reps（#）设定 simulate 执行冒号后面命令的次数。

（3）[option] 根据具体情况而定，有兴趣的读者可以用 help simulate 命令深入研究。

读者从命令窗口中输入如下的命令，看看得到什么结果？

```
sysuse auto
simulate, reps(100): sum mpg
sum
```
sum 是 summarize 的缩写，是一个 r-class 的命令，它有八个数字型的返回值，在缺省设定下，simulate 计算了全部八个返回值的结果。并把这些结果以一个 Stata 数据的形式保存在内存中。屏幕输出的结果如图 5.6 所示。

```
. sysuse auto
(1978 Automobile Data)

. simulate, reps(100): sum mpg

      command:  summarize mpg
           N:   r(N)
       sum_w:   r(sum_w)
        mean:   r(mean)
         Var:   r(Var)
          sd:   r(sd)
         min:   r(min)
         max:   r(max)
         sum:   r(sum)

Simulations (100)
   ───┼───1───┼───2───┼───3───┼───4───┼───5
   ..................................................   50
   ..................................................  100

. sum
```

Variable	Obs	Mean	Std. Dev.	Min	Max
N	100	74	0	74	74
sum_w	100	74	0	74	74
mean	100	21.2973	0	21.2973	21.2973
Var	100	33.47205	0	33.47205	33.47205
sd	100	5.785503	0	5.785503	5.785503
min	100	12	0	12	12
max	100	41	0	41	41
sum	100	1576	0	1576	1576

图 5.6　Simulate 的返回值

除了缺省设定，读者也可以在 ［exp_ list］ 位置具体输入要计算的返回值，如：

```
simulate r(mean), reps(100): sum mpg
```
则重复计算 mpg 的均值 100 次，屏幕输出结果如图 5.7 所示。

以上的 simulate 命令，由于在运行的过程中，并没有改变样本，计算结果缺乏随机性。但是，在 Monte Carlo 试验中，由于样本要随机生成，每次执行冒号后的命令，得到的返回值会不相同，因而具有一定的随机性。在如下的例 5.4 程序中，我们利用 simulate 命令，重复 1000 次蒲丰投针试验。

程序 5.4：多次蒲丰投针试验

```
(1)clear
(2)set more off
(3)capture program drop buffon
```

```
. sysuse auto
(1978 Automobile Data)

. simulate r(mean), reps(100): sum mpg

      command:  summarize mpg
      _sim_1:  r(mean)

Simulations (100)
     ├──── 1 ──┼── 2 ───┼─ 3 ──┼─ 4 ──┼─ 5
..................................................    50
..................................................    100

. sum

    Variable │      Obs       Mean   Std. Dev.       Min        Max
    _sim_1 │      100    21.2973          0    21.2973    21.2973

.
```

图 5.7　Simulate 命令举例

(4)program define buffon, rclass

   1)version 10.0

   2)syntax [, obs(integer 1000), grade(int 100)]

   3)drop _all

   4)local obs2 = int(`obs'*1.5)

   5)set obs `obs2'

   6)tempvar x0 y0 x1 y1 x2 y2

   7)gen `y0' = uniform()

   8)gen `x0' = uniform()

   9)keep if `y0'^2 + `x0'^2 <= 1

   10)keep if _n <= `obs'

   11)gen `x1' = uniform()*100

   12)gen `y1' = uniform()*100

   13)gen `x2' = `x1' + `x0'/sqrt(`x0'^2 + `y0'^2)

   14)gen `y2' = `y1' + `y0'/sqrt(`x0'^2 + `y0'^2)

   15)gen hit = (int(`x1') ~= int(`x2'))

   16)sum hit

   17)local temp = r(mean)

   18)local pi = 2/`temp'

   19)return scalar pi = `pi'

(5)end

(6) simulate pi = r(pi), reps(1000): buffon, obs(10000)

程序 5.4 注释：

（1）清空内存。

（2）允许屏幕滚动输出。

（3）如果内存中已经定义子程序 buffon，则将这一子程序从内存中清除，否则跳过该行命令。

（4）定义子程序 buffon，规定该子程序会向调用此子程序的程序返回数值（rclass）。

　　1）规定该子程序按照 Stata version 10.0 编译（Stata 升级的时候，可能会废弃或者修改某些命令）。

　　2）子程序的调用语法，调用的时候，可以提供两个参数 obs 和 grade，obs 是每次试验的投针次数缺省值 1000，grade 规定了投针的平面大小，缺失值是 100，即在坐标中划出 100 条平行于 y 轴的直线，这些直线的横坐标分别是 1，2，…，100。

　　3）删除内存中的变量。

　　4）定义一个新的局部宏 obs2，obs2 是最初设定的投针次数的 1.5 倍，如果调用程序的时候并没有提供参数 obs 的值，则使用缺省值 1000，对应的 obs2 就是 1500。

　　5）设定试验的观测次数为 obs2。

　　6）设置几个临时变量 x0 y0 x1 y1 x2 y2，调用临时变量，其变量名以局部宏的形式出现。

　　7）、8）分别设定（x0，y0）是单位正方形内的均匀分布。

　　9）如果点（x0，y0）不在单位圆内，则删除此记录，经过这一步操作后，我们只保留了单位圆内的部分（x0，y0），并且剩下的（x0，y0）服从单位圆内的均匀分布。

　　10）只保留前 n 个 obs 记录（例如缺省值的情况下，只保留前 1000 个记录）。[①]

　　11）、12）分别生成点（x1，y1），两个坐标值都服从区间（0，grade）上的均匀分布。

　　13）、14）分别生成点（x2，y2），使得该点与（x1，y1）之间的距离是 1，两点间的连线与 x 轴的夹角与单位圆内的点（x0，y0）和原点的连线的方

---

① 这一行程序可有可无，并不影响程序执行的效果。

向相同。

15）如果 y1 和 y2 的整数部分不同，则（x1，y1）和（x2，y2）之间的线段必然和一条平行线相交，程序生成哑变量 hit，如果相交，则 hit 等于 1，否则 hit 等于 0。

16）计算 hit 的基本统计特征，包括均值。

17）将变量 hit 的均值保留在 r（mean）中，可以当做一个数字被调用，这一均值正是蒲丰针与平行线相交的频率（收敛于概率）。

18）计算 π 的值。

19）将 π 值作为返回值。

（5）结束子程序。

（6）利用 simulate 命令，调用子程序 buffon 1000 次，返回值是 π，并保存在一个名为 pi 的变量中。

程序运行以后，Stata 中保留一个名为 pi 的变量，该变量拥有 1000 个观测值，正是 1000 次蒙特卡洛试验对应的 1000 个 π 值的计算结果。不难看出，这一数字的精确度进一步上升了。

5.5　方圆鱼缸试验

顺便指出，用蒙特卡洛计算 π 值的方法不止蒲丰投针一个，另外一个理论上更加简单的方法，可以被称做方圆鱼缸试验。如图 5.8 所示，假定我们有一个正方形的鱼缸，我们在鱼缸中放一个与正方形鱼缸四条边都相切的圆形鱼缸（正方形的内切圆），假定鱼缸壁足够薄，下雨的时候，我们把这个组合鱼缸放在院子里，假定雨滴是随机落下的，那么，一段时间以后，通过计算圆形鱼缸水的容积与整个组合鱼缸中水的容积的比例，可以得到另一个计算 π 的方法。

圆的面积是 π 但是正方形的面积是 4，因此圆形鱼缸中水占整个组合鱼缸中水的比例是 p = π/4。根据 p 可以计算出 π = 4p。程序 5.5 没有注释，请读者自己熟悉。

程序 5.5：一次方圆鱼缸试验

```
clear
set mem 100m
set obs 1000000
gen x = uniform()*2-1
```

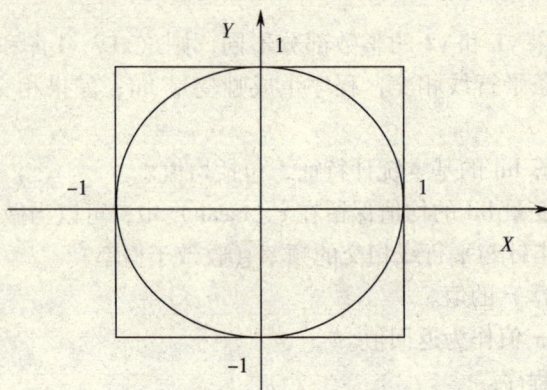

图 5.8　方圆鱼缸试验

```
gen y = uniform() * 2 - 1

gen inside = (x^2 + y^2 < =1)
sum inside
local temp = r(mean)
local pi = 4 * `temp'
disp "Pi equals to `pi'"
```

　　或者我们可以用 simulate 命令，重复多次此方圆鱼缸试验，对应的程序见程序 5.6。

程序 5.6：多次方圆鱼缸试验

```
clear
set more off
capture program drop circle _ square
program define circle _ square, rclass
    version 10
    syntax [, obs(integer 1000) ]
    drop _ all
    set obs `obs'
    tempvar x
    gen `x' = uniform() * 2 - 1
    tempvar y
    gen `y' = uniform() * 2 - 1
    tempvar inside
```

```
        gen `inside' = (`x'^2 + `y'^2 < =1)
        summarize `inside'
        local pi = 4 * r(mean)
        local Var = 16 * r(Var)
        return scalar pi = `pi'
        return scalar Var = `Var'
    end

simulate pi =r(pi) var =r(Var), reps(1000): circle _ square, obs(10000)
```

第 6 章

离散型随机变量的模拟

在随机试验或者问卷调查中，我们常常需要离散型的随机变量。常用的离散型分布包括两点分布、多元分布、二项分布和泊松分布等。本节简要介绍如何生成这些随机变量。在第 1 章中我们介绍了伪随机数的生成，我们知道，任何统计软件的伪随机数生成器都要首先生成一个区间（0，1）上的均匀分布，这个随机数其实是任何其他随机数的基础。数学上我们很容易证明，如果 $u \sim U(01)$（单位均匀分布），$F(x)$ 是随机变量 X 的分布函数，如果 $F(x)$ 的反函数存在的话，则 $F^{-1}(u)$ 与 X 同分布。根据这一结论，对任何的分布，只要分布函数的反函数存在，我们都可以通过 $F^{-1}(u)$ 将单位均匀分布 $U(0,1)$ 做变换得到该分布的一个序列（当然也是伪随机数）。

6.1　事件空间有限的离散型随机变量

离散型随机变量，由于其分布函数阶梯形的特点，不存在反函数，所以上面的方法对离散型分布无效，虽然如此，我们却可以找到更加有效的方法。根据离散型分布取值空间可数的特点，我们可以写出分布列和对应的概率，然后从单位正态分布中找到对应的片段赋值即可。比如在香港，有一种六合彩（Mark Six）彩票，投注人从 1－49 共 49 个数字中抽六个号码，如果这六个号码与将来搅珠产生的六个号码完全相同，则投注人获胜。搅珠过程可以看做是一个不放回的抽样，总共进行六次搅珠，每次产生一个 1－49 的数字。现在我们模拟产生六合彩的搅珠结果，不难理解，第一次搅珠，摇出某一数字的概率是 1/49。假定进行 1000 次这样的试验，我们可以用程序 6.1 模拟第一次搅珠的结果。

程序 6.1：六合彩第一次搅珠结果模拟

```
1)clear
```

```
2)set obs 10000
3)gen u = uniform() * 49
4)gen x = int(u) +1
```

程序 6.1 注释:

1) 清空内存。

2) 设定我们的试验次数为 1000 次。

3) 生成随机变量 u, u 是 (0, 49) 上的均匀分布。

4) 生成随机变量 x, x 等于 x 的整数部分加 1。

在更多的情况下, 离散型分布各个基本事件出现的概率并不相同, 例如表 6.1 的分布列。

表 6.1 离散变量 x 取值概率分布

x	1	2	3	4	5
P (x)	0.1	0.2	0.25	0.25	0.2

我们只需将单位均匀分布分成 5 段, 每段的长度分别是 0.1、0.2、0.25、0.25 和 0.2, 分布映射到 1~5 的五个数字上即可。

当然可以建立的映射有无穷多种, 下面给出的是最直观的两种方法:

方法 1:

$$x = \begin{cases} 1 & 0 < u < 0.1 \\ 2 & 0.1 \leq u < 0.3 \\ 3 \quad if & 0.3 \leq u < 0.55 \\ 4 & 0.55 \leq u < 0.8 \\ 5 & 0.8 \leq u < 1 \end{cases}$$

方法 2:

$$x = \begin{cases} 5 & 0 < u < 0.2 \\ 4 & 0.2 \leq u < 0.45 \\ 3 \quad if & 0.45 \leq u < 0.7 \\ 2 & 0.7 \leq u < 0.9 \\ 1 & 0.9 \leq u < 1 \end{cases}$$

我们用程序 6.2 来实现方法 1 的简单过程:

程序 6.2: 有限离散型随机变量的模拟 (一)

```
* p(xi) =pi
* here suppose that x =1(1) 5
```

```
* p1 = 0.1 p2 = 0.2 p3 = 0.25 p4 =0.25 p5 = 0.2
1)clear
2)set obs 10000
3)gen u = uniform()
4)egen x = cut(u), at(0, 0.1, 0.3, 0.55, 0.8, 1)
5)tab x
6)recode x 0 =1
7)recode x 0.1 =2
8)recode x 0.3 =3
9)recode x 0.55 =4
10)recode x 0.8 =5
11)tab x
```

程序 6.2 注释：

　　* 星号开始的行是注释行，说明星号以后的部分是对程序的注释。

　　1）清空内存。

　　2）设定变量的观测值个数为 10000，也就是说，我们要生成 10000 个具有以上表格定义的离散型分布的随机变量的样本值。

　　3）生成单位均匀分布 u。

　　4）将 u 在 0、0.1、0.3、0.55、0.8 和 1 共 6 个点处分成 5 段。注意，此处利用了一个命令 egen，egen 即 extended generate，是 generate 命令的扩展，该命令利用一系列预先定义的函数，对已经存在的变量（组）进行操作，生成新的变量，比如生成某一变量的均值、方差、中值、分位数等。这个命令非常有用，具体可以通过 help egen 寻求帮助。该语句的执行结果是生成变量 x，如果 $0 < u \leqslant 0.1$，则 x = 0；$0.1 < u \leqslant 0.3$，则 x = 0.1；依此类推，最后一段对应 x = 0.8（即用 cut( ) 给出的分段区间的左端点赋值给 x）。

　　5）命令 tabulate 用列表的方式显示 x 取不同数值出现的次数和频率。

　　6）对 x 重新赋值，如果 x = 0，x 则重新赋值为 1。recode 类似于 replace 命令，所有 recode 实现的功能都能通过 replace 实现，recode 往往用于对取值范围有限的非连续变量重新赋值。这里的命令等价于 replace x = 1 if x ==0。

　　7）对 x 重新赋值，如果 x = 0.1，x 则重新赋值为 2。

　　8）对 x 重新赋值，如果 x = 0.3，x 则重新赋值为 3。

　　9）对 x 重新赋值，如果 x = 0.55，x 则重新赋值为 4。

　　10）对 x 重新赋值，如果 x = 0.8，x 则重新赋值为 5。

　　11）命令 tabulate 用列表的方式显示 x 取不同数值出现的次数和频率。

需要指出的是，程序的前三行都以星号（＊）开始，表示这三行是注释行。第一行告诉我们在程序中，我们用 pi 表示 x＝i 的概率，第二行告诉我们 x 的取值为 1－5 的自然数，第三行告诉我们 x 取不同数值的概率。Stata 除了用 ＊ 号表示注释行之外，还可以在命令行中添加注释，我们可以在每一行的结尾用"/＊注释内容 ＊/"的形式添加注释。在程序执行过程中，每当遇到注释行，Stata 会自动跳过这一部分。

运行以上的程序，我们可以得到如下的结果。x 取值分别是 1、2、3、4 和 5，对应的频率接近表 6.1 设定的 0.1、0.2、0.25、0.25 和 0.2（因为随机数初值的不同，你的结果可能与表 6.2 的结果有细微的差别）。

表 6.2　　　　　　　　　有限离散型随机变量模拟结果

tab x				
	x	Freq.	Percent	Cum.
	1	1010	10.10	10.10
	2	2017	20.17	30.27
	3	2427	24.27	54.54
	4	2572	25.72	80.26
	5	1974	19.74	100.00
	Total	10000	100.00	

以上的程序中，我们用了五个 recode 命令，其实这五条命令可以写成一条命令，所以整个程序可以更简洁地写成程序 6.3。

程序 6.3：有限离散型随机变量的模拟（二）

```
clear
set obs 10000
gen u = uniform()
egen x = cut(u), at(0, 0.1, 0.3, 0.55, 0.8, 1)
recode x (0 = 1) (0.1 = 2) (0.3 = 3) (0.55 = 4) (0.8 = 5)
tab x
```

除了 recode 命令以外，我们也可以用 egen 的 group( ) 函数，对 x 按照取值的不同分组，并按照取值的大小升序排列编码为 1、2、3、4 和 5，生成一个新的变量 y。具体程序如程序 6.4，此时，符合要求的随机变量是 y 而不是 x。[1]

---

[1]　除非 x 是从 1 开始的有限个连续的自然数，否则用 egen group 之后还要对 x 的取值进行调整。

程序 6.4：有限离散型随机变量的模拟（三）

```
clear
set obs 10000
gen u = uniform()
egen x = cut(u), at(0, 0.1, 0.3, 0.55, 0.8, 1)
egen y = group(x)
tab y
```

体育彩票可以看做是对 0 到 9 的 10 个数字的随机排序，然后取前面的 6 个数字，假定我们要模拟中奖的号码，可以写一个子程序每次生成 6 个数字，然后反复调用该子程序，每次调用后将排序结果记录下来。这时候可以利用 Stata 的 post 命令。post 命令可以把每次排序后的结果作为一个观测值记录在一个外部 Stata 文件中。post 命令在蒙特卡洛试验中非常有用，它首先定义一个数据文件，调用 post 文件的 postname 和数据文件中变量的名字，然后每调用一次 post 命令，外部 Stata 多一行记录，最后关闭 post 命令。post 命令格式如下：

语法：

```
postfile postname 变量名列表 using 文件名称 , [replace]
post postname (exp) (exp)…(exp)
postclose postname
```

help post 没有给出 post 的具体例子，读者通过例程 6.5，不难发现 post 命令强大的功能，在第 10 章关于特殊数据的读入和第 20 章关于对照组样本的构造中，我们会再次用到 post 命令。

程序 6.5：六位数字体育彩票的 100 次模拟

```
*随机排序程序
*生成 0 到 9 的随机排序,保留前 6 位
(1)clear
(2)set obs 10
(3)postfile permutation x1 x2 x3 x4 x5 x6 using d:\my_permut, replace
      1)gen u = .
      2)forval i = 1 (1) 100 {
      3)qui replace u = uniform()
      4)qui egen x = rank(u)
      5)replace x = x - 1
      6)post permutation (x[1]) (x[2]) (x[3]) (x[4]) (x[5]) (x[6])
      7)drop x
      8)}
```

(4)postclose permutation

(5)10)use d:\my_permut, clear

程序6.5注释：

（1）清空内存。

（2）设定观测值数目为10。

（3）定义一个post，调用名称为permutation，外部数据文件为d：\my_permut.dta，数据文件有6个变量，分别是x1 – x6。

　　1）预先生成一个空值变量u。

　　2）定义一个循环，从i' = 1开始循环，每次步长为1，直到i' = 100，即进行100次随机排序。

　　3）将u重定义为一个单位均匀分布的变量，注意，此时u只有10个观测值，这10个观测值不可能重复。

　　4）生成u的排序号码x，即如果对u进行从小到大的排序，每一个u对应的位次，该位次x的取值是1到10的10个数字。

　　5）对x重新赋值，在原来的基础上减去1，即让x的取值变为0到9的10个数字。

　　6）将前6个数字以一个观测值的形式添加到文件d：\my_permut.dta中。

　　7）删除变量x。

　　8）一轮循环结束，如果i小于100，则返回到2），否则，到（4）。

（4）结束permutation post。

（5）将文件d：\my_permut.dta调入内存。

程序6.6是一个六合彩随机投注程序，与上面的程序类似，只是我们首先从49个数字中随机抽取6个数字。

程序6.6：六合彩随机投注程序

```
1)clear
2)set obs 49
3)postfile permutation x1 x2 x3 x4 x5 x6 using d:\my_permut, replace
4)gen u = .
5)forval i = 1 (1) 10000 {
6)qui replace u = uniform()
7)qui egen x = rank(u)
8)post permutation (x[1]) (x[2]) (x[3]) (x[4]) (x[5]) (x[6])
9)drop x
```

```
10)postclose permutation
11)use d:\my_permut, clear
```

6.2　几何分布离散型随机变量

几何分布是事件空间无限的离散型随机变量，其分布如下：

$$P(x = i) = p(1 - p)^{i-1} \quad i = 1,2\cdots$$

比如说你有一串外形相似的钥匙，总共有五把，只有一把可以打开你办公室的门。你每次随机抽取一把钥匙来开门，那么你要试验的多少次才能打开门呢？这个问题就是一个参数 p = 0.2 的几何分布问题。其事件空间是整个自然数。模拟这一分布的难点在于，当 i 很大的时候，其出现的概率 p 很小，甚至很快小到超出任何计算机的精度范围，对每一个自然数 i 都进行一次赋值运算显然是不可能的，即便是一个较小的 i 的取值范围（比如 1 到 10000，比整个自然数要小多了），也会耗费大量的计算机资源。我们必须在程序中寻找比较恰当的循环停止条件，并且保证对每一个初始单位随机变量，找到一个对应的 i。假定我们知道某一变量服从几何分布，参数是 0.2，我们可以用如下的程序 6.7 来模拟这一分布。

程序 6.7：参数为 0.2 的几何分布（一）

```
*p(x=i)=p*(1-p)^(i-1)
(1)clear
(2)set obs 10000
(3)gen u = uniform()
(4)gen x = 1 if u<.2
(5)local i = 2
(6)qui sum x
(7)local missing = _N-r(N)
(8)while `missing'~=0 {
        1)local pi = 1-0.8^(`i'-1)
        2)qui replace x = `i' if u<`pi' & x==.
        3)local i = `i'+1
        4)qui sum x
        5)local missing = _N-r(N)
(9)}
(10)drop u
(11)tab x
```

程序 6.7 注释：

（1）清空内存。

（2）设定观测值个数为 10000，相当于我们要做 1 万次抽样。

（3）生成一个单位均匀分布变量 u。

（4）生成变量 x，如果 $u < 0.2$，则 $x = 1$，否则 x 不赋值。

（5）设置计数器 i'，初值为 2。

（6）计算 x 的基本统计量，主要是为了计算一共有多少 x 已经被赋值了

（7）还有多少 x 没有被赋值呢？ $missing = \_N - r(N)$，其中 $\_N$ 是总的样本容量 10000，$r(N)$ 由上一条命令的 summarize 计算出来，以返回值 $r(N)$ 的形式保存在计算机内存中，代表已经被赋值的 x 的个数。

（8）如果还有未被赋值的 x，则开始循环。

 1）计算 $x \leq i$ 的概率，并记为 local pi。

 2）如果 $u < pi$ 且对应的 x 尚未被赋值，则将对应的 x 重新赋值为 i'。

 3）计数器 i' 递增 1。

 4）计算 x 的基本统计量，主要是为了计算一共有多少 x 被赋值了。

 5）还有多少 x 没有被赋值呢？ $missing = \_N - r(N)$。

（9）如果 x 还没有全部被赋值，则跳回 1），继续循环，否则，跳回（10）。

（10）删除变量 u。

（11）用 tabulate 命令查看 x 不同取值出现的频率。

生成几何分布随机变量的另一个程序设计思路是：

1）生成单位均匀分布。

2）生成每一观测的序号。

3）对单位均匀分布样本按照从小到大的顺序排序。

4）从排序后的第一个（即最小一个）u 出发，遍历每一个观测值直到 $u \geq 0.2^1 = 0.2$，这些 u 对应的 x 赋值 1。

5）从上次遍历的后一个 u 开始，直到 $u \geq 0.2^1 + 0.2^2 = 0.24$，对 x 赋值 2。

6）如此循环，每次循环中，对 x 赋值为 i'，对应的 u 的取值范围为 $\sum_{t=1}^{i-1} 0.2^t \leq \sum_{t=1}^{i} 0.2^t$，直到遍历到最大的一个 u。

7）按照 u 最初的观测序号重新排列。

程序 6.8 就是秉承这种思想设计出来的，有兴趣的读者可以比较两个程序执行速度的快慢。为比较方便起见，读者可以：

（1）把样本数设置得尽量大，比如 100000 个样本（set obs 100000）。

（2）在程序的首尾部分增加记录当前时间的命令。

程序 6.8：参数为 0.2 的几何分布（二）

```
(1) local t1 = clock(c(current_date) +" "+c(current_time), "DMYhms")
(2) clear
(3) set more off
(4) set obs 10000
(5) gen u = uniform()
(6) gen n = _n
(7) sort u
(8) gen x = 1 if _n == 1
       1) local pi = 0
       2) local x = 1
       3) local N = _N
       4) local i = 2
(9) while `i' < = `N' {
       1) if u[`i'] < `pi' {
       2) qui replace x = `x' if _n == `i'
       3) local i = `i' + 1
       4) }
       5) else {
       6) local x = `x' + 1
       7) local pi = 1 - 0.8^(`x' - 1)
       8) }
(10) }
(11) sort n
(12) drop n u
(13) tab x
(14) local t2 = clock(c(current_date) +" "+c(current_time), "DMYhms")
(15) local run_time = `t2' - `t1'
(16) disp "the program run `run_time' milliseconds"
```

程序 6.8 注释：

（1）记录当前时间，即程序开始的时间为 t1，精确到毫秒。

（2）清空内存。

（3）允许屏幕滚动输出。

（4）设置变量观测值个数为 10000。

（5）生成单位均匀分布变量 u。

（6）为各观测值生成序号 n，从 1 到 1000。

（7）观测值按照 u 升序排列。

（8）生成变量 x，此时 x 对第一个样本点（按 u 升序排列以后）等于 1，对其他样本点不赋值。

　　1）设置一个初始概率pi' = 0。

　　2）设置 local x 的初值为 1（注意，此处的 x 为 local，不是变量）。

　　3）设置循环运行次数 local N，N = 观测值个数（就这个程序而言，N = 1000，为方便读者将来修改观测值个数，我们用_N）。

　　4）设置循环计数器 i 初值为 2。

（9）如果计数器i'小于'N'（注意此处 i 和 N 都是 local）开始循环。

　　1）判断第i'个'u'是否比pi'小，则执行大括号内的代码｛。

　　2）对第i'个 u 赋值x'。

　　3）计数器i'增加 1。

　　4）｝。

　　5）如果上面的判断语句为否定，则执行下面的大括号内的程序｛。

　　6）local x 增加 1。

　　7）并将pi'修改为 $1 - 0.8^{(`x'-1)}$。

　　8）｝结束判断语句。

（10）｝循环语句结束。

（11）按照最初的序号排序。

（12）删除 n 和 u。

（13）查看 x 不同取值出现的频率。

（14）记录当前时间，即程序结束的时间为't2'，精确到毫秒。

（15）计算程序运行时间，精确到毫秒。

（16）屏幕输出程序运行时间。

读者可以模仿程序 6.8 修改程序 6.7，增加时间记录的部分，以便计算程序执行的快慢。以 Petium 2.8GHZ，2GB 内存计算机为例，运行程序 6.8 需要耗时 14000 毫秒，然而运行程序 6.7 则仅仅耗时 1000 毫秒。

6.3　泊松分布离散型随机变量

在实际问题中，泊松分布应用得最为广泛。比如研究一台交换机能否满足一个社区 99% 的电话交换服务，或者一条高速公路堵车的概率，最经济的办法是做仿真试验（simulation）。通常认为，在单位时间内，一条电话线路出现呼叫的次数服从泊松分布，而通话的时长则服从指数分布，因此要做这样的仿真试验就需要生成泊松分布和指数分布的随机变量。泊松分布的分布列如下：

$$P(X = i) = \frac{\lambda^i}{i!}e^{-\lambda} \quad i = 1,2\cdots$$

从程序设计的角度看，以上的分布列和几何分布的分布列类似，所以程序涉及的思想也类似。有兴趣的读者可以自己研读程序 6.9 和程序 6.10，并写出自己对程序的注释。

程序 6.9：参数为 0.2 的泊松分布（一）

```
local t1 = clock(c(current_date) +" " +c(current_time), "DMYhms")
clear
set obs 10000
gen u = uniform()
local F = exp(-0.2)
local pi = exp(-0.2)

gen x = 0 if u < `F'
local i = 0

qui sum x
local missing = _N - r(N)
while `missing' ~ =0 {
local i = `i' +1
local pi = `pi'*0.2/`i'
local F = `F' + `pi'
qui replace x = `i' if u < `F' & x ==.
qui sum x
local missing = _N - r(N)
             }
drop u
tab x
local t2 = clock(c(current_date) +" " +c(current_time), "DMYhms")
local run_time = `t2' - `t1'
disp "the program run `run_time' milliseconds"
```

程序 6.10：参数为 0.2 的泊松分布（二）

```
local t1 = clock(c(current_date)+" "+c(current_time),"DMYhms")
clear
set more off
set obs 10000
gen u = uniform()
gen n = _n
sort u
gen x = 0 if _n==1
    local F = exp(-0.2)
    local pi = exp(-0.2)
    local x = 0
    local N = _N
    local i = 2
while `i' <= `N' {
     if u[`i'] < `F' {
       qui replace x = `x' if _n == `i'
       local i = `i'+1
                  }
       else {
       local x = `x'+1
       local pi = `pi'*0.2/`x'
       local F = `F'+`pi'
                  }
            }
 sort n
 drop n u
tab x
local t2 = clock(c(current_date)+" "+c(current_time),"DMYhms")
local run_time = `t2'-`t1'
disp "the program run `run_time' milliseconds"
```

6.4　贝努利离散型随机变量（n 次试验成功的次数）

贝努利离散型分布 $B(n, p)$ 的分布空间有限，是 $n+1$，但是随着 n 的增加，逐渐出现分布空间无限的特点，因为随机变量取值越趋近于 0 或者 n，其概率也越趋近于 0。如果 n 比较小，我们可以直接把 $n+1$ 个点出现的概率写出来，然后按照本章 6.1 的方法设计程序。下面的程序给出了当 $p=0.2$ 和 $n=10$ 的时候，生成贝努利随机变量的程序，程序设计中我们用到了以下的公式：

$$P(X = i+1) = C_n^{i+1} p^{i+1} (1-p)^{n-(i+1)}$$

$$= \frac{(i+1)! \times (n-i-1)!}{n!} p^i (1-p)^{n-i} \frac{p}{1-p}$$

$$= \frac{i! \times (n-i)!}{n!} \frac{i+1}{n-i} p^i (1-p)^{n-i} \frac{p}{1-p}$$

$$= C_n^i p^i (1-p)^{n-i} \frac{i+1}{n-i} \frac{p}{1-p}$$

$$= P(X = i) \frac{i+1}{n-i} \frac{p}{1-p}$$

程序 6.11：贝努利试验 B(10，0.2) 模拟

```
*Binomial (10,0.2) distribution
(1)clear
(2)set obs 10000
(3)gen u =uniform()
(4)local pi = 0.8^10
(5)local F = 0.8^10
(6)gen x = 0 if u<`pi'
(7)forval i =1(1) 10 {
    1)local pi = `pi'*(10-`i'+1)/(`i'-1+1)*0.2/0.8
    2)local F =`pi'+`F'
    3)replace x = `i' if u<`F' & x==.
(8)}
(9)tab x
```

程序 6.11 注释：

（1）清空内存。

（2）设置观测值个数为10000。

（3）生成单位均匀分布 u。

（4）计算 0 次成功的概率 local pi = 0.8^10。

（5）计算 0 次成功对应的分布函数值 local F = 0.8^10。

（6）如果 u<0 次成功的概率 local pi = 0.8^10，生成试验成功次数 x =0，否则 x 不赋值（取值依然是空值）。

（7）循环计数器为 i，i 从 1 到 10，每次步长为 1｜。

1）$P(X = i) = P(X = i-1) \dfrac{i}{n-(i-1)} \dfrac{p}{1-p}$，并把它赋值给 local pi。

2）设置 i 次成功对应的分布函数值 local F = "i - 1 次成功对应的分布函数值" + "i - 1 次成功的概率"。

3）如果 u < i 次成功对应的分布函数，且对应的 x 尚未赋值，则 x = `i'。

（8）｜循环结束。

（9）查看 x 不同取值出现的频率。

程序执行结果如下，p = 0.2 的情况下，10 次贝努利试验出现 2 次成功的概率最高，达到 30%，这一结论可以从这里得到验证。虽然理论上可以出现 10 次成功，但是由于 10 次都成功的概率为 $0.2^{10} = 1.024e - 07$，是典型的小概率事件，所以虽然我们进行了 10000 个回合的贝努利试验，却很难出现 10 次全部成功的事件。

表 6.3　贝努利试验 B（10，0.2）模拟随机变量 X 取值的频率分布（10000 次试验）

tab x				
	x	Freq.	Percent	Cum.
	0	1056	10.56	10.56
	1	2729	27.29	37.85
	2	2982	29.82	67.67
	3	2056	20.56	88.23
	4	850	8.50	96.73
	5	269	2.69	99.42
	6	51	0.51	99.93
	7	5	0.05	99.98
	8	2	0.02	100.00
	Total	10000	100.00	

当我们把试验次数增加到十万次的时候，依然没有出现 10 次全部成功的事件，但是其中出现了 9 次成功的事件。

表 6.4　贝努利试验 B（10，0.2）模拟随机变量 X 取值的频率分布（100000 次试验）

tab x				
	x	Freq.	Percent	Cum.
	0	10833	10.83	10.83
	1	26797	26.80	37.63
	2	30105	30.11	67.73
	3	20269	20.27	88.00
	4	8680	8.68	96.68
	5	2666	2.67	99.35
	6	562	0.56	99.91
	7	79	0.08	99.99
	8	7	0.01	100.00
	9	2	0.00	100.00
	Total	100000	100.00	

　　还是上面的贝努利试验，如果 n = 1000，以上的程序就不再有效，原因在于我们设定的 1000 次试验 0 次成功的概率 p 初值是 0.8^{1000}，对大部分计算机来说，这个数字超过了计算机允许的有效数字范围，因此被认为是 0。读者可以验证如下的程序，但是无论你的计算机是什么高端计算机，Stata 显示的结果总是 no observations。

程序 6.12：贝努利试验 B(1000，0.2) 模拟（一）

```
clear
set obs 10000
gen u =uniform()
local p = 0.8^1000
 di `p'
local F = 0.8^1000
gen x = 0 if u < `p'
forval i =1(1) 1000 {
   local pi = `p'*(100 - `i'+1)/(`i'-1+1)*0.2/0.8
   local F = `p'+`F'
   replace x = `i' if u < `F' & x ==.
       }
tab x
```

　　在 n 较大的情况下，我们可以用下面 6.13 的程序，将成功率为 p 的 n 次试验总共的成功次数模拟出来。程序的基本思想是，假定 n = 1000，p = 0.2，那么第 i 次成功的概率是对第 i 次生成一个单位均匀分布变量 u，如果 u < 0.2，则认为第 i 次试验成功。1000 次试验就需要我们生成 1000 个这样的 u。这样，总的成功次数就是 1000 个单位均匀分布中，小于 0.2 的 u 的个数，如程序 6.13 所示。

程序 6.13：贝努利试验 B(1000，0.2) 模拟（二）

```
clear
set obs 1000
set more off
gen u = uniform()
gen x = (u <.2)
qui sum x if x ==1
local N = r(N)
disp "`N' success out of 1000 trails"
```

　　基于这个试验成功次数的模拟方法，我们可以进一步模拟在 1000000 个回合的贝努利试验（成功率为 0.2 的 1000 次试验中，总成功次数问题）中，试验成功次数的随机变量，因为这个过程是对模拟结果的模拟，因此是双重模拟，我们在这里用到了上一个程序的设计思路，也用到了 Stata 的 simulate 命令，具体的程序如程序 6.14 所示。

程序 6.14：贝努利试验 B(1000，0.2) 多次模拟

```
(1)clear
(2)set mem 100m
(3)set obs 1000
(4)capture program drop binomial
(5)program define binomial, rclass
      1)version 10.0
      2)syntax [, obs(integer 1000) p(real 0.2)]
      3)drop _all
      4)set obs `obs'
      5)tempvar z1 z2
      6)gen `z1' = uniform()
      7)gen `z2' = (`z1' < `p')
      8)summarize `z2' if `z2' ==1
      9)return scalar Num = r(N)
(6)end
```

(7) qui simulate N = r(Num), reps(10000): binomial, obs(1000) p(0.2)

(8) tab N

程序 6.14 注释：

（1）清空内存。

（2）为 Stata 分配 100m 内存。

（3）内层模拟是 n = 1000 的一次贝努利试验，因此设置观测值个数为 1000，以便生成 u。

（4）如果系统中已经存在一个名为 binomial 的子程序，则清除该子程序。

（5）定义一个子程序，返回值类型为 rclass。

1）规定子程序按照 Stata version 10.0 编译。

2）子程序的调用语法，调用时可以选择性地提供观测值个数和一次成功概率两个参数，如果不提供则系统使用缺失选项，1000 次试验，每次成功的概率为 0.2。

3）清除系统内的所有变量。

4）设置试验次数，即调用程序时提供的 obs 参数。

5）设置临时变量 z1、z2，此时注意，临时变量调用的时候，用 local 的格式调用，即`z1'和`z2'。

6）给`z1'赋值，`z1'服从均匀分布。

7）如果`z1'小于一次试验成功的概率，则`z2' = 1，否则`z2' = 0。

8）对等于 1 的`z2' summarize。

9）将等于 1 的`z2'的观测数目作为返回值定义为 r(Num) 返回。

（6）结束子程序。

（7）用 simulate 调用子程序 binomial，提供的参数分别是 n = 1000 和 p = 0.2，调 10000 次。

（8）查看 x 不同取值出现的频率。

程序运行结果如表 6.5 所示。

表 6.5　贝努利试验 B（1000，0.2）10000 次模拟随机变量取值频率分布

r（Num）	Freq.	Percent	Cum.
138	1	0.01	0.01
158	4	0.04	0.05
159	2	0.02	0.07

续表

r（Num）	Freq.	Percent	Cum.
160	3	0.03	0.10
161	3	0.03	0.13
162	3	0.03	0.16
163	2	0.02	0.18
164	4	0.04	0.22
165	7	0.07	0.29
166	5	0.05	0.34
⋮	⋮	⋮	⋮
244	1	0.01	99.97
249	1	0.01	99.98
252	1	0.01	99.99
256	1	0.01	100.00
Total	10000	100.00	

对应的直方图如图 6.1 所示。

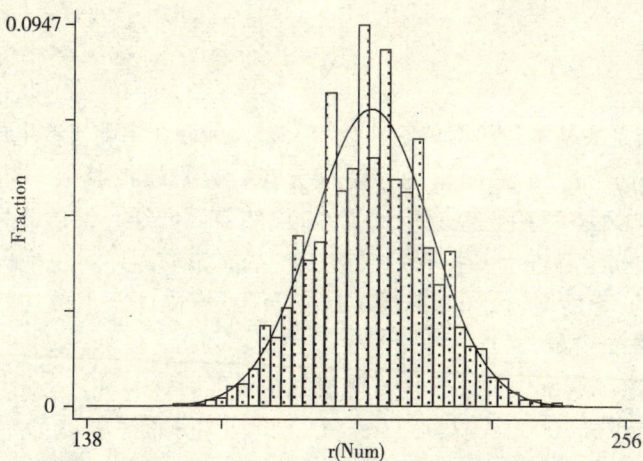

图 6.1　贝努利试验 B(1000，0.2) 10000 次模拟随机变量取值频率直方图

不难看出，随着试验次数的增加，贝努利分布的直方图接近正态分布，这一点正好从侧面验证了大数定理的正确性。

第 7 章

连续型随机变量的模拟

对于单变量连续型随机变量 x，由于其分布函数的反函数 $F^{-1}(x)$ 存在，因此可以直接用该函数对单位均匀分布进行变换得到。但是事实上，由于分布函数的复杂性，大部分分布函数的反函数没有显式表达式，或者即便有，也极其烦琐，反函数很难表达，这时候，利用不同分布之间的逻辑相关性（比如 χ^2 分布是独立同分布的标准正态分布的平方和）拟合有关分布，往往能起到事半功倍的效果。对于多维连续型分布，我们更需要利用它和多个单变量连续型分布之间的逻辑关系去模拟。本章简要介绍常用的连续型随机分布的模拟方法。

7.1　均匀分布

均匀分布是最基本、最简单的连续型分布，前面介绍随机数生成机制时提到过的单位均匀分布，是最简单的连续型分布，也是模拟其他一切分布的基础（这一点读者在第 6 章中已经领略到了）。虽然前面已经介绍过，为了使本章内容完备，以便初学者查询，我们再次给出一些简单的程序，包括标准均匀分布 [区间 (0，1) 上的均匀分布，U(0，1)]、任意有限区间上的均匀分布和二维空间的均匀分布。

Stata 定义函数 uniform( )（伪）随机地生成区间 (0，1) 上的均匀分布，如下的程序 7.1 生成 10000 个区间 (0，1) 上的均匀分布样本 u。

程序 7.1：单位均匀分布

```
clear
set obs 10000
gen u = uniform()
```

在某些应用中，比如前面提到的蒲丰投针试验，我们需要其他有限区间上的

均匀分布。给定一个单位均匀分布，我们可以用线性变换得到任意有限区间上的
均匀分布。即单位均匀分布乘以区间长度加上区间左端的坐标。以下的程序分别
生成（-3，3）和（-1，1）上的均匀分布。

程序7.2：单变量均匀分布

```
clear
set obs 10000
gen x = uniform() * 6 + (-3)
```

```
clear
set obs 10000
gen x = uniform() * 1 - 1
```

如果我们需要一个长方形区域上的均匀分布，则只需生成一个均匀分布 x 和
一个均匀分布 y，对应的区域（x，y）就定义了一个二维空间上的均匀分布。程
序 7.3 生成一个正方形区域的正态分布，正方形的边长为2。

程序7.3：正方形区域上的双变量均匀分布

```
clear
set obs 10000
gen x = uniform() * 2 - 1
gen y = uniform() * 2 - 1
```

类似的，如果要生成单位圆上的均匀分布，只需定义一对均匀分布的极坐
标，然后转化成平面直角坐标即可。

程序7.4：单位圆上的双变量均匀分布（一）

```
clear
set obs 10000
gen r = uniform()
gen theta = uniform() * 2 * _pi
gen x = r * cos(theta)
gen y = r * sin(theta)
```

利用极坐标的方法难免要涉及大量的三角函数计算，这样做比较占用系统资
源，通常我们从单位圆的外切正方形内的均匀分布出发来构造单位圆上的均匀分
布，我们首先生成单位正方形上的均匀分布，然后删除与原点距离超过1的那些
点（回忆第5章的蒲丰投针试验和方圆鱼缸试验），程序如下：

程序7.5：单位圆上的双变量均匀分布（二）

```
clear
set obs 15000
```

```
gen x = uniform () * 2 - 1
gen y = uniform () * 2 - 1
keep if x^2 + y^2 < = 1
keep if _n < = 10000
twoway scatter x y
```

7.2　指数分布

指数分布也是一个常用的分布，许多电子产品的寿命分布一般服从指数分布。有的系统的寿命分布也可用指数分布来近似。它在可靠性研究中是最常用的一种分布形式。由指数分布的密度函数 $f(x,\lambda) = \lambda e^{-\lambda x} (x \geq 0)$ 得到对应的分布函数 $F(x,\lambda) = 1 - e^{-\lambda x}$，对应的反函数是 $F^{-1}(x) = -\dfrac{1}{\lambda}\ln(1-u)$。因此，我们可以直接利用均匀分布方便地做变换得到指数分布的随机变量。如果 $\lambda = 1$，称作单位指数分布，对应的程序如下：

程序 7.6：指数分布模拟（一）

```
1) clear
2) set obs 10000
3) gen u = uniform ()
4) gen x = - ln (1 - u)
5) histogram x, bin (50) norm
```

程序 7.6 注释：

1）清空内存。

2）设置观测值个数为 10000 个。

3）生成单位均匀分布随机变量 u 的样本。

4）用指数分布的反函数进行变换，得到指数分布随机变量 x 的样本。

5）作出 x 的 50 个直条的直方图，并在直方图上拟合与其最接近的正态分布的密度函数。

程序运行后输出的直方图和概率密度曲线如图 7.1 所示。

以上程序的第四行中，对数函数的自变量是（1 - u）。由于 u 是单位均匀分布，1 - u 只是另外一个单位均匀分布，我们可以直接使用 u 而不必使用 1 - u，所以，程序 7.6 可以进一步简化为如下的程序：

程序 7.7：指数分布模拟（二）

```
1) clear
```

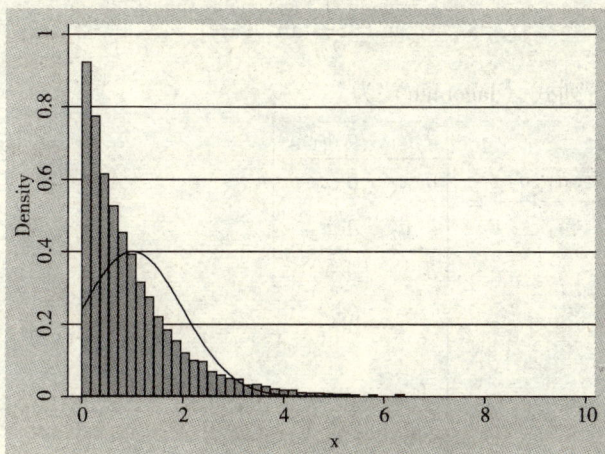

图 7.1 指数分布模拟频率直方图和概率密度曲线

```
2)set obs 10000
3)gen u = uniform()
4)gen x = -ln(u)
5)histogram x, bin(50) norm
```

7.3 指数分布和正态分布（Box – Muller 方法）

指数分布可以用来生成标准正态分布（Box – Muller 方法）。例如，我们假定 R^2 服从参数为 2 的指数分布，θ 是 $(0, 2\pi)$ 上的均匀分布，如果做如下的变换：

$$\begin{cases} x = R\cos\theta \\ y = R\sin\theta \end{cases} \qquad (7.1)$$

此时的 x 和 y 是两个相互独立的标准正态分布，证明如下：

假定 u_1 和 u_2 是区间 $(0, 1)$ 上的均匀分布，令

$$x_1 = \sqrt{-2\ln(u_1)}\cos(2\pi u_2) \qquad (7.2)$$

$$x_2 = \sqrt{-2\ln(u_1)}\sin(2\pi u_2) \qquad (7.3)$$

则随机变量 x_1 和 x_2 的联合分布为

$$f(x_1, x_2) = \begin{cases} 1 & if \quad 0 < x, y < 1 \\ 0 & else \end{cases} \qquad (7.4)$$

我们将 u_1 和 u_2 用 x_1 和 x_2 反解出来，则

$$u_1 = e^{-(x_1^2 + x_2^2)/2} \qquad (7.5)$$

$$u_2 = \frac{1}{2\pi}\tan^{-1}\left(\frac{x_2}{x_1}\right) \tag{7.6}$$

对应的雅克比行列式（Jacobian）为

$$\frac{\partial\,(u_1,u_2)}{\partial\,(x_1,x_2)} = \begin{vmatrix} \dfrac{\partial\,u_1}{\partial\,x_1} & \dfrac{\partial\,u_1}{\partial\,x_2} \\[2mm] \dfrac{\partial\,u_2}{\partial\,x_1} & \dfrac{\partial\,u_2}{\partial\,x_2} \end{vmatrix}$$

$$= \begin{vmatrix} e^{-(x_1^2+x_2^2)/2}(-x_1) & e^{-(x_1^2+x_2^2)/2}(-x_2) \\[2mm] \dfrac{1}{2\pi}\dfrac{x_1^2}{x_1^2+x_2^2}\left(-\dfrac{x_2}{x_1^2}\right) & \dfrac{1}{2\pi}\dfrac{x_1^2}{x_1^2+x_2^2}\dfrac{1}{x_1} \end{vmatrix}$$

$$= \frac{1}{2\pi}\frac{x_1^2}{x_1^2+x_1^2}e^{-(x_1^2+x_1^2)/2}\begin{vmatrix} x_1 & x_2 \\[2mm] \dfrac{x_2}{x_1^2} & -\dfrac{1}{x_1} \end{vmatrix}$$

$$= -\frac{1}{2\pi}e^{-(x_1^2+x_1^2)/2}$$

$$= -\left(\sqrt{\frac{1}{2\pi}}e^{-x_1^2/2}\right)\left(\sqrt{\frac{1}{2\pi}}e^{-x_2^2/2}\right) \tag{7.7}$$

所以 x_1 和 x_2 的联合分布函数为

$$f(x_1,x_2) = \left(\sqrt{\frac{1}{2\pi}}e^{-x_1^2/2}\right)\left(\sqrt{\frac{1}{2\pi}}e^{-x_2^2/2}\right) \tag{7.8}$$

显然 x_1 和 x_2 是相互独立的标准正态分布。

根据 Box – Muller 方法，我们可以从均匀分布出发，通过简单的变换，生成标准正态分布的随机变量，从而可以避免使用标准正态分布分布函数的反函数（事实上大部分计算机是这么做的）。

程序 7.8：标准正态分布模拟（一）

```
1)clear
2)set obs 10000
3)gen u1 = uniform()
4)gen u2 = uniform()
5)gen r_square = -2*log(u1)
6)gen theta = 2*_pi*u2
```

```
7)gen x = sqrt(r_square)*cos(theta)
8)gen y = sqrt(r_square)*sin(theta)
9)histogram x, bin(50) norm
10)histogram y, bin(50) norm
11)pwcorr x y
```

程序 7.8 注释：

1）清空内存。

2）设置样本个数为 10000。

3）生成单位均匀分布随机变量 u1。

4）生成单位均匀分布随机变量 u2。

5）生成参数为 2 的指数分布 R^2。

6）生成 $(0, 2\pi)$ 上的均匀分布 θ。

7）按照公式（7.1）做变换得到正态分布变量 $x = r^2 * \cos\theta$。

8）按照公式（7.1）做变换得到正态分布变量 $y = r^2 * \sin\theta$。

9）、10）分别绘制 x 和 y 的直方图，50 个直条，同时拟合与其最接近的正态概率密度曲线。

11）计算 x 和 y 的相关系数。

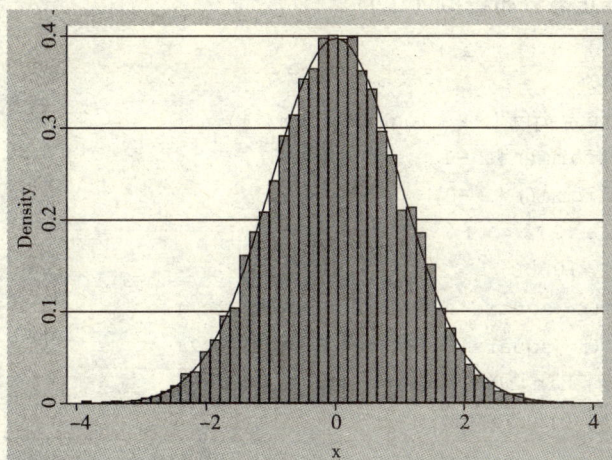

图 7.2 正态分布模拟频率直方图和概率密度曲线（1）

不同的模拟计算出的 x 和 y 的相关系数一般小于 1%，说明 x 和 y 的独立性。直方图和对应的正态分布密度函数曲线则显示 x 和 y 都是标准正态分布。当然我们可以通过更加严密的检验证明 x 和 y 是标准正态分布，有兴趣的读者可以进一步研究。

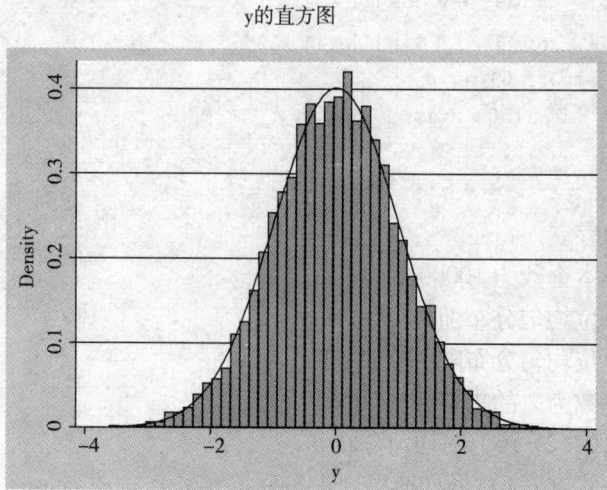

y的直方图

图7.2   正态分布模拟频率直方图和概率密度曲线（2）

上面的程序，由于涉及三角函数的计算，比较浪费计算机资源，为了提高计算速度，我们随机从单位圆中取点，由于这一点的随机性，不难证明对应的极坐标角度 θ 必然服从 $(0, 2\pi)$ 上的均匀分布。根据该点的坐标，我们可以很方便地计算出对应的三角函数。因此，如下的程序将极大地提高运算的速度。

程序7.9：标准正态分布模拟（二）

```
1)clear
2)set obs 12000
3)gen r_square = sqrt(-2*log(uniform()))
4)gen v1 = uniform()*2-1
5)gen v2 = uniform()*2-1
6)keep if v1^2 + v2^2 <=1
7)keep if _n <=10000
8)gen x = sqrt(r_square)*v1/sqrt(v1^2 + v2^2)
9)gen y = sqrt(r_square)*v2/sqrt(v1^2 + v2^2)
10)histogram x, bin(50) norm
11)histogram y, bin(50) norm
12)pwcorr x y
```

程序7.9 注释：

1）清空内存。

2）设置观测值个数为12000，注意，由于后面我们要去掉一部分样本，所以，首先设置较大的样本容量。

3）生成参数为 2 的指数分布 R^2。

4）、5）分别生成（−1, 1）上的均匀随机变量 v1 和 v2。

6）只保留（v1, v2）在单位圆内的部分，这样可以保证 θ 是（0, 2π）上的均匀分布。

7）如果此时样本大于 10000 个，则只保留前 10000 个。

8）生成 x，其中 v1/sqrt（v1^2 + v2^2）是 $\cos\theta$。

9）生成 y，其中 v2/sqrt（v1^2 + v2^2）是 $\sin\theta$。

10）、11）分别绘制 x 和 y 的直方图，50 个直条，同时拟合与其最接近的正态概率密度曲线。

12）计算 x 和 y 的相关系数。

7.4 Gamma 分布

由于 Gamma 分布 $\Gamma(n,\lambda)$ 可以看做是 n 个参数为 λ 的独立指数分布的和，因此，我们可以利用指数分布生成 Gamma 分布，即首先生成 n 个参数为 λ 的独立指数分布，然后加总即可。程序 7.10 首先生成参数 $\lambda = 0.8$ 的指数分布，然后将这 5 个随机数相加，构造出参数为 0.8，自由度为 5 的 Gamma 分布。

程序 7.10：Gamma 分布模拟

```
* Gamma(5,0.8) Distribution
1)clear
2)set obs 10000
3)forval i = 1(1) 5 {
      1)gen exp`i' = -log(uniform())/0.8
4)}
5)egen gamma = rowtotal(exp*)
6)drop exp*
7)sum gamma,d
8)histogram gamma, bin(50) norm
```

程序 7.10 注释：

1）清空内存。

2）设置样本个数为 10000。

3）:。

　　1）:。

4）利用循环生成 5 个参数为 0.8 的指数分布。

5）将变量名以 exp 开头的所有变量相加，生成变量 gamma。

6）删除变量名以 exp 开头的所有变量。

7）列出变量 gamma 详细的统计量。

8）绘制 gamma 的直方图，50 个直条，同时拟合与其最接近的正态概率密度曲线。

程序给出的变量 gamma 详细统计量如下：

```
· sum gamma,d

                gamma

-------------------------------------------------------------------

      Percentiles   Smallest
 1%     1.669038    0.2938136
 5%     2.488654    0.7221092
10%     3.067629    0.7322545    Obs           10000
25%     4.232028    0.764799     Sum of Wgt    10000
50%     5.808289                 Mean          6.271228
                     Largest     Std. Dev.     2.819243
75%     7.88329     20.93527
90%    10.03444     21.25801     Variance      7.948131
95%    11.53104     21.47148     Skewness      0.9496035
99%    14.69642     21.7371      Kurtosis      4.357015
```

最后给出的直方图和概率密度曲线如图 7.3 所示。

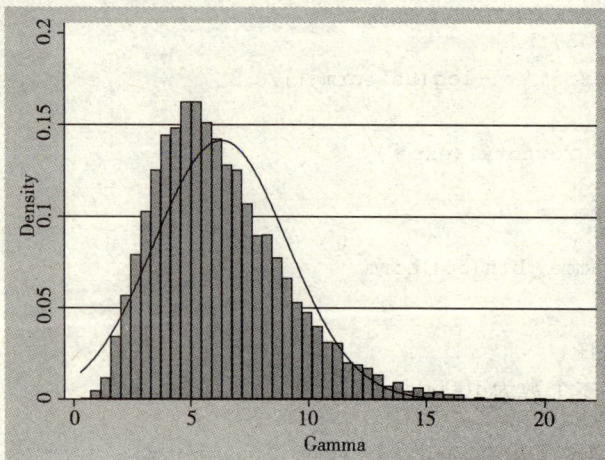

图7.3   Gamma 分布模拟直方图和概率密度曲线

7.5 正态分布

根据 7.2 节，从均匀分布可以生成指数分布，然后由指数分布可以生成标准正态分布。由于正态分布的应用最为广泛，因此 Stata 设置了一个函数 invnorm( )，可以直接将均匀分布转换成标准正态分布。虽然我们不知道 invnorm( ) 的具体计算过程，但是我们猜想 Stata 公司应用了从指数分布到正态分布的思想，因为正态分布函数的反函数没有显式表达，而且通过储存一个表格的方式将浪费大量的计算机资源。

程序 7.11 是生成标准正态分布的程序示例，该程序利用函数 invnorm( ) 生成标准正态分布随机变量 x。需要注意的是，此时 invnorm( ) 的自变量是随机函数 uniform( ) 的返回值，也就是说，组合函数 invnorm(uniform( )) 首先生成一系列的标准均匀分布，然后用正态分布分布函数的反函数将标准均匀分布转化成标准正态分布。鉴于标准正态分布的重要性，建议 Stata 公司将这一组合函数定义为一个单一函数。

程序 7.11：标准正态分布模拟（一）

```
clear
set obs 10000
gen x = invnorm(uniform())
histogram x, bin(50) norm
```

有了标准正态分布，我们可以根据分布参数的不同，通过线性变换，生成不同的正态分布，比如程序 7.12 将生成一个 $N(2.5, 3^2)$ 分布。

程序 7.12：标准正态分布模拟（二）

```
clear
set obs 10000
gen x = invnorm(uniform()) * 3 + 2.5
```

我们也可以根据标准正态分布模拟 χ^2 - 分布、t - 分布、F - 分布和对数正态等一系列分布，以下程序分别给出了具体的例子：

程序 7.13：正态分布到 t 分布和 χ^2 分布的模拟

```
* 对数正态分布程序
clear
set obs 10000
gen norm = invnorm(uniform())
gen log_norm = exp(norm)
```

```
histogram log_norm, bin(50) norm
```

*对数正态分布程序
```
clear
set obs 10000
gen norm = invnorm(uniform()) *.3 + 0.2
gen log_norm = exp(norm)
histogram log_norm, bin(50) norm
```

*χ^2 - 分布程序
```
clear
set obs 10000
forval i = 1(1) 10 {
  gen x`i' = invnorm(uniform())
  gen x`i'_sq = x`i'^2
}
keep *_sq
egen chi_sq = rowtotal(x*_sq)
histogram chi_sq, bin(50) norm
```
　　程序注释：该程序首先生成 10 个标准正态分布 $x1$，$x2\cdots x10$；并计算出对应变量的平方 $x1\_sq$，$x2\_sq\cdots x10\_sq$，加总 $x1\_sq$，$x2\_sq\cdots x10\_sq$ 得到一个 $\chi^2(10)$ 分布 chi_sq。

程序 7.14：F - 分布程序
*F - 分布程序
```
clear
set obs 10000
forval i = 1(1) 10 {
  gen x`i' = invnorm(uniform())
  gen x`i'_sq = x`i'^2
}
forval i = 1(1) 5 {
  gen y`i' = invnorm(uniform())
  gen y`i'_sq = y`i'^2
}
keep *_sq
egen Chi_x = rowtotal(x*_sq)
```

```
egen Chi_y = rowtotal(y*_sq)
gen F = Chi_x/10/(Chi_y/5)
histogram F , bin(50) norm
```

　　程序注释：该程序首先生成 15 个标准正态分布 $x1$, $x2\cdots x10$；$y1$, $y2\cdots y5$，并计算出对应变量的平方 $x1\_sq$, $x2\_sq\cdots x10\_sq$ 和 $y1\_sq$, $y2\_sq\cdots y5\_sq$，加总 $x1\_sq$, $x2\_sq\cdots x10\_sq$ 得到一个 $\chi^2(10)$ 分布 chi_x，加总 $y1\_sq$, $y2\_sq\cdots y5\_sq$ 得到另一个 $\chi^2(5)$ 分布 chi_y。最后生成 $F = \dfrac{chi\_x/10}{chi\_y/5}$ 服从 $F(10,5)$ 分布。

程序 7.15：t - 分布程序

```
* t - 分布程序
clear
set obs 10000
gen x = invnorm(uniform())
forval i = 1(1) 10 {
  gen y`i' = invnorm(uniform())
  gen y`i'_sq = y`i'^2
}
keep x *_sq
egen chi_y = rowtotal(y*_sq)
gen T = x/sqrt(chi_y/10)
histogram T , bin(50) norm
```

　　程序注释：该程序首先生成一个标准正态分布 x 和另外 10 个独立标准正态分布 $y1$, $y2\cdots y10$，并计算出对应变量的平方 $y1\_sq$, $y2\_sq\cdots y10\_sq$，加总 $y1\_sq$, $y2\_sq\cdots y10\_sq$ 得到一个 $\chi^2(10)$ 分布 chi_y，最后生成 $T = \dfrac{x}{\sqrt{chi\_y/10}}$ 服从 $t(10)$ 分布。

7.6　多维正态分布

　　前面介绍的都是一维连续型随机变量，在蒙特卡洛试验时，我们往往需要多维分布随机向量，而且该随机向量各个元素往往不独立。向量 $X = (x_1, x_2 \cdots x_p)$ 服从正态分布，可以记作 $X \sim N_p(\mu, \sum)$。对于相互独立的标准正态分布的联合分布，则可以记作 $X \sim N_p(0, I)$。假定 $X \sim N_p(0, I)$，给定矩阵 $Q_{p\times p}$ 和向量 $\mu_{1\times p}$，则 $QX + \mu \sim N_p(\mu, QIQ^T) \equiv N_p(\mu, QQ^T)$。反过来，如果我们知道一个随机向量是如下的正态分布 $Y \sim N_p(\mu, \sum)$，则可以寻找一个矩阵 Q 使得

$$\sum = Q * Q^T \tag{7.9}$$

$$其中: Q = \begin{pmatrix} q_{11} & 0 & \cdots & 0 \\ q_{21} & q_{22} & \cdots & 0 \\ \cdots & \cdots & \cdots & \cdots \\ q_{p1} & q_{p2} & \cdots & q_{pp} \end{pmatrix}$$

然后通过对 p 个独立的标准正态分布 $\varepsilon = (\varepsilon_1, \varepsilon_2, \cdots, \varepsilon_p)$ 做如下的线性变换,得到我们需要的非独立正态分布 X。

$$\begin{pmatrix} x_1 \\ x_2 \\ \cdots \\ x_p \end{pmatrix} = \begin{pmatrix} q_{11} & 0 & \cdots & 0 \\ q_{21} & q_{22} & \cdots & 0 \\ \cdots & \cdots & \cdots & \cdots \\ q_{p1} & q_{p2} & \cdots & q_{pp} \end{pmatrix} \begin{pmatrix} \varepsilon_1 \\ \varepsilon_2 \\ \cdots \\ \varepsilon_p \end{pmatrix} \tag{7.10}$$

由线性代数知识,我们可以对矩阵 $\sum$ 做 Cholesky 分解得到 Q。[①]

程序 7.16 首先给出一个相关系数矩阵 $\sum$ 和均值向量 μ:

$$\sum = \begin{pmatrix} 0.931 & 1.680 & 1.140 \\ 1.680 & 3.048 & 2.164 \\ 1.140 & 2.164 & 2.361 \end{pmatrix} \tag{7.11}$$

$$\mu = (1.3, 3.5, -3)^T \tag{7.12}$$

然后生成一个随机向量 X:

$$X = N(\mu, \sum) \tag{7.13}$$

程序 7.16:多维正态分布模拟(一)

```
1)clear
2)set obs 100000
3)mat S = (0.931,1.680,1.140 \1.680,3.048,2.164 \1.140,2.164,2.361)
4)mat Q = cholesky(S)
5)gen e1 = invnorm(uniform())
6)gen e2 = invnorm(uniform())
7)gen e3 = invnorm(uniform())
8)gen x1 = 1.3 +e1 * scalar(Q[1,1])
9)gen x2 = 3.5 +e1 * scalar(Q[2,1]) +e2 * scalar(Q[2,2])
10)gen x3 = -3 +e1 * scalar(Q[3,1]) +e2 * scalar(Q[3,2]) +e3 * scalar(Q
```

---

① 除了 Cholesky 分解,也有别的方法可以得到符合条件的 Q,有兴趣的读者可以参考有关线性代数教材。

```
[3,3])
11)corr x1 x2 x3, cov
12)corr x1 x2 x3
13)sum x1 - x3
```

程序 7.16 注释：

1）清空内存。

2）设定观测值个数为 100000。

3）给出协方差矩阵 S，注意此处的协方差矩阵一定要为正定对称矩阵，命令 matrix 允许我们输入矩阵，矩阵的各个元素放在括号内，用逗号分开，换行的时候用反斜线（\）。

4）利用矩阵函数 cholesky( )对矩阵 R 做 cholesky 分解，得到矩阵 Q。

5）、6）、7）分别生成独立标准正态分布变量 e1，e2 和 e3。

8）、9）、10）对上述三个独立标准正态分布变量进行线性变换，分别得到随机向量 $X = (x_1, x_2, x_3)$。

11）、12）分别查看上述三个变量的协方差矩阵和相关系数矩阵。

13）列出三个变量的基本统计信息。

如果我们在程序运行之前设定随机数生成器的种子值为 123456，程序给出的协方差矩阵 R 如下：

$$\sum = \begin{pmatrix} 0.274229 & 0.00106168 & -0.16367166 \\ 0.00106168 & 0.16915854 & -0.0227082 \\ -0.16367166 & -0.0227082 & 0.13718732 \end{pmatrix}$$

运行后给出的相关系数矩阵、协方差矩阵和基本统计量如表 7.1 所示。

表 7.1　　　　　　　程序 7.16 的变量基本统计信息

协方差矩阵：

	x1	x2	x3
x1	0.272772		
x2	0.000838	0.16916	
x3	-0.162545	-0.022464	0.136462

相关系数矩阵：

	x1	x2	x3
x1	1.0000		
x2	0.0039	1.0000	
x3	-0.8425	-0.1479	1.0000

基本统计量：

Variable	Obs	Mean	Std. Dev.	Min	Max
x1	100000	1. 299808	0. 5222755	− 1. 133559	3. 556952
x2	100000	3. 499382	0. 4112911	1. 784304	5. 36514
x3	100000	− 3. 000104	0. 3694076	− 4. 611482	− 1. 323646

部分读者可能不熟悉线性代数，写出的矩阵 $\sum$ 可能不满足正定条件，为了试验的方便，我们建议初学者用命令生成一个这样的协方差矩阵 $\sum$。程序 7. 17 利用随机数生成器，首先生成了一个 3 行 3 列的随机矩阵，然后用这个矩阵和它的转置矩阵的乘积作为相关系数矩阵。不难证明，这一矩阵一定是正定矩阵，符合相关系数矩阵的基本要求：

程序 7. 17：多维正态分布模拟（二）

```
1)clear
2)set obs 100000
3)mat R = J(3,3,.)
4)forval i =1(1) 3 {
5)forval j = 1(1) 3 {
6)mat R[`i',`j']=uniform()-0.5
7)}
8)}
9)mat R = R*R'
10)mat Q = cholesky(R)
11)gen z1 = invnorm(uniform())
12)gen z2 = invnorm(uniform())
13)gen z3 = invnorm(uniform())
14)gen y1 = 1.3 +z1 * scalar(Q[1,1])
15)gen y2 = 3.5 +z1 * scalar(Q[2,1]) +z2 * scalar(Q[2,2])
16)gen y3 = -3 +z1 * scalar(Q[3,1]) + z2 * scalar(Q[3,2]) + z3 * scalar(Q
[3,3])
17)corr y1 y2 y3, cov
18)corr y1 y2 y3
19)sum y1 - y3
```

程序的第三行设定一个 3 行 3 列的矩阵 R，每一个元素都没有赋值，然后用两个嵌套的循环为每一个元素赋值，每个值都是一个区间（−0.5，0.5）上的均匀分布随机数。程序的第 9 行对矩阵 R 重新赋值为原来的 R 和它的转置矩阵的积。这一变换不仅保证 R 是对称的，而且一定是正定的。程序 7.17 的后面部分与程序 7.16 类似，读者可以自己运行这一程序。

在通常情况下，我们更加关注随机变量的相关系数，而不是具体的协方差矩阵，注意到协方差的具体数字对相关性来说，没有太多的信息，因为给定相关性，相关系数随着变量本身的方差的变化而变化，既然我们关注的是相关性，我们可以直接从相关性出发，寻找非独立的标准正态分布（对标准正态分布而言，协方差矩阵就是相关系数矩阵）。程序 7.18 首先设定一个相关系数矩阵 R，然后对该矩阵进行 Cholesky 分解得到矩阵 Q，并通过线性变换得到符合要求的正态分布。

程序 7.18：多维正态分布模拟（三）

```
1)clear
2)set obs 100000
3)mat R = (1, -0.6,0.2 \ -0.6,1, 0.4 \0.2, 0.4, 1)
4)mat Q = cholesky(R)
5)gen e1 = invnorm(uniform())
6)gen e2 = invnorm(uniform())
7)gen e3 = invnorm(uniform())
8)gen x1 = e1 * scalar(Q[1,1])
9)gen x2 = e1 * scalar(Q[2,1]) +e2 * scalar(Q[2,2])
10)gen x3 = e1 * scalar(Q[3,1]) +e2 * scalar(Q[3,2]) +e3 * scalar(Q[3,3])
11)corr x1 x2 x3, cov
12)pwcorr x1 x2 x3
13)sum x1 - x3
14)histogram x1 , bin(50) norm
15)histogram x2 , bin(50) norm
16)histogram x3 , bin(50) norm
```

程序 7.18 注释：

1）清空内存。

2）设定观测值个数为 100000。

3）任意给定一个相关系数矩阵 R。注意，R 必须是对称正定矩阵，且对角线元素为 1，非对角线元素绝对值小于 1。命令 matrix 允许我们输入矩阵，矩阵的各个元素放在括号内，用逗号分开，换行的用反斜线符号（\）。

4）利用矩阵函数 cholesky( ) 对矩阵 R 做 cholesky 分解，得到矩阵 Q。

5）、6）、7）分别生成独立标准正态分布变量 e1，e2 和 e3。

8)、9)、10)对上述三个独立标准正态分布变量进行线性变换，分别得到随机向量 $X = (x_1, x_2, x_3)$。

11)、12)分别查看上述三个变量的协方差矩阵和相关系数矩阵。

13)列出 x1，x2，x3 三个变量的基本统计信息。

14)、15)、16)分别用直方图查看 x1，x2，x3 的正态性。[1]

程序运行后，我们得到如表 7.2 所示的相关系数矩阵、协方差矩阵[2]和基本统计信息。

表 7.2   程序 7.18 的变量基本统计信息

相关系数矩阵：

	x1	x2	x3
x1	1.0000		
x2	− 0.5998	1.0000	
x3	0.1999	0.4019	1.0000

协方差矩阵：

	x1	x2	x3
x1	1.00303		
x2	− 0.60286	1.00246	
x3	0.199878	0.398841	0.996993

变量基本统计信息：

Variable	Obs	Mean	Std. Dev.	Min	Max
x1	100000	0.0019877	1.001512	− 4.840662	4.340373
x2	100000	− 0.0000381	1.00123	− 3.997141	4.117556
x3	100000	− 0.0007787	0.9984953	− 4.471843	4.1844

由此可以看出，上述三个变量 x_1，x_2，x_3，都是标准正态分布，但是三个变量并不独立。

---

① 一般来说，我们应该用 Jarque – Bera 检验正态性，对应的 Stata 命令是 jb，可以用 findit Jarque 找到相应的 ado 文件 jb. ado。

② 由于抽样误差和数值计算的误差，计算出的协方差矩阵和相关系数矩阵可能不同，这完全是抽样误差造成的。另外，读者自己的试验结果也可能和以上的结果不同，因为程序中没有设定伪随机数的种子值。

7.7　截断分布抽样方法

　　前面谈到的抽样方法都是针对分布的整个定义域，在某些情况下，我们知道某一随机变量服从一个分布，比如正态分布，但是定义域被局限在某一个区间上了，也就是说，比如我们知道随机变量 x 的取值范围是（-1, 3），其分布函数与这一区间范围内的标准正态分布的密度函数之间存在一个线性关系，这种分布的抽样称为截断分布抽样方法（trancated distribution sampling method）。下面我们用一个正态截断分布的例题介绍这种分布的蒙特卡洛模拟。

　　截断正态分布：模拟一个随机变量 x，取值范围为（-1, 5），在该范围内，其密度函数与标准正态分布密度函数等比例。对于这样的分布，我们假定其密度函数为

$$f(x) = \begin{cases} k\phi(x) & if \quad -1 < x < 5 \\ 0 & 0 \end{cases} \tag{7.14}$$

$$则\ k = \frac{1}{\Phi(5) - \Phi(-1)} \tag{7.15}$$

　　给定这一密度函数，我们既可以通过计算分布函数的逆函数来拟合 x 的分布（这样的工作量很大，特别是当分布函数没有显式表达式的时候），也可以直接从标准正态分布进行抽样。下面是我们的抽样步骤：

　　1）得到（0, 1）上的均匀分布 u；

　　2）令 $a = \Phi(-1)$，$b = \Phi(5)$，计算 $v = a + u \times (b - a)$；

　　3）$X = \Phi^{-1}(v)$。

　　计算的程序如下：

程序 7.19：截断抽样

```
1)clear
2)set obs 1000
3)gen u = uniform()
4)local a = normal(-1)
5)local b = normal(5)
6)gen v = `a'+u*(`b'-`a')
7)gen x = invnorm(v)
8)histogram x, bin(20)
```

　　注意：对于一个标准正态分布随机变量 ε，我们从这一分布中随机抽取一个大于 5 的样本的概率是 2.867e-07，所以 1000 次抽样得到一个大于 5 的数值的

概率也是微乎其微的，因此上面的程序得到的 x 样本的最大值可能远远小于 5。读者可以试着增加随机抽样的样本容量，随着样本容量的增加，x 的最大值会逐渐接近于 5。

7.8　接受—拒绝抽样方法

第 7 节介绍的截断抽样分布法对于单变量分布是非常有效的，然而对于多变量的分布，却往往无能为力。对于多变量的截断分布，我们往往诉诸接受—拒绝（accept - reject）抽样方法。但是，正如我们马上看到的，该方法也有其自身的缺点，因此，如果有其他更好的方法，研究者往往不会随便使用这种方法。接受—拒绝抽样方法的原理如下：

假定我们要从密度函数为 $g(X)$ 的 k 元分布中随机抽取一组随机向量 X，X 满足如下的约束条件：

$$V_1 < X < V_2 \tag{7.16}$$

当然，V_1 和 V_2 都是 k 元向量。也就是说，我们要抽取一个随机向量 X，X 的密度函数是

$$f(X) = \begin{cases} \dfrac{1}{k} g(X) & if \quad V_1 < X < V_2 \\ 0 & else \end{cases} \tag{7.17}$$

我们可以按如下的步骤完成对 $f(X)$ 的抽样：

（1）从 $g(X)$ 中抽样；

（2）如果样本符合约束条件 $V_1 < X < V_2$，则保留该样本；

（3）否则，返回第一步，继续抽样。

只要从非截断分布 $g(X)$ 中抽样比较容易，都可以用这一方法对截断分布 $f(X)$ 抽样，特别是，常数项 k 的值也无须计算出来，但是，缺点也是不可忽视的。主要的缺点在于，我们事先并不知道会有多少样本被拒绝。如果我们从 $g(X)$ 中抽取 N 个样本，那么我们接受的样本的期望值是 kN 个。因为我们不知道 k 的具体数值，或者 k 值本身很难计算出来，所以试验前往往不能预知到底应该从 $g(X)$ 中抽取多少次样本。更糟糕的是，具体被接受的样本数也不是固定的，当截断区间很小的时候，我们常常遇到没有数字满足截断条件的情况。

事实上，我们在蒲丰投针试验中已经使用到了接受—拒绝抽样方法。当时我们要构造一个单位圆上均匀分布的样本，我们从单位圆的一个外切正方形出发，首先构造该正方形上的均匀分布，然后删除了不在单位圆内的样本。下面我们从

一个三维正态分布 $X = (x_1, x_2, x_3)^T \sim N(\mu, \sum)$ 出发，用接受—拒绝抽样方法构造它的一个截断分布样本。该三维正态分布的参数如下：

$$\mu = (1.3, 3.5, -3)^T$$

$$\sum = \begin{pmatrix} 0.931 & 1.680 & 1.140 \\ 1.680 & 3.048 & 2.164 \\ 1.140 & 2.164 & 2.361 \end{pmatrix}$$

截断范围如下：

$$\begin{pmatrix} -1 \\ -2 \\ 1 \end{pmatrix} < \begin{pmatrix} x_1 \\ x_2 \\ x_3 \end{pmatrix} < \begin{pmatrix} 1 \\ 2 \\ 2 \end{pmatrix} \tag{7.18}$$

程序 7.20：用接受—拒绝抽样方法构造截断分布样本（一）

```
clear
set seed 1234567
set obs 10000
mat S = (0.931,1.680,1.140 \1.680,3.048,2.164 \1.140,2.164,2.361)
mat Q = cholesky(S)
gen e1 = invnorm(uniform())
gen e2 = invnorm(uniform())
gen e3 = invnorm(uniform())
gen x1 = 1.3 +e1 * scalar(Q[1,1])
gen x2 = 3.5 +e1 * scalar(Q[2,1]) +e2 * scalar(Q[2,2])
gen x3 = -3 +e1 * scalar(Q[3,1]) +e2 * scalar(Q[3,2]) +e3 * scalar(Q[3,
3])
corr x1 x2 x3, cov
corr x1 x2 x3
sum x1 - x3
keep if x1 > -1 & x1 <1
keep if x2 > -2 & x2 <2
keep if x3 >1 & x3 <2
```

虽然我们从 10000 个样本出发，但是，除非我们设置非常特别的种子值，以上的程序最终将拒绝几乎所有的样本，因此，失去了抽样的意义。其原因在于我们设置的截断范围太窄，或者说，常数项 k 的值太小了。如果我们坚持使用接受—拒绝抽样方法，唯一的办法是增加初始抽样的样本容量。作为一个比较有意义的抽样例子，假定我们初始的正态样本均值向量是 $\mu = (0.1, 0.5, -0.3)^T$，从而导致截断范围变大（常数项 k 的值变大），此时从 10000 个初始样本出发，我们可以得到 600 多个截断分布的样本。请读者运行程序 7.21。

程序 7.21：用接受—拒绝抽样方法构造截断分布样本（二）

```
clear
set seed 1234567
set obs 100000
mat S = (0.931,1.680,1.140\1.680,3.048,2.164\1.140,2.164,2.361)
mat Q = cholesky(S)
gen e1 = invnorm(uniform())
gen e2 = invnorm(uniform())
gen e3 = invnorm(uniform())
gen x1 = .1 +e1 * scalar(Q[1,1])
gen x2 = .5 +e1 * scalar(Q[2,1]) +e2 * scalar(Q[2,2])
gen x3 = -.3 +e1 * scalar(Q[3,1]) +e2 * scalar(Q[3,2]) +e3 * scalar(Q[3,3])
corr x1 x2 x3, cov
corr x1 x2 x3
sum x1 - x3
keep if x1 > -1 & x1 <1
keep if x2 > -2 & x2 <2
keep if x3 >1 & x3 <2
```

对不同的分布，有很多不同的抽样方法。作为一本入门的教材，本书的重点在于 Stata 程序设计，因此，我们没有涵盖其他更加复杂的抽样方法，比如重要性抽样、Gibbs 抽样等，但是读者可以参考 Train（2008）的有关章节。

第 8 章

数值积分方法

通常蒙特卡洛方法通过构造符合一定规则的随机数来解决数学上的各种问题。对于那些由于计算过于复杂而难以得到解析解或者根本不存在解析解的问题，蒙特卡洛方法是一种有效的计算数值解的方法。一般蒙特卡洛方法在数学中最常见的应用就是蒙特卡洛积分。利用蒙特卡洛方法做数值积分，不仅直观，而且极其容易实现。本章首先介绍闭区间上的定积分问题，然后介绍广义积分的计算。

8.1 定积分问题

对于定积分问题，如果没有办法得到精确的解析解，你可以首先利用蒙特卡洛进行试算，即便你能给出一个解析解，为了证明你的推导是正确的，也可以用几行简单的程序来验证。用蒙特卡洛方法做数值积分的原理很简单：设随机变量 x 对应的概率密度函数分别为 $f(x), x \in (a, b)$，则任给随机变量 $y = g(x), y$ 的数学期望为

$$E(y) = \int_a^b g(x) f(x) \, \mathrm{d}x \tag{8.1}$$

根据大样本理论，数学期望可以用大样本的平均值进行逼近，如果能模拟出一个随机变量 x 的样本，我们就可以用对应的 y 的样本均值作为对上面积分的近似。不难看出，我们总是可以用变量代换的方法，将区间 (a, b) 代换成 $(0, 1)$，这样，$f(x)$ 在区间 $(0, 1)$ 上总是可以看做是单位均匀分布的密度函数。

例 8.1 计算如下定积分：

$$\int_0^1 x \sin x \ln(1 + x^2) \, \mathrm{d}x$$

积分区间是 $(0, 1)$，我们可以将整个被积函数 $x\sin x\ln(1 + x^2)$ 看做 $g(x)$，把 x 看做是单位均匀分布，首先用伪随机数生成器得到单位均匀分布的 10000 个 x 的样本，然后计算对应的 y 的样本，最后根据 y 的样本，计算 y 的平均值，并把该平均值作为积分的近似值在屏幕上输出，对应程序如下：

程序 8.1：区间 $(0, 1)$ 上的定积分

```
1)clear
2)set obs 10000
3)gen x = uniform()
4)gen y = x * sin(x) * ln(1 + x^2)
5)qui sum y
6)disp "所求积分近似等于" r(mean)
```

如果积分限不是 $(0, 1)$，我们可以进行变量代换，也可以直接生成对应积分限上的均匀分布。

例 8.2　计算如下定积分：

$$\int_1^5 x\sin x\ln(1 + x^2)\,\mathrm{d}x$$

（1）变量代换法，令 $t = \dfrac{x - 1}{5 - 1}$，则如果 x 取值范围为 $(1, 5)$，则 t 的取值范围为 $(0, 1)$，将 $x = 1 + 4t$ 带入积分中，即可将对 x 的积分转化成对 t 的积分，具体过程如下：

$$\int_1^5 x\sin x\ln(1 + x^2)\,\mathrm{d}x = \int_0^1 (1 + 4t)\sin(1 + 4t)\ln\left[1 + (1 + 4t)^2\right]\mathrm{d}(1 + 4t)$$

$$= 4\int_0^1 (1 + 4t)\sin(1 + 4t)\ln\left[1 + (1 + 4t)^2\right]\mathrm{d}t$$

变换后我们可以用下面的公式计算该定积分，程序如程序 8.2 所示。

程序 8.2：有界区间上的定积分（一）

```
1)clear
2)set obs 10000
3)gen t = uniform()
4)gen y = (1 + 4t) * sin(1 + 4t) * ln(1 + (1 + 4t)^2)
5)qui sum y
6)disp "所求积分近似等于" 4 * r(mean)
```

（2）直接生成区间 $(1, 5)$ 上的均匀分布，计算程序如程序 8.3 所示。

程序 8.3：有界区间上的定积分（二）

```
1)clear
```

```
2)set obs 10000
3)gen x = uniform() * 4 +1
4)gen y = x * sin(x) * ln(1 +x^2)
5)qui sum y
6)disp "所求积分近似等于" r(mean) * 4
```

　　对于有限区间上的定积分，我们总是可以利用上面的程序进行计算，而且可以很方便地把上面的方法推广到多维的情形，或者曲面积分的情形。

例8.3　有限区域上的曲面积分

$$\oiint\limits_{x^2+y^2<1} \left[x^5 + 3x^4 + \ln(\,|x| + \sin x)\,\right] \mathrm{d}x\mathrm{d}y$$

　　该曲面积分的积分区域是单位圆 $x^2 + y^2 < 1$，我们可以首先生成一个单位圆上的均匀分布，然后计算被积函数的数学期望（均值）的方法来计算该曲面积分。由于单位圆上均匀分布的密度函数是 $1/\pi$，因此，被积函数乘以 π 才是被积函数的值，证明如下：

$$\oiint\limits_{x^2+y^2<1} \left[x^5 + 3x^4 + \ln(\,|x| + \sin x)\,\right] \mathrm{d}x\mathrm{d}y$$

$$= \oiint\limits_{x^2+y^2<1} g(x,y)\,\mathrm{d}x\mathrm{d}y$$

$$= \pi \oiint\limits_{x^2+y^2<1} \frac{1}{\pi} g(x,y)\,\mathrm{d}x\mathrm{d}y$$

$$= \pi E\left[g(x,y)\right]$$

　　用蒙特卡洛模拟计算该定积分，我们需要首先模拟出单位圆上的均匀分布，这一过程通过截断抽样方法实现，我们首先模拟出单位正方形上的均匀分布，然后保留落入单位圆内的样本，整个计算程序如程序8.4所示。

程序8.4：单位圆上的曲面积分（三）

```
1)clear
2)set obs 1500
3)gen x = uniform() * 2 -1
4)gen y = uniform() * 2 -1
5)keep if x^2 +y^2 < 1
6)gen z = x^5 +3 * x^4 +ln(abs(x) +sin(x))
7)qui sum z
8)disp "所求积分近似等于" r(mean) * _pi
```

程序 8.4 注释：

1）清空内存。

2）设置样本容量为 1500。

3）生成（-1, 1）上的均匀分布伪随机变量 x。

4）生成（-1, 1）上的均匀分布伪随机变量 y。

5）只保留在单位圆内的样本。

6）对应单位圆内的样本（x，y），计算被积函数，并赋值给伪随机变量 z。

7）计算 z 的基本统计量，包括均值。

8）输出 z 的均值，作为对积分的近似估计。由于单位圆上均匀分布的密度函数是 $\dfrac{1}{\pi}$，因此，所求积分为被积函数数学期望的 π 倍。

8.2   广义积分

广义积分大致分为两类，一类是有界函数在无穷区间上的积分，另外一类是无界函数在有限区间上的积分，我们首先给出两类广义积分的定义如下：

（1）有界函数在无穷区间上的广义积分

设函数 $f(x)$ 在区间 $[a, +\infty)$ 上连续，取 $b>a$，如果极限 $\lim\limits_{b\to+\infty}\int_a^b f(x)\,\mathrm{d}x$, 存在，则称此极限为函数 $f(x)$ 在无穷区间 $[a,\infty)$ 上的广义积分，记作 $\int_a^{+\infty} f(x)\,\mathrm{d}x$，即

$$\int_a^{+\infty} f(x)\,\mathrm{d}x = \lim_{b\to+\infty}\int_a^b f(x)\,\mathrm{d}x \tag{8.2}$$

这时也称广义积分 $\int_a^{+\infty} f(x)\,\mathrm{d}x$ 收敛。如果上述极限不存在，函数 $f(x)$ 在无穷区间 $[a,\infty)$ 上的广义积分 $\int_a^{+\infty} f(x)\,\mathrm{d}x$ 就没有意义，此时称广义积分 $\int_a^{+\infty} f(x)\,\mathrm{d}x$ 发散。

类似地，设函数 $f(x)$ 在区间 $(-\infty, b]$ 上连续，如果极限 $\lim\limits_{a\to-\infty}\int_a^b f(x)\,\mathrm{d}x$ $(a<b)$ 存在，则称此极限为函数 $f(x)$ 在无穷区间 $(-\infty, b]$ 上的广义积分，记作 $\int_{-\infty}^b f(x)\,\mathrm{d}x$，即

$$\int_{-\infty}^b f(x)\,\mathrm{d}x = \lim_{a\to-\infty}\int_a^b f(x)\,\mathrm{d}x \tag{8.3}$$

这时也称广义积分 $\int_{-\infty}^{b} f(x)\mathrm{d}x$ 收敛，如果上述极限不存在，则称广义积分 $\int_{-\infty}^{b} f(x)\mathrm{d}x$ 发散。

进一步推广，假设函数 $f(x)$ 在区间 $(-\infty, +\infty)$ 上连续，如果广义积分 $\int_{-\infty}^{0} f(x)\mathrm{d}x$ 和 $\int_{0}^{+\infty} f(x)\mathrm{d}x$ 都收敛，则称上述两个广义积分的和为函数 $f(x)$ 在无穷区间 $(-\infty, +\infty)$ 上的广义积分，记作 $\int_{-\infty}^{+\infty} f(x)\mathrm{d}x$，即

$$\int_{-\infty}^{+\infty} f(x)\mathrm{d}x = \int_{-\infty}^{0} f(x)\mathrm{d}x + \int_{0}^{+\infty} f(x)\mathrm{d}x$$

$$= \lim_{a\to-\infty}\int_{a}^{0} f(x)\mathrm{d}x + \lim_{b\to+\infty}\int_{0}^{b} f(x)\mathrm{d}x \tag{8.4}$$

这时也称广义积分 $\int_{-\infty}^{+\infty} f(x)\mathrm{d}x$ 收敛。

如果上式右端有一个广义积分发散，则称广义积分 $\int_{-\infty}^{+\infty} f(x)\mathrm{d}x$ 发散。

（2）无界函数在有限区间上的广义积分

设函数 $f(x)$ 在区间 $(a,b]$ 上连续，而在点 a 的右邻域内无界。取 $\varepsilon>0$，如果极限 $\lim_{t\to a^{+}}\int_{t}^{b} f(x)\mathrm{d}x$ 存在，则称此极限为函数 $f(x)$ 在 $(a,b]$ 上的广义积分，仍然记作 $\int_{a}^{b} f(x)\mathrm{d}x$，即

$$\int_{a}^{b} f(x)\mathrm{d}x = \lim_{t\to a^{+}}\int_{t}^{b} f(x)\mathrm{d}x \tag{8.5}$$

这时也称广义积分 $\int_{a}^{b} f(x)\mathrm{d}x$ 收敛。

如果上述极限不存在，就称广义积分 $\int_{a}^{b} f(x)\mathrm{d}x$ 发散。

类似地，设函数 $f(x)$ 在区间 $[a,b)$ 上连续。而在点 b 的左邻域内无界。取 $\varepsilon>0$，如果极限 $\lim_{t\to b^{-}}\int_{a}^{t} f(x)\mathrm{d}x$ 存在，则称此极限为函数 $f(x)$ 在 $[a,b)$ 上的广义积分，仍然记作 $\int_{a}^{b} f(x)\mathrm{d}x$，即

$$\int_{a}^{b} f(x)\mathrm{d}x = \lim_{t\to b^{-}}\int_{a}^{t} f(x)\mathrm{d}x \tag{8.6}$$

这时也称广义积分 $\int_{a}^{b} f(x)\mathrm{d}x$ 收敛。如果上述极限不存在，就称广义积分

$\int_a^b f(x)\,dx$ 发散。

设函数 $f(x)$ 在区间 $[a,b]$ 上除点 $c(a < c < b)$ 外连续，而在点 c 的邻域内无界。如果两个广义积分 $\int_a^c f(x)\,dx$ 与 $\int_c^b f(x)\,dx$ 都收敛，则定义

$$\int_a^b f(x)\,dx = \int_a^c f(x)\,dx + \int_c^b f(x)\,dx \tag{8.7}$$

否则，就称广义积分 $\int_a^b f(x)\,dx$ 发散。

瑕点：如果函数 $f(x)$ 在点 a 的任一邻域内都无界，那么点 a 称为函数 $f(x)$ 的瑕点，也称为无界，不难看出，任给一个广义积分，我们首先要判断该广义积分是否存在，用蒙特卡洛方法计算广义积分则可以将计算和判断是否收敛的过程合并起来。如果我们进行多次计算，发现计算结果的差别不大，则可以基本上断定该积分收敛，并将多次计算的平均值作为广义积分的近似值。

例 8.4   无限区间上的广义定积分

求积分 $\displaystyle\int_{-\infty}^{+\infty} \frac{1}{\sqrt{2\pi}} x^2 \exp\left(-\frac{x^2}{2}\right) dx$

方法（1）

被积函数可以看做是 x^2 和一个标准正态分布密度函数的乘积，也就是一个标准正态分布随机变量的二阶矩，根据标准正态分布的性质，我们知道该积分等于标准正态分布的方差，因此积分的准确值是 1。我们首先模拟出标准正态分布，然后直接计算其方差，程序如程序 8.5 所示。

程序 8.5：无限区间上的广义定积分（一）

```
clear
set mem 200m
set more off
capture program drop integration
program define integration, rclass
version 10.0
syntax [, obs(integer 10000) ]
drop _all
set obs `obs'
tempvar x
gen `x' = invnorm(uniform())
qui sum `x'
```

```
local var = r(var)
return scalar var = `var'
end
simulate var = r(var) , reps(1000): integration, obs(10000)
sum var
```

计算后屏幕输出结果如表 8.1 所示。

表 **8.1**   程序 **8.5** 输出结果

Variable	Obs	Mean	Std. Dev.	Min	Max
var	1000	1.000237	0.0135215	0.9583226	1.053299

不难看出，用 1000 次模拟求平均的方法，我们计算结果的精度达到了万分之二的水平，在极端条件下，误差也在 5% 的水平上，说明蒙特卡洛方法计算广义积分相当可靠。另外，通过比较极端条件的取值，我们没有理由认为该广义积分不收敛，因此也没有必要刻意判断其收敛性了。

方法（2）

首先模拟标准正态分布 x，然后计算 $y = x^2$，程序如程序 8.6 所示。

程序 8.6：无限区间上的广义定积分（二）

```
1)clear
2)set mem 200m
3)set obs 1000
4)gen x = invnorm(uniform())
5)gen y = x^2
6)sum y
7)disp"积分等于" r(mean)
```

方法（3）

如果被积函数没有这么特殊，里面不能分离出一个正态分布的密度函数，我们可以用更加一般的变量代换法。根据被积函数是偶函数的特点，我们逐步进行如下的代换：

$$\int_{-\infty}^{+\infty} \frac{1}{\sqrt{2\pi}} x^2 \exp\left(-\frac{x^2}{2}\right) dx = 2\int_{0}^{+\infty} \frac{1}{\sqrt{2\pi}} x^2 \exp\left(-\frac{x^2}{2}\right) dx$$

$$\xleftarrow{\ \diamondsuit t = \frac{1}{1+x}\ } = 2\int_{1}^{0} \frac{1}{\sqrt{2\pi}} \left(\frac{1}{t} - 1\right)^2 \exp\left(-\frac{\left(\frac{1}{t} - 1\right)^2}{2}\right) \left(-\frac{1}{t^2}\right) dt$$

$$= \frac{2}{\sqrt{2\pi}} \int_0^1 \left(\frac{1}{t^2} \right) \left(\frac{1}{t} - 1 \right)^2 \exp\left(-\frac{\left(\frac{1}{t} - 1 \right)^2}{2} \right) \mathrm{d}t$$

通过这些变量代换，我们将积分变成一个有限区间上的定积分，当然可以利用前面的方法进行计算了。这一方法虽然复杂，但是可以应用到许多复杂的情况下。对于被积函数不是偶函数的情况，我们可以将积分分解成负轴和正轴上的两个积分进行计算。以上积分的程序如程序 8.7 所示。

程序 8.7：无限区间上的广义定积分（三）

```
1)clear
2)set obs 1000
3)gen t = uniform()
4)gen y = 1/t^2 * (1/t-1)^2 * exp(-(1/t-1)^2/2)
5)qui sum y
6)disp "积分等于" r(mean)*2/sqrt(2*_pi)
```

例 8.5 计算广义积分 $\int_{-\infty}^{+\infty} \frac{1}{1+x^2} \mathrm{d}x$

该积分有精确解，可以用来说明蒙特卡洛模拟结果的精度，精确解的计算过程如下：

$$\begin{aligned}
解 \int_{-\infty}^{+\infty} \frac{1}{1+x^2} \mathrm{d}x &= \left[\arctan x \right]_{-\infty}^{+\infty} \\
&= \lim_{x \to +\infty} \arctan x - \lim_{x \to -\infty} \arctan x \\
&= \frac{\pi}{2} - \left(-\frac{\pi}{2} \right) = \pi
\end{aligned}$$

要进行蒙特卡洛模拟，首先观察此积分，不难看出这是实数域上的一个偶函数积分，我们可以将积分改写成如下的形式并进行变量代换，转化成一个有界区域上的积分：

$$\begin{aligned}
\int_{-\infty}^{+\infty} \frac{1}{1+x^2} \mathrm{d}x &= 2\int_0^{+\infty} \frac{1}{1+x^2} \mathrm{d}x \\
&= 2\int_1^0 \frac{1}{1 + \left(\frac{1-t}{t} \right)^2} \mathrm{d}\left(\frac{1-t}{t} \right) \quad 令 t = \frac{1}{1+x} \\
&= \int_0^1 \frac{2}{t^2 + (1-t)^2} \mathrm{d}t
\end{aligned}$$

通过变量代换，我们将一个广义积分变换成区间（0，1）上的定积分，然后就可以通过生成标准均匀分布随机变量计算该积分的近似值了，如程序8.8所示。

程序8.8：广义定积分

```
clear
set obs 10000
gen t = uniform()
gen ft =2/(t^2 + (1 - t)^2)
sum ft
```

最后我们介绍一个不收敛的广义积分问题，我们用这个问题来说明收敛性的判别。

例8.6 计算广义积分 $\int_0^1 \left(\dfrac{1}{x} + \dfrac{1}{1-x} \right) \mathrm{d}x$

因为是有限区间上的积分，我们只需要用单位均匀分布模拟即可，为了判断收敛性，我们用 simulate 命令，将这一计算过程进行多次，如程序8.9所示。

程序8.9：不收敛的广义定积分

```
clear
set mem 200m
set more off
capture program drop integration
program define integration, rclass
version 10.0
syntax [, obs(integer 10000) ]
drop _ all
set obs `obs'
tempvar x fx
gen `x' = uniform()
gen `fx' =1/`x' +1/(1 - `x')
qui sum `fx'
local mean = r(mean)
return scalar mean = `mean'
end
simulate mean = r(mean) , reps(1000): integration, obs(10000)
sum mean, d
```

运行程序，我们对例 8.6 的广义积分进行 1000 次近似计算，并将结果保留在一个名为 mean 的变量中，Stata 给出的积分近似值的统计特征如下：

```
· sum mean, d
```

$$r(mean)$$

	Percentiles	Smallest		
1%	16.38431	15.06098		
5%	17.89084	15.54207		
10%	18.74814	15.70016	Obs	1000
25%	20.37787	15.79872	Sum of Wgt.	1000
50%	23.33684		Mean	31.27179
		Largest	Std. Dev.	38.08582
75%	29.82448	299.2904		
90%	44.03507	348.5783	Variance	1450.53
95%	62.06196	387.4572	Skewness	13.18053
99%	176.4548	866.9622	Kurtosis	250.7096

不难看出，1000 次近似计算结果的差别很大，比如，最大的近似值是 866.9，而最小的仅仅是 15，当然标准差也很大，达到 38，甚至大于平均值 31，显示计算结果杂乱无章，不具备收敛性。事实上，我们发现，计算次数越多，近似计算的最大值也越大，我们进行 2000 次计算，发现得到的最大值超过了 13000，进一步显示该积分不具备收敛性。

8.3　积分应用问题

最后，蒙特卡洛积分在实际应用中也非常有效，我们在例 8.7 中给出一个计算冰激凌体积的例子，供读者参考。

例 8.7　冰激凌的体积

冰激凌的下部为锥体，上部为半球。设它由锥面 $z = -\sqrt{x^2 + y^2}$ 和球面 $x^2 + y^2 + (z-1)^2 = 1 (z \geq 0)$ 围成，用蒙特卡洛方法计算它的体积。

解：两个曲面方程联立可以解得几何体的边界方程为单位圆：$x^2 + y^2 = 1$。

应用蒙特卡洛均值估计法计算体积的思路如下：把体积问题看做是在单位圆上的曲面积分，被积函数是单位圆上任一点对应的锥面和球面的距离差 z：

$$\oiint_{(x^2+y^2 \leq 1)} (1 - \sqrt{1 - x^2 - y^2}) - (-\sqrt{x^2 + y^2})$$

　　程序思路如下：构造单位圆内的均匀分布 (x, y)，计算球面与锥面在 (x, y) 处的 z 值之差，即上面的被积函数，记作 d，最后计算随机变量 d 的均值。由于单位圆上的均匀分布对应的密度函数是 $\dfrac{1}{\pi}$，因此所求的积分等于被积函数的数学期望乘以 π。对应的 Stata 程序如程序 8.10 所示。

程序 8.10：用蒙特卡洛方法计算冰激凌体积

```
clear
set obs 15000
gen x = uniform()
gen y = uniform()
keep if x^2 + y^2 < =1
gen d = (1 - sqrt(1 - x^2 - y^2)) + sqrt(x^2 + y^2)
qui sum y
disp "积分等于" r(mean) * c(pi)
```

第 9 章

蒙特卡洛应用

许多看似复杂的随机问题，可以利用前面两章的随机数方法进行模拟，从而可以很方便地解决。本章介绍几个比较经典的例子：

9.1 搭车问题

一列火车每天早上从 A 站出发经过 B 站到达 C 站。某人每天都从 B 站去 C 站，他知道火车从 A 站到 B 站大约需要 30 分钟，具体时间服从一个均值为 30 分钟，标准差为 2 分钟的正态分布。假定火车从 A 站 8:00 出发的概率是 0.7，8:05 出发的概率是 0.2，8:10 出发的概率是 0.1，该人在 8:28 到达 B 站的概率是 0.1，8:30 到达 B 站的概率是 0.2，8:32 到达 B 站的概率是 0.3，8:34 到达 B 站的概率是 0.3，8:36 到达 B 站的概率是 0.1。给定这些条件，求这个人能赶上火车的概率是多少？

看似简单的问题，但如果从概率论的角度出发，你需要写出三个分布函数，然后计算出联合分布函数，除非你对概率论的知识非常熟悉，否则这个问题并不简单。但是，用蒙特卡洛模拟却可以很直观地解决这一问题：假定火车从 A 站出发的时间是 $T1$，A 站到 B 站所花的时间是 $T2$，火车到达 B 站的时间是 $T3$，那么某人赶上火车的条件就是

$$T1 + T2 \geqslant T3$$

也许你不是很熟悉涉及 60 进制的时间运算，我们可以将这些时间都减去 8 小时，即 8:00 记作 0，8:05 记作 5，那么火车出发的可能时间就分别是 0、5 和 10。我们用程序 9.1 来计算某人能准点赶上火车的概率。

程序 9.1：搭车问题

```
1)clear
```

```
2)set obs 10000
3)gen u1 = uniform()
4)egen T1 = cut(u1), at(0,0.7,0.9,1)
5)recode T1 0.7 =5 0.9 =10
6)gen T2 = invnorm(uniform()) *2 +30
7)gen u3 = uniform()
8)egen T3 = cut(u1), at(0,0.1,0.3,0.6,0.9,1)
9)recode T3 0 =28 0.1 =30 0.3 =32 0.6 =34 0.9 =36
10)gen on _ time = (T1 + T2 < =T3)
11)sum on _ time
12)disp "某人能赶上火车的概率是" r(mean) *100 "% "
```

程序 9.1 注释:

1) 清空内存。

2) 设置观测值个数为 10000,即我们要模拟某人的 10000 次赶火车事件。

3) 生成随机变量 u1,u1 服从标准均匀分布。

4) 根据 u1 的取值,构造火车离站的时间 $T1$,首先用函数 egen cut 构造变量 $T1$,相当于将 u1 分成三段,对应的长度分别是 0.7、0.2 和 0.1,如果 u1 小于 0.7,则 $T1$ 取值为 0,如果 u1 介于 0.7 和 0.9 之间,则 $T1$ 等于 0.7,否则,如果 u1 大于 0.9,则 $T1$ 等于 0.9。

5) 将 $T1$ 重新赋值,分别是 0、5 和 10。经过这一步处理,$T1$ 取值为 0(对应于 8:00 出发)的概率为 0.7,取值为 5(对应于 8:05 出发)的概率为 0.2,取值为 10(对应于 8:10 出发)的概率为 0.1。

6) 模拟火车从 A 站到 B 站的运行时间 $T2$。

7) 模拟某人到达 B 站的时间。

8) 根据 u1 的取值,构造火车离站的时间 $T3$,相当于将 u1 分为 5 段,分别为 0.1、0.3、0.6、0.9、1。

9) 将 T3 重新赋值,分别是 0 = 28,0.1 = 30,0.3 = 32,0.6 = 34,0.9 = 36。

10) 构造一个虚拟变量 on _ time,如果 $T1 + T2 \leq T3$ 则 on _ time 等于 1,否则等于 0。

11) 计算虚拟变量 on _ time 的基本统计量,包括平均值。

12) 屏幕输出某人能赶上火车的概率,其中 r(mean) 记录了上面 sum 命令计算出的平均值。

9.2　排队问题

　　某律师在市中心开了一家法律问题顾问中心，他每天上午9:00上班，计划下午5:00下班。律师发现每小时内来这里咨询的人数服从一个 $\lambda=1$ 的泊松分布，咨询的人来以后，如果发现这里没有别人咨询，则会留下来进行咨询，如果发现前面有一个人，则继续等待的概率是0.5，离开的概率是0.5，如果发现前面有两个人，则留下继续等待的概率降低到0.25，如果发现前面有三个人或者三个以上，则会立即离去。这位律师给一位客户提供咨询服务所花费的时间的密度函数与一个均值为30分钟，方差为10分钟的正态分布的密度函数成比例，且最小时间是1分钟，最大时间是120分钟。如果在下午5:00的时候没有人在等待咨询或者正在被咨询，则这位律师就会下班，否则，他会等到所有客人咨询以后才离开。请问这位律师每天能准时下班的概率是多少？

　　这个问题比搭车问题显然复杂了很多，涉及的分布包括泊松分布、正态分布和离散分布，如果用纯粹的概率论进行计算，几乎是不可能的。对这样复杂的系统，蒙特卡洛方法则更加直观和容易实现。我们首先生成一个客户到达的事件流，然后拟合出每个客户接受咨询的时间长短和对应的客户离开时间，当最后一个客户离开的时间早于下午5:00的时候，则律师可以按时下班。

　　如果每小时内来这里咨询的人数服从一个 $\lambda=1$ 的泊松分布，则到达的时间间隔服从参数为1的指数分布，如果我们的程序以分钟为单位，则时间间隔可以看做是一个参数为1/60的指数分布。从早上9:00到下午5:00之间，总共有480分钟，分别记做 1~480。我们用程序9.2模拟客户到达的具体时间。

程序9.2：排队问题

```
1)clear
2)set more off
3)capture program drop queue
4)program define queue, rclass
5)version 10.0
6)syntax [, lambda(integer 60)]
7)drop _all
8)set obs 480
9)gen arrive=0
10)local i = int(-ln(uniform())*`lambda')
11)while `i'<480 {
```

```
12)recode arrive 0 =1 if _n == `i'
13)local i = `i' +int(-ln(uniform()) * `lambda')
14)}
15)sum arrive if arrive ==1
16)local custom_arrived = r(N)

17)gen busy = 0 /*是否正在服务*/
18)local queue = 0 /*等待的人数,设定初值为零*/
19)local custom_number =0 /*接受服务的人数,设定初值为零*/
20)local leave =0 /*选择离开的顾客人数,设定初值为零*/
21)set obs 800
22)gen time = _n

23)forval i =1(1) 481 {

24)local length =min(max(int(invnorm(uniform()) *10) +50,1),120)
25)if arrive[`i'] == 1 & busy[`i'] ==1 {

26)if `queue' ==3 {
27)replace arrive =0 if _n == `i'
28)local leave = `leave' +1

29)}

30)if `queue' ==2 {

31)if uniform() >0.75 {
32)local queue = `queue' +1

33)}
34)else {
35)replace arrive =0 if _n == `i'
36)local leave = `leave' +1
37)}
38)}
```

```
39)if `queue'==1 {
40)if uniform()>0.5 {
41)local queue = `queue'+1

42)}
43)else {
44)replace arrive=0 if _n == `i'
45)local leave = `leave'+1

46)}
47)}

48)if `queue'==0 {
49)local queue = `queue'+1
50)continue

51)}

52)}

53)if arrive[`i']==1 & busy[`i']==0 & `queue'==0{
54)replace busy=1 if _n >= `i' & _n < `i'+`length'
55)local custom_number = `custom_number'+1
56)continue

57)}

58)if busy[`i']==0 & `queue'>0{
59)replace busy=1 if _n >= `i' & _n < `i'+`length'
60)local custom_number = `custom_number'+1
61)local queue = `queue'-1
62)continue
63)}
```

```
64)}
65)sum time if busy ==1
66)if r(max) ~ =. {
67)return scalar last _ minute = r(max)
68)}
69)else {
70)return scalar last _ minute = 0
71)}

72)return scalar custom _ number = `custom _ number'
73)return scalar leave = `leave'
74)return scalar custom _ arrived = `custom _ arrived'
75)return scalar queue = `queue'
76)end

77)local times =1000
78)simulate last _ minute = r(last _ minute) custom _ arrived = r(custom _ ar-
   rived)leave = r(leave) number = r(custom _ number) queue = r(queue),
   reps(`times'):queue, lambda(60)
79)sum last _ minute if last _ minute < =480
80)disp "按时下班的概率为" r(N)/`times'
```

程序 9.2 注释：

1）清空内存。

2）关闭屏幕输出等待。

3）如果内存中已经定义子程序 queue，则清除该定义。

4）定义子程序 queue，该程序有返回值。

5）定义子程序按照 Stata10 版本编译。

6）定义子程序的调用格式，该子程序可以调用一个参数 lambda，作为顾客到达所服从的泊松分布的参数。

7）子程序首先清除内存中的变量。

8）子程序设置样本容量为 480，表示 1 天 480 分钟的工作时间。

9）设置每分钟是否有顾客到达的哑变量，暂且赋值为 0。

10）模拟第一个顾客到来的时间，从上班开始到第一个顾客到来的时间长短服从参数为 1/`lambda' 的指数分布。

11）用 while 循环模拟其他顾客到达的时间：循环开始 {。

12）顾客到达时，重定义 arrive 为 1。

13）模拟下一个顾客到达的时间。

14）¦ 结束第 11 行开始的 while 循环。

15）计算哑变量 arrive 的基本统计量，主要是为了计算一天内有多少顾客到达。

16）用 local custom _ arrived 存储一日内到达的顾客总数目。

17）用哑变量 busy 表示律师每一分钟是否正在服务，先设定为 0，即没有进行服务。

18）用 local queue 存储正在等待的人数，初值为零。

19）用 local custom _ number 存储已经或者正在接受服务的人数,设定初值为零。

20）用 local leave 存储选择不等待而离开的顾客人数，设定初值为零。

21）将样本容量扩大到 800，以便我们可以知道律师大致什么时候下班。

22）生成样本序号 time，1 到 800。

23）为 1 到 481 的每一分钟进行一次循环 ¦。

24）为每一时刻可能到达的顾客设定一个随机的需要服务的时间，服从均值为 50，方差为 100 的标准正态分布，但是最少是 1 分钟，最多为 120 分钟。

25）如果某一分钟有顾客到来，而且律师在忙碌，则执行如下的过程 ¦。

26）判断有多少人在排队，如果排队人数是 3，则执行如下的命令 ¦。

27）顾客选择离开。

28）离开人数 `leave' 增加 1。

29）¦ 结束 26 行开始的模块。

30）判断有多少人在排队，如果排队人数是 2，则执行如下的命令 ¦。

31）顾客决定是否等待，如果等待，则执行如下的模块 ¦。

32）等待人数`queue' 增加 1。

33）¦ 结束 31 行开始的模块。

34）否则，即顾客选择离去，则执行如下模块 ¦。

35）顾客选择离开。

36）离开人数 `leave' 增加 1。

37）¦ 结束 34 行开始的模块。

38）¦ 结束 30 行开始的模块。

39）判断有多少人在排队，如果排队人数是 1，则执行如下的命令 ¦。

40）顾客决定是否等待，如果等待，则执行如下的模块 ¦。

41）等待人数 `queue' 增加 1。

42）¦ 结束 39 行开始的模块。

43）否则，即顾客选择离去，则执行如下模块 ┤。

44）顾客选择离开。

45）离开人数`leave`增加1。

46）┤ 结束43行开始的模块。

47）┤ 结束39行开始的模块。

48）判断有多少人在排队，如果排队人数是0，则执行如下的命令 ┤。

49）排队人数增加1。

50）回到循环开始部分（第23行）。

51）┤ 结束48行开始的模块。

52）┤ 结束25行开始的模块。

53）如果第`i`时刻有顾客到达，律师空闲而且没有别人排队，则执行如下模块┤。

54）根据我们随机给出的服务时长，将这一时刻`i`开始，直到`i`+`length`前1时刻的busy变量修改为1，即这一时段内，律师正在服务。

55）将`custom_number`（已经或者正在接受服务的人数）增加1。

56）回到循环开始部分（第23行）。

57）┤ 结束53行开始的模块命令。

58）如果律师在第`i`时刻空闲（busy［`i`］==0）但是此时有顾客在排队（`queue`>0），则执行如下的命令 ┤。

59）根据我们随机给出的服务时长，将这一时刻`i`开始，直到`i`+`length`前1时刻的busy变量修改为1，即这一时段内，律师正在服务。

60）将`custom_number`（已经或者正在接受服务的人数）增加1。

61）将`queue`（等待的顾客人数）减去1。

62）回到循环开始部分（第23行）。

63）┤ 结束58行开始的模块。

64）┤ 结束23行开始的大循环。

65）计算忙碌时刻编号time的基本统计量，主要是为了找到最后一个忙碌时刻。

66）如果最后一个忙碌时刻r(max)非空值，则执行如下模块 ┤。

67）将这一时刻作为返回值，赋给last_minute。

68）┤ 结束66行开始的模块。

69）否则，即最后一个忙碌时刻r(max)是空值，即全天没有顾客上门 ┤。

70）将0作为返回值，赋给last_minute。

71）┤ 结束69行开始的模块。

72）将接受服务的顾客数目作为返回值，赋给 custom_ number = `custom_ number'。

73）将离开的顾客数目作为返回值，赋给 leave = `leave'。

74）将全天到达的顾客数目作为返回值，赋给 custom _ arrived = `custom _ arrived'。

75）将第 481 分钟后还在排队的顾客数目作为返回值，赋给 queue = `queue'。

76）结束子程序的定义。

77）设定随机模拟的次数，本例为 1000，也就是说，我们要进行 1000 次蒙特卡洛模拟，相当于我们进行 1000 天的观测，观测律师能按时下班的次数。

78）用 simulate 命令，执行上面定义的子程序 queue1000 次，将顾客到来频度所服从的泊松分布的倒数作为参数，这里设定是 60，即平均每 60 分钟来一位顾客。

79）根据模拟结果，计算下班时间小于或者等于 480 分钟的概率。

80）并将结果输出到屏幕上。

以上程序运行后，屏幕输出的律师按时下班的概率大概是 0.293。当然上述模拟还存在着一些问题，对于本例中复杂的分布，1000 天的观测显得微不足道，根据小样本模拟出来的概率也显得不太可靠，为此，我们将模拟次数修改到数万次，甚至数百万次，这样得到的结果将和实际概率更加接近。修改运行次数的时候，用户只需要将第 78 行的 100 修改成自己需要的数字即可。在实际应用中，诸如上述排队问题，我们往往需要把程序编写好以后，放在大型机或者工作站上进行数百万次甚至更多次的运行，作为一个学习的实例，我们可以在自己的微机上进行数千次运算即可。

我们设定顾客按照平均每 60 分钟一位的泊松流到来，如果我们想知道其他泊松流的情况下，律师按时下班的概率，以及律师下班时间与泊松流参数之间的关系，则可以将上述程序稍作修改，比如说通过循环将 simulate 命令执行多次，每次给出一个不同的泊松参数。程序 9.3 就是秉承这种思想编制的，读者不难发现，我们再次使用 post 系列命令，对程序 9.2 的 60 行以后部分做了稍许修改，将每次 simulate 的结果（概率）和泊松流的参数输出到一个外部文件 d：\ prob. dta 中。读者如果能理解程序 9.2 的内容和 post 命令，理解程序 9.3 并不困难，因此本书不再给出改程序的注释。

程序 9.3：不同泊松流参数的排队模拟

```
clear
set more off
```

```
capture program drop queue
program define queue, rclass
version 10.0
syntax [, lambda(integer 60)]
drop _ all
set obs 480
gen arrive = 0
local i = int( - ln(uniform()) * `lambda')
while `i' < 480 {
recode arrive 0 = 1 if _ n == `i'
local i = `i' + int( - ln(uniform()) * `lambda')
}
sum arrive if arrive == 1
local custom _ arrived = r(N)

gen busy = 0 /* 是否正在服务 */
local queue = 0 /* 等待的人数,设定初值为零 */
local custom _ number = 0 /* 接受服务的人数,设定初值为零 */
local leave = 0 /* 选择离开的顾客人数,设定初值为零 */
set obs 800
gen time = _ n

forval i = 1(1) 481 {

local length = min(max(int(invnorm(uniform()) * 10) + 50,1),120)
if arrive[`i'] == 1 & busy[`i'] == 1 {

if `queue' == 3 {
replace arrive = 0 if _ n == `i'
local leave = `leave' + 1

}


if `queue' == 2 {

if uniform() > 0.75 {
```

```
local queue = `queue' +1


}
else {
replace arrive =0 if _n == `i'
local leave = `leave' +1
}
}


if `queue' ==1 {
if uniform() >0.5 {
local queue = `queue' +1

}
else {
replace arrive =0 if _n == `i'
local leave = `leave' +1

}
}


if `queue' ==0 {
local queue = `queue' +1
continue

}

}



if arrive[`i'] ==1 & busy[`i'] ==0 & `queue' ==0{
replace busy =1 if _n > = `i' & _n < `i' + `length'
local custom _ number = `custom _ number' +1
continue

}
```

```
if busy[`i'] ==0 & `queue'>0{
replace busy =1 if _n > =`i' & _n < `i' + `length'
local custom _ number = `custom _ number' +1
local queue = `queue' -1
continue
}

}
sum time if busy ==1
if r (max) ~ =. {
return scalar last _ minute = r (max)
}
else {
return scalar last _ minute = 0
}

return scalar custom _ number = `custom _ number'
return scalar leave = `leave'
return scalar custom _ arrived = `custom _ arrived'
return scalar queue = `queue'
end


local times =1000
simulate last _ minute = r (last _ minute) custom _ arrived = r (custom _ ar-
rived) leave = r (leave) number = r (custom _ number) queue = r (queue), reps
(`times'): queue, lambda (60)
sum last _ minute if last _ minute < =480
disp "按时下班的概率为" r (N) / `times'
capture postclose prob

postfile prob my _ lambda prob using d: \prob, replace
forval my _ lambda =1 (1) 60 {
disp `my _ lambda'
    qui simulate last _ minute = r (last _ minute)
custom _ arrived = r (custom _ arrived) leave = r (leave) number = r (custom _
```

```
number)
 queue = r(queue), reps(`times'): queue, lambda(`my_lambda')
qui sum last_minute if last_minute < =480
local prob = r(N)/`times'
post prob (`my_lambda') (`prob')
              }
postclose prob
use d:\prob, clear
twoway line prob my_lambda
reg prob my_lambda
gen lambda_sq = my_lambda^2
reg prob my_lambda lambda_sq
```

　　程序 9.3 大概要运行 4 个小时，运行完以后我们得到如图 9.1 所示的按时下班概率与泊松流参数（平均多少分钟来一位顾客）之间的关系。可以看到，顾客到来密度越低，按时下班的概率越高。同时，这一关系表现出一定的非线性特

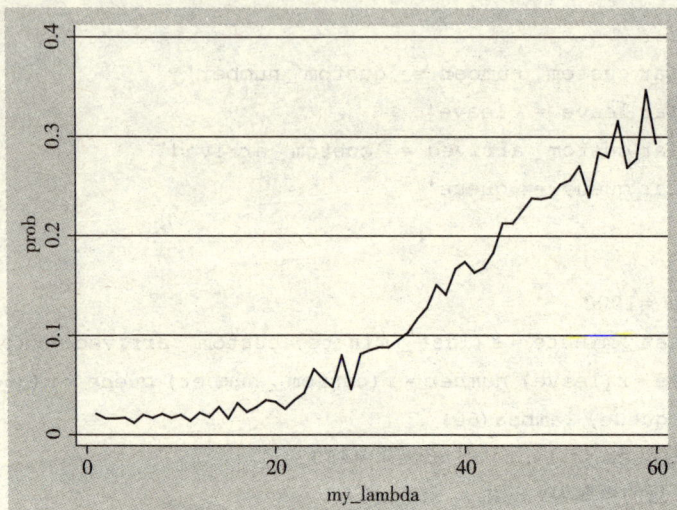

图 9.1　律师按时下班概率与泊松流参数之间的关系

点，按时下班的概率似乎随着泊松流参数的上升而上升，而且上升的幅度越来越大。这一关系从图形上看有一定的不确定性，这种不确定性可能来自于每次模拟的小样本特性（我们每次模拟 1000 次）。

　　程序最后我们用两个回归分析进一步寻找按时下班的概率和泊松流参数之间

的关系如下:

```
· reg prob my _ lambda
```

Source	SS	df	MS
Model	.565236383	1	.565236383
Residual	.054164219	58	.000933866
Total	.619400601	59	010498315

Number of obs = 60
F (1, 58)   = 605.27
Prob > F   = 0.0000
R - squared   = 0.9126
Adj R - squared = 0.9110
Root MSE   = .03056

prob	Coef.	Std. Err.	t	P > |t|	[95% Conf. Interval]
my _ lambda	.0056045	.0002278	24.60	0.000	.0051485 .0060605
_ cons	-.0508548	.00799	-6.36	0.000	-.0668486 -.034861

```
· reg prob my _ lambda lambda _ sq
```

Source	SS	df	MS
Model	.604020965	2	.302010482
Residual	.015379637	57	.000269818
Total	.619400601	59	.010498315

Number of obs = 60
F (2, 57) = 1119.31
Prob > F = 0.0000
R - squared = 0.9752
Adj R - squared = 0.9743
Root MSE = .01643

prob	Coef.	Std. Err.	t	P > |t|	[95% Conf. Interval]
my _ lambda	-.0001794	.0004977	-0.36	0.720	-.001176 .0008173
lambda _ sq	.0000948	7.91e - 06	11.99	0.000	.000079 .0001107
_ cons	.008912	.0065799	1.35	0.181	-.0042641 .022088

　　假定这个律师发现目前的情况很难按时下班,于是雇用了另外一个律师,假定顾客的行为不变,我们很容易修改程序9.3,以便研究增加一位律师的情况下每一位律师按时下班的概率。不过,在编制程序之前,我们还是需要稍许假定,我们假定第一位顾客由第一位律师负责,然后,如果两个律师都空闲的时候,新来的顾客还是由第一位律师负责。我们编制出了程序9.4,有兴趣的读者可以自己对下面的程序进行测试。

程序 9.4：两个服务器的排队问题

```
clear
set more off
capture program drop queue
program define queue, rclass
 version 10.0
 syntax [, lambda(integer 60)]
 drop _all
set more off
set obs 480
gen arrive = 0
local i = int(-ln(uniform()) * `lambda')
while `i' < 480 {
  recode arrive 0 = 1 if _n == `i'
  local i = `i' + int(-ln(uniform()) * `lambda')
             }
sum arrive if arrive == 1
local custom_arrived = r(N)

gen busy1 = 0
gen busy2 = 0

local queue = 0 /* 等待的人数,设定初值为零 */
local custom_number = 0 /* 接受服务的人数,设定初值为零 */
local leave = 0 /* 选择离开的顾客人数,设定初值为零 */
set obs 481
gen time = _n

forval i = 1(1) 481 {

 local length = min(max(int(invnorm(uniform()) * 10) + 50,1),120)
 if arrive[`i'] == 1 & busy1[`i'] == 1 & busy2[`i'] == 1 {

     if `queue' == 3 {
         replace arrive = 0 if _n == `i'
         local leave = `leave' + 1
```

```
                 }

     if `queue' ==2 {

          if uniform() >0.75 {
                local queue = `queue' +1

                     }

          else {
                replace arrive =0 if _n == `i'
                local leave = `leave' +1
                }
                }


     if `queue' ==1 {
          if uniform() >0.5 {
                local queue = `queue' +1

                     }

          else {
                replace arrive =0 if _n == `i'
                local leave = `leave' +1

                }
                }
     if `queue' ==0 {
          local queue = `queue' +1
          continue

                }

          }



if arrive[`i'] ==1 & busy1[`i'] ==0 & `queue' ==0 {
```

```
        replace busy1 =1 if _n > = `i' & _n < `i' + `length'
        local custom _ number = `custom _ number' +1
        continue


                        }
    if arrive[`i'] ==1 & busy1[`i'] ==1 & busy2[`i'] ==0 & `queue' ==0

        replace busy2 =1 if _n > = `i' & _n < `i' + `length'
        local custom _ number = `custom _ number' +1
        continue


                        }

    if arrive[`i'] ==0 & busy1[`i'] ==0 & `queue' >0{
            replace busy1 =1 if _n > = `i' & _n < `i' + `length'
            local custom _ number = `custom _ number' +1
            local queue = `queue' -1
            continue
                        }
    if arrive[`i'] ==0 & busy1[`i'] ==1 & busy2[`i'] ==0 & `queue' >0{
            replace busy2 =1 if _n > = `i' & _n < `i' + `length'
            local custom _ number = `custom _ number' +1
            local queue = `queue' -1
            continue
                        }


        }
sum time if busy1 ==1
if r(max) ~ =. {
    return scalar last _ minute1 = r(max)
            }
else {
        return scalar last _ minute1 = 0
        }
sum time if busy2 ==1
if r(max) ~ =. {
```

```
        return scalar last _ minute2 = r(max)
                }
   else {
        return scalar last _ minute2 = 0
        }


   return scalar custom _ number = `custom _ number'
   return scalar leave = `leave'
   return scalar custom _ arrived = `custom _ arrived'
   return scalar queue = `queue'
   end

local times =1000
simulate last _ minute1 = r(last _ minute1) last _ minute2 = r(last _ mi-
nute2)
   custom _ arrived = r(custom _ arrived) leave = r(leave) number = r(cus-
tom _ number)
   queue = r(queue), reps(`times'): queue, lambda(60)

   sum last _ minute1 if last _ minute1 < =480
   sum last _ minute2 if last _ minute2 < =480
   sum last _ minute1 if last _ minute1 < =480
   sum last _ minute1 if last _ minute1 < =480

   sum last _ minute1 if last _ minute1 < =480
```

第三篇　金融数据预处理

　　本篇介绍数据处理的技巧。我们首先介绍 Stata 读入数据的方法，涉及各种不同类型的数据，有比较规范的电子表格数据，也有不太规则的数据类型。随后我们重点介绍如何将常用的金融数据与 Stata 软件对接，涉及国泰安数据和 Wind 数据。读者通过本篇的学习，不仅能熟练地应用主要的中国金融数据，而且可以通过编程处理复杂结构的不规则数据。

第 10 章

数据读入方法

Stata 读入数据的方法一般来说分为三种：（1）键盘直接输入；（2）从外部的文本文件（ASC 码文件）读入数据；（3）在 DOS 环境下应用 Stata Transfer 软件直接把其他格式的文件转换成 Stata 软件格式的数据文件。本章简要介绍键盘输入方式和利用 Stata 命令的读取方式，利用 Stata Transfer 软件的方式因为不涉及 Stata 编程，所以不是本章介绍的对象。而且，本文作者不主张读者使用 Stata Transfer，这样不仅可以为读者节省一笔钱，更重要的是，使用简单的程序语言进行的数据转换不但可靠，而且加强了程序的整体性。

10.1 键盘输入数据

读者可以在 Stata 命令窗口利用 input 命令输入数据。具体的格式是：input var1 var2 … vark。

假定读者要将如表 10.1 的数据输入到 Stata 中。

表 10.1　　　　　　　　　　简单数据样本

x1	x2
0.14	0.3
0.64	0
0.56	0.4
0.61	0.9
0.68	0.5
0.11	0.8
0.62	0.2
0.06	0.6
0.56	0.3
0.87	0.9

读者可以在命令行中输入如下的命令：

```
input x1 x2
0.14.3
0.64 0
0.56.4
0.61.9
0.68.5
0.11.8
0.62.2
0.06.6
0.56.3
0.87.9
end
```

该命令以 input 开始，以 end 结束，如果中间输入不符合要求的数据，则会给出错误提示，并允许用户重新输入。如果用户要输入少量的数据，可以使用这一命令，但是，在大多数情况下，我们需要输入的数据量很大，使用这种输入方法难免出错，而且纠错过程不直观，因此这一命令不是本书的推荐命令。本书作者对用户的建议是：

（1）尽量避免手工输入数据。

（2）如果你不得不手工录入，可选用 Excel 表格进行录入，并认真核对数据。

（3）参考下一节的方法，将数据按照制表符分割的文本文件（tab delimited text file，＊.txt）存储，然后用 insheet using 读入到 Stata 中。

10.2　读入 Stata 数据文件

在实际应用中，大量的数据已经以这样或者那样的形式存在于电子文档中，在读入数据之前，程序设计人员首先要了解你的数据格式。我们常用的数据，往往是如表 10.2 所示的电子表格格式（spreadsheet format）。

表 10.2　　　　　　　　北京市人口、GDP 与固定资产投资数据

Year	Population	GDP	investment
2007		9006.2	3597.29
2006	1581	7870.28	3086.29

续表

Year	Population	GDP	investment
2005	1538	6886.31	2595.41
2004	1493	4283.31	2333
2003	1456	3663.1	1986.19
2002	1423	3212.71	1681.58
2001	1383	2845.65	1410.32
2000	1357	2478.76	1186.28
1999	1257	2174.46	1059.86
1998	1246	2011.31	1048.34
1997	1240	1810.09	905.92
1996	1259	1615.73	824.08
1995	1251	1394.89	859.62

　　电子表格的每一行是一个观测（observation），每一列则是一个变量，每一列的第一行是变量的名称。这些表格可以以不同的格式保存，比如常用的 Excel 表格、FoxPro 表格，以制表符分割的 txt 文件等形式。这些形式往往取决于提供表格的公司的偏好，比如不同的统计软件都能把它们处理过的数据保存成电子表格，但是文件名各不相同，Stata 的电子表格是后缀为".dta"的文件，该文件不能为其他数据处理软件读取，只能由 Stata 软件来访问和处理。而且 Stata 的很多命令（比如 merge、append、use 和 save）对文件的操作，都是建立在".dta"文件的基础上的。为了方便将来的数据处理，我们往往要将这些文件转化成".dta"文件，但是我们的原始文件则可能五花八门，本节介绍不同类型电子表格文件的读入。

　　Stata 文件是".dta"结尾的 Stata 格式电子表格，储存在计算机的磁盘中，使用命令 use 读入。读入的时候，需要指明路径、文件名，但是不必写出扩展名。因为 use 命令隐含假定要读入的文件是".dta"文件。

　　假定我们有一个文件存储在 e:\ trade _2007\ 子目录下，文件名称是 sha.dta（上海 A 股指数），我们可以用如下的命令将该文件读入内存：

```
use e:\trade _2007\sha.dta
```

　　但是，一旦另外一个文件已经在内存中，上述命令将返回错误信息，因为 Stata 的内存中一次只能装入一个文件，如果已经有一个文件被装入，再装入新的文件时，需要从内存中清除已经存在的文件。为了防止用户不小心删掉内存中的文件，Stata 规定用户必须告诉 Stata 要清除内存中已经存在的文件。我们有两个方法：

（1）在读入文件之前，用 clear 命令告诉 Stata 清除内存中的数据文件。

（2）在 use 命令后增加一个选项 clear，告诉 Stata 如果内存中有文件，则不用保存，直接清除。对应的命令如下：

```
1)clear
  use e:\trade_2007\sha.dta
2)use e:\trade_2007\sha.dta, clear
```

每次启动 Stata，系统都会自动为它分配内存，根据版本的不同，分配的内存也各不相同。以 stata10 SE 版本为例，启动 Stata 时，系统为 Stata 分配 10M 内存，这么大的内存对读入诸如上述的指数数据没有任何问题，但是，如果我们用的是过去几年每只股票的日交易数据，这一内存显然是不够的。Stata 允许我们给它重新分配内存，具体分配多少由数据文件本身的大小和计算机的硬件条件决定，分配的内存少了，可能无法读入数据，分配多了，计算机给其他程序的内存就小，降低计算机的运行效率。对于大部分中国金融市场数据（分时或者分笔交易除外），一般分配 500M 内存就足够了，当前主流计算机也能支持这个内存要求。假定我们为 Stata 分配 100M 内存，读入数据的命令可以写成如下的形式：

```
clear
set memory 100m
use e:\trade_2007\sha.dta
```

注意到上述命令中，文件的存储子目录是"e:\ trade_2007 \ "。Windows 系统允许子目录或者文件的名字中间出现空格，在这种情况下，我们给出文件名或者路径的时候，应该配上双引号。比如，假定上述文件存储在桌面上，我们可以用如下的命令读入该文件：

```
use "C:\Documents and Settings\Admin\桌面\sha.dta", clear
```

随着网络的应用越来越普及，统计软件从网络上读取数据和从本地硬盘上读取数据一样，越来越频繁而且重要，为此，use 命令允许直接从网络上读取数据。UCLA 提供的关于 Stata 的培训教材上有很多这样的例子。比如读者在命令输入窗口输入如下的命令，可以直接读取数据文件 elemapi.dta。

```
use http://www.ats.ucla.edu/stat/stata/webbooks/reg/elemapi
```

除了 use 以外，Stata 还有一个非常特殊的读入".dta"文件的命令 sysuse。该命令只能用来读入随 stata 系统安装的用于介绍 Stata 功能的数据文件。如果你用的是 Stata10，在命令行中键入 sysuse dir 然后回车，可以得到这些数字例子的列表如下：

auto. dta bpwide. dta citytemp. dta gnp96. dta network1a. dta pop2000. dta ts-line2. dta voter. dta

autornd. dta cancer. dta citytemp4. dta lifeexp. dta nlsw88. dta sp500. dta uslifeexp. dta xtline1. dta

bplong. dta census. dta educ99gdp. dta network1. dta nlswide1. dta ts-line1. dta uslifeexp2. dta

这些文件都可以用 sysuse 读入，例如：

```
sysuse auto
```

与 use 不同的是，在读入这些文件的时候，我们不必指定路径，因为对于 sysuse 而言，路径已经设定好了。如果你知道具体的路径，则也可以用 use 命令读入这些文件。

10.3　读入制表符分割的 ".txt" 数据文件

Stata 并不是常用的数据库软件，因此，我们用到的大部分数据本身不是 Stata 数据，对于这些数据，我们往往可以转换成以制表符分割的文本文件，Stata 可以用 insheet 命令读入这些文件。如果你手头没有一个合适的 ".txt" 文件，可以利用如下的程序生成一个 ".txt" 文件，以便观察这一数据文件的特点。

程序 10.1：生成制表符分割的文本文件样本

```
1)clear
2)set obs 10
3)gen x1 = uniform()
4)gen x2 = invnorm(uniform())
5)gen x3 = (x1 > 0.5)
6)outsheet using d:\temp.txt, replace
```

程序 10.1 注释：

1）清空内存。

2）设置样本容量为 10。

3）生成标准均匀分布随机变量 x1。

4）生成标准正态分布随机变量 x2。

5）生成哑元变量 x3，如果 x1 > 0.5，则 x3 等于 1，否则等于 0。

6）将包含三个变量 x1、x2 和 x3 的 10 个观测样本的数据，存入 d:\temp. txt，如果该名称的文件已经存在，则覆盖原来的文件。

用写字板打开 d：\ temp. txt，文件内容如下所示。

```
x1              x2              x3
0.1720381       -0.7386604      0
0.9569204       -0.6758584      1
0.3839194       0.2084579       0
0.9994496       -0.9112336      1
0.6145233       0.4720045       1
0.5530719       1.292571        1
0.6740739       0.4784041       1
0.3597111       -0.9293613      0
0.5831081       0.8077158       1
0.7009143       1.812608        1
```

注意，在写字板中，很容易发现，任意两列之间的间隔并非空格键，而是一个看不到的制表符（这一点可以通过写字板中的替换命令来验证）。当然，这一文件可以被 Excel 打开，用 Excel 打开的提示过程也可以看出，两列之间的分隔是 tab 键。这一形式的". txt"文件是你常常能获取的主要数据形式，我们可以用如下形式的 insheet using 命令读入此类文件：

```
insheet using d:\temp. txt
```

回到利用键盘输入的 Excel 文件，假定你已经将文件录入到 Excel 表格中，点击文件菜单中的另存为选项，将文件保存为一个制表符分割的". txt"文件，然后就可以用 Stata 的 insheet using 将这一文件读入到 Stata 中了。

insheet using 也可以用来读入以逗号分割的文本文件（". CSV"文件）。某些数据库文件可以方便地转化成". CSV"文件，最初国泰安发布的上市公司财务数据是光盘版的". dbf"数据文件。2005 年发布的上市公司会计科目数据包括五个". dbf"文件，假定你将这些文件保存在子目录"d：\ x \ china \ account _2005 \ "中，则可以在 foxpro 中，运行如下的程序，将这些文件转化成". CSV"文件（我们仍然可以使用". txt"作为后缀扩展名，这样做并不会引起任何麻烦）。

程序 10.2：将". DBF"转化成". CSV"文件的 FoxPro 程序

```
use d:\x\china\account _2005\genins. dbf
COPY TO d:\x\china\account _2005\genins. txt TYPE CSV
use d:\x\china\account _2005\genbas. dbf
COPY TO d:\x\china\account _2005\genbas. txt TYPE CSV
use d:\x\china\account _2005\genimp. dbf
```

```
COPY TO d: \x \china \account _ 2005 \genimp. txt TYPE CSV
use d: \x \china \account _ 2005 \genscf. dbf
COPY TO d: \x \china \account _ 2005 \genscf. txt TYPE CSV
use d: \x \china \account _ 2005 \genswc. dbf
COPY TO d: \x \china \account _ 2005 \genswc. txt TYPE CSV
```

　　然后在 Stata 中运行程序 10.3 将这些文件逐个转化成 Stata 格式，并按照年份和公司代码进行合并：

程序 10.3：

```
1)clear
2)cd d: \x \china \account _ 2005
3)set mem 300M
4)foreach file in genbas genimp genins genscf genswc {
5)insheet using `file'. txt, clear
6)gen date = date(accper,"YMD")
7)drop accper
8)rename date accper
9)sort stkcd accper
10)keep if sgnyea == "B"
11)gen year = year(accper)
12)sort stkcd year
13)save `file', replace
14)}
15)use genbas, clear
16)foreach file in genimp genins genscf genswc {
17)merge stkcd year using `file', nokeep
18)drop _m
19)sort stkcd year
20)}
21)sort stkcd year
22)save d: \x \china \account _ 2005 \account _ 2005, replace
```

程序 10.3 的注释：

　　1）清空内存。

　　2）设置工作目录 d: \ x \ china \ account _2005。

　　3）为 Stata 分配 300M 内存。

　　4）用 foreach 命令对五个数据文件 genbas、genimp、genins、genscf、genswc

作循环，循环开始，程序定义一个名为 file 的局部宏，用来存储每次执行使用的文件名，循环从第一个大括号"｛"开始。

5）用 insheet using 读入第一个文件，第一次执行时 `file'. txt 代表文件 genbas. txt 第二次执行循环，`file'取值为 genimp，直到`file'取值为 genswc 为止。

6）国泰安财务数据中的变量 accper 代表财务年度结束日，格式为 yyyy - mm - dd，比如 2005 年的财务年度结束日为 2005 - 12 - 31，Stata 读入该数据的时候，将这一数据看做字符串，我们用函数 date( )将这一数据转换成 Stata 能识别的日期格式，并存入到一个名为 date 的变量中。

7）剔除变量 accper。

8）将变量 date 重命名为 accper，以便和原始的数据字典定义对照。

9）将数据按照股票代码和会计年度升序排列。

10）只保留合并报表的公司数据。

11）accper 是日期格式数据，将这一数据转换成年度格式，比如 2005 - 12 - 31 转换成 2005 年。

12）将数据按照股票代码和会计年度升序排列。

13）将数据按照 Stata 格式存储。

14）结束循环。

15）读入文件 genbas. dta。

16）对其余 4 个新生成的".dta"文件进行循环。

17）按照股票代码和年份进行横向合并。

18）删除合并指示变量_ merge。

19）将数据按照股票代码和会计年度升序排序。

20）结束循环。

21）将数据按照股票代码和会计年度升序排序。

22）将最终合并过的数据保存在文件 d：\ x \ china \ account _2005 \ account _ 2005. dta 中。

10.4 读入固定宽度的".txt"数据文件

某些数据库提供的数据文件虽然是".txt"文本文件，但是列与列之间的分隔符既不是制表符，也不是逗号，如果列与列之间的分隔符是其他的任何一个字符，比如冒号，我们可以在写字板中将冒号全部替换为逗号或者制表符。但是，某些数据库为了数据排列的整齐性，可能会采用固定宽度的形式，比较有代表性的中国数据库是由《台湾经济新报》发布的中国上市公司数据库，通过这一数据库下载的数据都是固定宽度的数据。对这种数据的读取要调用命令 infile u-sing。在某些情况下，我们甚至会遇到每一个观测样本分几行排列的情况（比如 world scope 的上市公司财务数据），此时我们需要为这种数据编制一个数据字典（dictionary），该数据字典要告诉 Stata 每一个变量的名字，起止列数和存储类型（字符型、整型还是双精度型，字符型字符串的长度等指标）。本章简要介绍一下固定宽度数据文件的读取，对于更加复杂的数据，有兴趣的用户需要认真研读 Stata 手册关于 infile 的用法。为了介绍方便起见，我们首先用 Stata 程序生成一个固定宽度数据，然后带领读者把这一数据读入到 Stata 中。

程序 10.4：构造固定宽度数据样本

```
1)clear
2)set obs 20
3)gen id = int(_n/4)+1
4)recode id 6=1
5)bysort id: gen t = _n
6)gen x1 = round(uniform(),0.1)
7)gen int x2 = uniform()*10+5
8)gen x3 = round(invnorm(uniform()),.1)
9)gen str5 x4 = char(100+_n)+string(round(uniform()*100+50,1))
10)outfile using d:\temp.txt, replace
11)type d:\temp.txt
12)infile id t x1 x2 x3 str5 x4 using d:\temp.txt, clear
```

程序 10.4 注释：

1）清空内存。

2）设定样本容量为20。

3）生成一个名字为 id 的变量，该变量为样本序号除以4的整数部分再加1。

4）如果 id=6，则将它变为1，这样一来，id 的取值为1-5，每一个 id 对应4个样本。

5）按照 id 号码为样本排序，生成变量 t，t 等于同一 id 号的样本排序位置，不难看出，t 的取值为1-4。

6）生成变量 x1，取值为单位均匀分布，保留小数点后一位有效数字（四舍五入）。

7）生成整型变量 x2，最小值为5，最大值为10。

8）生成标准正态分布变量 x3（保留小数点后一位有效数字）。

9）生成最大长度为 5 的字符串型变量 x4，第一位为字符，即 101 – 120 对应的字符，后面为 50 到 100 之间的一个均匀分布随机变量的整数部分。

10）将以上变量保存在一个固定宽度外部文本文件 d：\ temp. txt 中。

11）用 type 命令将 d：\ temp. txt 文件的内容输出到屏幕上。

12）将文件 d：\ temp. txt 读入 Stata。注意，此时用户需要给出变量的名称和格式。

注意，当程序运行到第 10 行后，我们制造出了一个固定宽度外部文本文件 d：\ temp. txt，该文件包含 6 列，每列所占的空间是固定的，但是，该文件并没有保留每一个变量的名称（这是固定宽度文件和制表符分割的文本文件的主要区别）。运行第 11 行，我们得到如下的屏幕输出：

```
· type d:\temp.txt
```

1	1	1	5	- 0.3	"e99"
1	2	0.4	11	0.1	"f112"
1	3	0.8	7	0.1	"g140"
1	4	0.1	12	-1.5	"h75"
2	1	0.2	5	-0.4	"i120"
2	2	0.8	9	0.3	"j144"
2	3	0.1	7	0.2	"k135"
2	4	0.6	13	0.1	"l119"
3	1	0.5	13	-0.6	"m119"
3	2	0.4	13	0.7	"n64"
3	3	0.7	10	0.2	"o142"
3	4	0.6	12	0.1	"p71"
4	1	0.9	13	0	"q56"
4	2	0.5	6	-0.3	"r82"
4	3	0.9	7	0.5	"s79"
4	4	1	7	-0.5	"t71"
5	1	0.4	13	-0.2	"u146"
5	2	0.2	13	0.3	"v67"
5	3	0.2	10	1.8	"w137"
5	4	0.7	9	-1.4	"x55"

此时，如果我们用 insheet using 读入该文件，Stata 将每一行看做是一个字符串，因此，我们得到的数据是一个长长的字符型变量（Stata 还给这个变量一个名字 v1）。

使用 infile using 读入该数据的时候，我们要设定变量的名称和类型。不过，Stata 的缺省选择是通用型的数字变量，对于数字型变量，我们一般不必设定其存储类型，但是，如果数据中有字符型变量，缺省条件下，Stata 认为应该读入的是一个数字，当事实上读入的是字符时，程序就给出错误信息，并终止执行。第 12 行的完整写法应该是：

```
infile int id int t float x1 int x2 float x3 str5 x4 using d:\temp.txt,
clear
```

10.5 特殊数据的读取

特殊数据之所以特殊，在于没有千篇一律的形式，因此，也没有千篇一律的读取形式，研究者需要根据数据的具体形式，设定合适的读取方法。我们用樊纲、王小鲁编制的《中国各省区市场化指数》[①] 作为一个例子。根据樊纲、王小鲁《中国市场化指数：各地区市场化相对进程 2006 年报告》，我们的研究助手整理了各省区的市场化指数数据，涉及 29 个指标，31 个省、自治区和直辖市的 31 份文件。比如，河南省对应的数据文件如表 10.3 所示（读者可以手工输入这些数据并保存在文件 E:\区域经济\中国市场化指数\河南省.txt 中）。

表 10.3   **河南省市场化指数数据**

河南省	2001 年	2002 年	2003 年	2004 年	2005 年
1. 政府与市场的关系	5.23	6.04	6.91	7.94	8.58
1a. 市场分配经济资源的比重	9.38	9.3	9.27	9.33	9.48
1b. 减轻农民的税费负担	6.8	7.35	7.66	8.94	10.25
1c. 减少政府对企业的干预	1.92	1.92	2.86	3.54	4.56
1d. 减轻企业的税外负担	1.61	4.85	9.35	12.85	14.23
1e. 缩小政府规模	6.46	6.8	5.42	5.06	4.4
2. 非国有经济的发展	4.46	5.16	6.06	7.11	8.17
2a. 非国有经济在工业销售收入中所占比重	4.91	5.1	5.08	6.07	6.98

---

① 樊纲、王小鲁：《中国市场化指数：各地区市场化相对进程 2006 年报告》，北京，经济科学出版社，2007。

河南省	2001 年	2002 年	2003 年	2004 年	2005 年
2b. 非国有经济在全社会固定资产总投资中所占比重	5.28	6.18	7.79	9.83	11.39
2c. 非国有经济就业人数占城镇总就业人数的比例	3.18	4.22	5.32	5.43	6.13
3. 产品市场的发育程度	5.56	4.7	5.56	6.67	7.47
3a. 价格由市场决定的程度	5.41	3.57	4.53	4.93	4.93
3b. 减少商品市场上的地方保护	5.7	5.83	6.6	8.42	10.01
4. 要素市场的发育程度	2.38	2.47	2.84	3.08	3.33
4a. 金融业的市场化	4.84	5.29	6.3	7.33	7.91
4a1. 金融业的竞争	6.15	6.35	7.12	7.77	7.77
4a2. 信贷资金分配的市场化	3.53	4.23	5.49	6.9	8.06
4b. 引进外资的程度	0.63	0.49	0.59	0.33	0.24
4c. 劳动力流动性	2.24	2.63	2.84	3.02	3.02
4d. 技术市场成交额/科技人员数	1.8	1.49	1.62	1.66	2.16
5. 市场中介组织的发育和法律制度环境	3.06	3.12	3.07	3.38	3.44
5a. 市场中介组织的发育	1.17	1.16	1.08	1.09	1.18
5a1. 律师人数/总人口	0.85	1.01	0.65	0.61	0.71
5a2. 会计师人数/总人口	1.49	1.32	1.5	1.58	1.64
5b. 对生产者合法权益的保护	1.8	1.8	1.8	2.84	2.29
5c. 知识产权保护	0.65	0.69	0.95	1.18	1.76
5c1. 三种专利申请受理量/科技人员数	0.63	0.73	1.02	1.32	2.23
5c2. 三种专利申请批准量/科技人员数	0.68	0.66	0.89	1.04	1.29
5d. 消费者权益保护	8.61	8.83	8.45	8.41	8.53

        我们需要将这 31 个文件合并成一个数据文件，其中包含 29 个变量，每个变量涉及 31 个省共 5 年的数据，或者说，这是一个涉及 29 个指标、31 个省共 5 年的面板数据（panel data）。虽然这 31 个文件都已经是制表符分割的文本文件，但是直接合并，无论是纵向还是横向合并，似乎都没有多大意义。为了构造这个涉及 31 个省区 5 个年份的面板数据，我们巧妙地利用了 Stata 提供的 post 命令。post 是一系列的命令，它提供了 Stata 程序和外部环境的一个方便的通信形式，读者可以将 Stata 程序理解成一列飞奔的列车，列车要经过很多车站，作为乘客，在每一站，你都可以将一封信从车门递出，只是，Stata 列车在每一个站点寄出的是数据，而且这些数据都会寄向同一个文件，并且每次寄出的数据都作为一个

行（观测）保存在该文件中。关于 post 命令的具体用法，读者既可以参考 Stata 手册，也可以通过如下的程序了解其中的精华，其实本书在第 9 章已经涉及这一命令。

因为涉及版权问题，我们不能将樊纲、王小鲁 31 个省区的市场化指数全部公布出来，但是为了编程的方便，我们首先用蒙特卡洛模拟的方法，随机生成这 31 个文件的数据。为简单起见，我们用均匀分布来模拟这些指标，生成数据的程序如程序 10.5 所示。

程序 10.5：构造数据样本（一）

```
1)clear
2)insheet using E:\区域经济\中国市场化指数\河南省.txt, clear
3)save d:\temp, replace
4)capture mkdir d:\模拟中国市场化指数\
5)#delimit ;
6)foreach region in 安徽省　北京　福建省　上海市　云南省　内蒙古自治区　吉林省
7)          四川省　天津　宁夏回族自治区　山东省　山西省　甘肃省
8)          广东省　广西壮族自治区　新疆维吾尔自治区　江苏省
9)          江西省　河北省　河南省　浙江省　海南省　湖北省　湖南省
10)         西藏自治区　贵州省　辽宁省　重庆市　陕西省　青海省　黑龙江省 ;
11)use d:\temp, clear ;
12)keep v1 ;
13)replace v1 = "`region'" in 1 ;
14)gen v2 = round(uniform(),.01);
15)gen v3 = round(uniform(),.01);
16)gen v4 = round(uniform(),.01);
17)gen v5 = round(uniform(),.01);
18)gen v6 = round(uniform(),.01);
19)replace v2 = 2001 in 1 ;
20)replace v3 = 2002 in 1 ;
21)replace v4 = 2003 in 1 ;
22)replace v5 = 2004 in 1 ;
23)replace v6 = 2005 in 1 ;
24)outsheet using d:\模拟中国市场化指数\\`region'.txt, replace noname;
25)} ;
```

程序 10.5 注释：

1) 清空内存。

2）读入河南省的数据（读入该数据的目的在于利用其格式模拟其他省份的数据）。

3）将河南省的数据保存在 d：\ temp. dta 中。

4）创立目录 d：\ 模拟中国市场化指数 \ ,capture 的作用在于，如果该目录已经存在，该创设子目录的命令不能执行，但是 Stata 不会返回错误提示，而是继续执行下一行命令。

5）由于将要使用较长的命令行，为了显示方便，我们可以将这一命令写成几行，#delimit ；设定命令结束符号为分号，缺省状态下，Stata 遇到回车便认为命令行结束。

6）对 31 个省、自治区和直辖市名称做循环。我们将这 31 个省区的名称分5 行列出，此行为安徽、北京、福建、上海、云南、内蒙古、吉林。每次循环的时候，其中一个省区的名称赋值给局部宏 region。

7）此行为四川、天津、宁夏、山东、山西、甘肃。

8）此行为广东、广西、新疆、江苏。

9）此行为江西、河北、河南、浙江、海南、湖北、湖南。

10）此行为西藏、贵州、辽宁、重庆、陕西、青海、黑龙江 ｝。

11）读入文件 d：\ temp. dta。

12）保留变量 v1。

13）将局部宏 region 的取值赋给 v1 的第一个观测值。

14）生成变量 v2，v2 服从标准均匀分布，为了方便阅读数据，我们用 round（）函数，要求 v1 仅仅保留两位有效数字。

15）生成变量 v3。

16）生成变量 v4。

17）生成变量 v5。

18）生成变量 v6。

19）将 v2 的第一行改为 2001。

20）将 v3 的第一行改为 2002。

21）将 v4 的第一行改为 2003。

22）将 v5 的第一行改为 2004。

23）将 v6 的第一行改为 2005。

24）将变量 v1 - v6 保存在 d：\ 模拟中国市场化指数 \ 子目录下一个文本文件中,文件名为 region 所代表的省份,如果该文件已经存在,则自动覆盖,保存时, 省去变量名 v1 - v6。

25）结束循环。

注意到我们生成的数据和河南省.txt 结构相同，其实我们可以仅仅修改河南省.txt 的第一行第一个观测值和其余各列的第 2 至第 29 个观测值即可，因此，我们可以将以上的程序简化如下：

程序 10.6：构造数据样本（二）

```
1）clear
2）insheet using E:\区域经济\中国市场化指数\河南省.txt, clear
3）save d:\temp, replace
4）capture mkdir d:\模拟中国市场化指数\
5）#delimit ;
6）foreach region in 安徽省   北京   福建省   上海市   云南省   内蒙古自治区   吉林省
7）              四川省   天津   宁夏回族自治区   山东省   山西省   甘肃省
8）              广东省   广西壮族自治区   新疆维吾尔自治区   江苏省
9）              江西省   河北省   河南省   浙江省   海南省   湖北省   湖南省
10）             西藏自治区   贵州省   辽宁省   重庆市   陕西省   青海省   黑龙江省 ;
11）use d:\temp, clear ;
12）replace v1 = "`region'" in 1 ;
13）replace v2 = round(uniform(),.01) if _n >1;
14）replace v3 = round(uniform(),.01) if _n >1;
15）replace v4 = round(uniform(),.01) if _n >1;
16）replace v5 = round(uniform(),.01) if _n >1;
17）replace v6 = round(uniform(),.01) if _n >1;
18）outsheet using d:\模拟中国市场化指数\\`region'.txt, replace noname;
19）} ;
```

通过以上的程序，我们生成了 31 份和河南省数据类似的分省市场化指数模拟数据。利用这些数据，我们可以按照如下的程序，充分利用 post 命令，构造出符合研究习惯的面板数据。以下程序的宗旨是，每次读入一个省份的数据，用 post 命令分别把后面 5 列的数字传送到 Stata 的一个名字为 "E:\区域经济\中国市场化指数.dta" 的外部文件中。程序的第一部分首先定义该外部文件，使用的命令是：

```
#delimit ;
postfile regional_develop year v1 v1a v1b v1c v1d v1e
                           v2 v2a v2b v2c
                           v3 v3a v3b
```

```
                              v4 v4a v4a1 v4a2 v4b v4c v4d
                              v5 v5a v5a1 v5a2 v5b v5c v5c1 v5c2 v5d
str20 region using d:\模拟中国市场化指数\中国市场化指数, replace;
```

　　该程序片段首先设定命令行的结束标志是分号，这样我们就可以分几行写出一个命令。postfile regional _ develop 定义了一个 post，名称是 regional _ develop，我们把 post 命令看做向外邮寄数据，那么具体走哪一个邮路呢？我们为这个邮路取一个名字，或者说是绰号，每次 post 的时候，我们不仅要告诉 Stata 要向外部传送数据，还要告诉 Stata 由哪一个邮路向外传送。这个邮路还要保证传送的数据的准确性，也就是说传送的数据必须符合一定的规范，比如说传送几个数据？每个数据是什么格式，这个由 postfile regional _ develop 后面的部分来定义：

```
                 year v1 v1a v1b v1c v1d v1e
                 v2 v2a v2b v2c
                 v3 v3a v3b
                 v4 v4a v4a1 v4a2 v4b v4c v4d
                 v5 v5a v5a1 v5a2 v5b v5c v5c1 v5c2 v5d
str20 region
```

　　它告诉 Stata 通过这条通道要传送 29 个数据，分别是 year，v1…v5d 和 region，其中 region 前面的 str20 告诉 Stata，region 是一个字符型变量，最长包含 20 个字符。最后的"using d:\ 模拟中国市场化指数\ 中国市场化指数，replace"告诉 Stata，数据通过通道 regional _ develop 传送出去以后，保存在"d:\ 模拟中国市场化指数\ 中国市场化指数. dta"文件中，如果该文件已经存在，则自动覆盖该文件。

　　程序中，我们调用 5 次 post 命令，将每次读入的省区数据的最后 5 列按照postfile 设定的格式存储到外部文件"d:\ 模拟中国市场化指数\ 中国市场化指数. dta"中。程序执行到最后，所有的数据已经被传送出去了，我们用 postclose regional _ develop 将 post 通道 regional _ develop 关闭。注意，如果不关闭该通道，我们就不能打开文件"d:\ 模拟中国市场化指数\ 中国市场化指数. dta"。post 向外传送数据的时候，每一个要传送的数据都必须单独放在一个括号中。程序中如下的命令，将读入的某一省的数据文件的第二列和第一列的第一个数据，作为一个观测样本（行），依次写在外部文件"d:\ 模拟中国市场化指数\ 中国市场化指数. dta"中。

```
post regional _ develop (v2[1]) (v2[2]) (v2[3]) (v2[4]) (v2[5]) (v2[6]) (v2[7])
(v2[8]) (v2[9]) (v2[10]) (v2[11]) (v2[12]) (v2[13]) (v2[14]) (v2[15])
```

```
(v2[16])
(v2[17]) (v2[18]) (v2[19]) (v2[20]) (v2[21]) (v2[22]) (v2[23]) (v2[24])
(v2[25])
(v2[26]) (v2[27]) (v2[28]) (v2[29]) (v2[30]) (v1[1]);
```

　　后面的程序是打开文件 d:\ 模拟中国市场化指数\ 中国市场化指数. dta，并对每一变量添加标签。有了以上的这些说明，我们就不单独为整个程序增加注释行了。读者有兴趣的话，可以试着自己添加一些注释行。针对这一数据处理例子，整个程序如程序 10.6 所示。

程序 10.7：一个复杂数据的完整程序

```
clear
insheet using E:\区域经济\中国市场化指数\河南省.txt, clear
save d:\temp, replace

capture mkdir d:\模拟中国市场化指数\

#delimit ;
foreach region in 安徽省   北京   福建省   上海市   云南省   内蒙古自治区   吉林省
                  四川省   天津   宁夏回族自治区   山东省   山西省   甘肃省
                  广东省   广西壮族自治区   新疆维吾尔自治区   江苏省
                  江西省   河北省   河南省   浙江省   海南省   湖北省   湖南省
                  西藏自治区   贵州省   辽宁省   重庆市   陕西省   青海省   黑龙江省 {;
   use d:\temp, clear ;
   keep v1 ;
   replace v1 = "`region'" in 1 ;
   gen v2 = round(uniform(),.01);
   gen v3 = round(uniform(),.01);
   gen v4 = round(uniform(),.01);
   gen v5 = round(uniform(),.01);
   gen v6 = round(uniform(),.01);
   replace v2 = 2001 in 1 ;
   replace v3 = 2002 in 1 ;
   replace v4 = 2003 in 1 ;
   replace v5 = 2004 in 1 ;
   replace v6 = 2005 in 1 ;
   outsheet using d:\模拟中国市场化指数\\`region'.txt, replace noname;
};
```

```
clear;
set more off ;
 #delimit ;
postfile regional _ develop year v1 v1a v1b v1c v1d v1e
                              v2 v2a v2b v2c
                              v3 v3a v3b
                              v4 v4a v4a1 v4a2 v4b v4c v4d
                              v5 v5a v5a1 v5a2 v5b v5c v5c1 v5c2 v5d

str20 region

using E:\区域经济\中国市场化指数, replace;
foreach region in 安徽省  北京  福建省  上海市  云南省  内蒙古自治区  吉林省
                四川省  天津  宁夏回族自治区  山东省  山西省  甘肃省
                广东省  广西壮族自治区  新疆维吾尔自治区  江苏省
                江西省  河北省  河南省  浙江省  海南省  湖北省  湖南省
                西藏自治区  贵州省  辽宁省  重庆市  陕西省  青海省  黑龙江省;

insheet using E:\区域经济\中国市场化指数\\`region'.txt, clear;

post regional _ develop (v2[1]) (v2[2]) (v2[3]) (v2[4]) (v2[5]) (v2[6])
(v2[7])
(v2[8]) (v2[9]) (v2[10]) (v2[11]) (v2[12]) (v2[13]) (v2[14]) (v2[15])
(v2[16])
(v2[17]) (v2[18]) (v2[19]) (v2[20]) (v2[21]) (v2[22]) (v2[23]) (v2[24])
(v2[25])
(v2[26]) (v2[27]) (v2[28]) (v2[29]) (v2[30]) (v1[1]);

post regional _ develop (v3[1]) (v3[2]) (v3[3]) (v3[4]) (v3[5]) (v3[6])
(v3[7])
(v3[8]) (v3[9]) (v3[10]) (v3[11]) (v3[12]) (v3[13]) (v3[14]) (v3[15])
(v3[16])
(v3[17]) (v3[18]) (v3[19]) (v3[20]) (v3[21]) (v3[22]) (v3[23]) (v3[24])
(v3[25])
(v3[26]) (v3[27]) (v3[28]) (v3[29]) (v3[30]) (v1[1]);
```

```
post regional_develop (v4[1]) (v4[2]) (v4[3]) (v4[4]) (v4[5]) (v4[6])
(v4[7])
(v4[8]) (v4[9]) (v4[10]) (v4[11]) (v4[12]) (v4[13]) (v4[14]) (v4[15])
(v4[16])
(v4[17]) (v4[18]) (v4[19]) (v4[20]) (v4[21]) (v4[22]) (v4[23]) (v4[24])
(v4[25])
(v4[26]) (v4[27]) (v4[28]) (v4[29]) (v4[30]) (v1[1]);

post regional_develop (v5[1]) (v5[2]) (v5[3]) (v5[4]) (v5[5]) (v5[6])
(v5[7])
(v5[8]) (v5[9]) (v5[10]) (v5[11]) (v5[12]) (v5[13]) (v5[14]) (v5[15])
(v5[16])
(v5[17]) (v5[18]) (v5[19]) (v5[20]) (v5[21]) (v5[22]) (v5[23]) (v5[24])
(v5[25])
(v5[26]) (v5[27]) (v5[28]) (v5[29]) (v5[30]) (v1[1]);

post regional_develop (v6[1]) (v6[2]) (v6[3]) (v6[4]) (v6[5]) (v6[6])
(v6[7])
(v6[8]) (v6[9]) (v6[10]) (v6[11]) (v6[12]) (v6[13]) (v6[14]) (v6[15])
(v6[16])
(v6[17]) (v6[18]) (v6[19]) (v6[20]) (v6[21]) (v6[22]) (v6[23]) (v6[24])
(v6[25])
(v6[26]) (v6[27]) (v6[28]) (v6[29]) (v6[30]) (v1[1]);

    };

delimit cr

postclose regional_develop

use E:\区域经济\中国市场化指数, clear

label variable v1 "政府与市场的关系"
label variable v1a "市场分配经济资源的比重"
label variable v1b "减轻农民的税费负担"
label variable v1c "减少政府对企业的干预"
```

```
label variable v1d "减轻企业的税外负担"
label variable v1e "缩小政府规模"
label variable v2 "非国有经济的发展"
label variable v2a "非国有经济在工业销售收入中所占比重"
label variable v2b "非国有经济在全社会固定资产总投资中所占比重"
label variable v2c "非国有经济就业人数占城镇总就业人数的比例"
label variable v3 "产品市场的发育程度"
label variable v3a "价格由市场决定的程度"
label variable v3b "减少商品市场上的地方保护"
label variable v4 "要素市场的发育程度"
label variable v4a "金融业的市场化"
label variable v4a1 "金融业的竞争"
label variable v4a2 "信贷资金分配的市场化"
label variable v4b "引进外资的程度"
label variable v4c "劳动力流动性"
label variable v4d "技术市场成交额/科技人员数"
label variable v5 "市场中介组织的发育和法律和法律制度环境"
label variable v5a "市场中介组织的发育"
label variable v5a1 "律师人数/总人口"
label variable v5a2 "会计师人数/总人口"
label variable v5b "对生产者合法权益的保护"
label variable v5c "知识产权保护"
label variable v5c1 "三种专利申请受理量/科技人员数"
label variable v5c2 "三种专利申请批准量/科技人员数"
label variable v5d "消费者权益保护"
save E:\区域经济\中国市场化指数,replace
```

以上程序并不简洁，因为我们用到 5 个 post 命令，post 后面的部分具有类似的格式，一般来说，我们可以定义一个局部宏（local），但是，简洁也是有成本的，局部宏虽然让程序简洁了，但是程序的可读性变差。如果读者对可读性要求不高，可以自己试着用一局部宏代替 post regional _ develop 后面复杂的部分。

10.6 基金经理变更数据

在有关基金经理变更的一项研究中，我们遇到了另外一个比较特殊的数据。从 Wind 数据库下载到的历任基金经理记录存放在一个 Excel 文件中，涉及近 400

只基金，每只基金，无论有多少次经理变更，都仅仅占用一行（读者可以自己从 Wind 基金数据库的分类统计中找到该数据）。表格的前 10 行如表 10.4 所示。

表 10.4　　　　　　　　　　基金经理变更数据（一）

	A	B	C	D	E	F	G	H	I
1	证券代码	证券简称	基金经理（历任）						
2	000001.OF	华夏成长	王亚伟（20011219 – 20050412）田擎（20040227 – 20051029）巩怀志（20051029 – ）						
3	000011.OF	华夏大盘精选	蒋征（20040811 – 20060524）王亚伟（20051231 – ）						
4	000021.OF	华夏优势增长	张益驰（20061124 – ）						
5	000031.OF	华夏复兴	童汀（20070910 – ）孙建冬（20080123 – ）						
6	000041.OF	华夏全球精选	杨昌桁（20071009 – ）周全（20071009 – ）						
7	001001.OF	华夏债券 AB	朱爱林（20021023 – 20040227）韩会永（20040227 – ）						
8	001003.OF	华夏债券 C	韩会永（20040227 – ）						
9	001011.OF	华夏希望债券 A	韩会永（20080310 – ）						
10	001013.OF	华夏希望债券 C	韩会永（20080310 – ）						
11	002001.OF	华夏回报	江晖（20030905 – 20040616）石波（20040227 – 20070817）颜正华（20070731 – ）胡建平（20070731 – ）						

　　以第一行数据为例，该行显示华夏成长基金经历了三个不同的基金经理，分别是王亚伟（20011219 – 20050412）、田擎（20040227 – 20051029）和巩怀志（20051029 – ）。括号内显示的是任期，对于在任的经理，任期只有开始日期，没有结束日期。如果我们要进行一个事件研究，我们需要得到一个基金经理变更的事件列表，也就是说，在这个列表中，每一次经理变更作为数据的一个行，而不是每一只基金作为一个行。仔细观察表 10.4 中的数据，我们发现 Excel 显示的不同基金经理记录之间不是用空格分开的，而是回车键。将前三个记录拷贝到 Word 中，不同的经理记录自动分行展开，如表 10.5 所示。

表 10.5　　　　　　　　　　基金经理变更数据（二）

证券代码	证券简称	基金经理（历任）
000001.OF	华夏成长	王亚伟（20011219 – 20050412）田擎（20040227 – 20051029）巩怀志（20051029 – ）
000011.OF	华夏大盘精选	蒋征（20040811 – 20060524）王亚伟（20051231 – ）
000021.OF	华夏优势增长	张益驰（20061124 – ）

　　将以上的 Excel 文件另存为文本格式，得到如下的形式（我们仍然只列出前
3 只基金的记录）：

```
fund_id fund_nme EO v4
000001.OF 华夏成长　王亚伟(20011219 -20050412)
田擎(20040227 -20051029)
巩怀志(20051029 - )
000011.OF 华夏大盘精选 蒋征(20040811 -20060524)
王亚伟(20051231 - )
000021.OF 华夏优势增长　张益驰(20061124 - )
```

　　如果将这一文本文件再用 Excel 读入，我们得到了表 10.6 的电子表格。

表 10.6　　　　　　　　　　基金经理变更数据（三）

fund_id	fund_nme	CEO
000001.OF	华夏成长	王亚伟（20011219 -20050412）
田擎（20040227 -20051029）		
巩怀志（20051029 - ）		
000011.OF	华夏大盘精选	蒋征（20040811 -20060524）
王亚伟（20051231 - ）		
000021.OF	华夏优势增长	张益驰（20061124 - ）

　　我们的目标是将上述数据变成如表 10.7 所示的格式，即任一基金的历任基
金经理各占一个行。

表 10.7　　　　　　　　　　基金经理变更数据（四）

fund_id	fund_nme	CEO
000001.OF	华夏成长	王亚伟（20011219 -20050412）
000001.OF	华夏成长	田擎（20040227 -20051029）
000001.OF	华夏成长	巩怀志（20051029 - ）
000011.OF	华夏大盘精选	蒋征（20040811 -20060524）
000011.OF	华夏大盘精选	王亚伟（20051231 - ）
000021.OF	华夏优势增长	张益驰（20061124 - ）

　　针对这样的数据处理，很多人选择手动处理，但是手动处理不仅烦琐，而且
很容易出错，我们用 Stata 设计了程序 10.8 来达到我们的目的。

程序 10.8：基金经理变更数据程序

```
1)clear
```

```
2)insheet using E:\基金\turnover\历任基金经理.txt
3)gen change = (real(substr(fund_id,1,6)) ==.)
4)replace ceo = fund_id if change
5)replace fund_id = "" if change
6)replace fund_nme = "" if change
7)replace fund_id = fund_id[_n-1] if fund_id == ""
8)replace fund_nme = fund_nme[_n-1] if fund_nme == ""
9)gen temp = real(substr(fund_id,1,6))
10)drop fund_id
11)rename temp fund_id
12)drop change
13)gen x = index(ceo,"(")
14)gen y = index(ceo,"-")
15)gen z = index(ceo,")")
16)gen ceo_nme = substr(ceo,1,x-1)
17)gen stdt = substr(ceo,x+1,8)
18)gen eddt = substr(ceo,y+1,8)
19)drop x y z ceo
20)replace eddt = "" if eddt == ")"
21)gen int year = real(substr(stdt,1,4))
22)gen int month = real(substr(stdt,5,2))
23)gen int day = real(substr(stdt,7,2))
24)gen temp = mdy(month,day,year)
25)format temp %dCY_N_D
26)drop stdt month day year
27)rename temp stdt
28)gen int year = real(substr(eddt,1,4))
29)gen int month = real(substr(eddt,5,2))
30)gen int day = real(substr(eddt,7,2))
31)gen temp = mdy(month,day,year)
32)format temp %dCY_N_D
33)drop eddt month day year
34)rename temp eddt
35)save E:\基金\turnover_case,replace
```

程序 10.8 注释：

1）清空内存。

2）读入如下表所示的文本文件历任基金经理 . txt。

fund _ id	fund _ nme	CEO
000001. OF	华夏成长	王亚伟（20011219 - 20050412）
田擎（20040227 - 20051029）		
巩怀志（20051029 - ）		
000011. OF	华夏大盘精选	将征（20040811 - 20060524）
王亚伟（20051231 - ）		
000021. OF	华夏优势增长	张益驰（20061124 - ）

3）定义哑变量 change，如果 fund _ id 的前 6 个字符不是数字，则 change = 1，否则 change = 0。

4）如果 change == 1，则将该行 fund _ id 对应的内容赋给变量 ceo。

5）如果 change == 1，将 fund _ id 定义为空值。

6）如果 change == 1，将 fund _ nme 定义为空值。

7）将前一个 fund _ id 的值赋给空值的 fund _ id。

8）将前一个 fund _ nme 的值赋给空值的 fund _ nme。

9）提取 fund _ id 的数字部分，定义变量 temp。

10）删除变量 fund _ id。

11）将变量 temp 更名为 fund _ id ，注意，以上三行将 fund _ id 中的字符型部分去掉了。

12）删除变量 change。

13）为变量 ceo 中的左括号定位，记为 x，比如第一行中，变量 ceo 中左括号的位置为 7。

14）为变量 ceo 中的中画线定位，记为 y。

15）为变量 ceo 中的右括号定位，记为 z。

16）将变量 ceo 的前 x – 1 个字节提取出来，定义为 ceo _ nme。

17）将基金经理的任职开始日期提取出来，定义为 stdt。

18）将基金经理的任职结束日期提取出来，定义为 eddt。

19）删除变量 x、y、z、ceo。

20）如果 eddt == ")"，则重新赋值为空值。

21）计算得到任职开始日期对应的年（year）。

22）计算得到任职开始日期对应的月（month）。

23）计算得到任职开始日期对应的日（day）。

24）将 year、month、day 合成任职日期 Stata 日期变量 temp。

25）设置变量 temp 的显示格式为日期型格式。

26）删除变量 stdt、month、day、year。

27）将变量 temp 重命名为 stdt。

28）计算得到离职日期对应的年（year）。

29）计算得到离职日期对应的月（month）。

30）计算得到离职日期对应的日（day）。

31）将 month、day、year 合成 Stata 日期格式的离职日期变量 temp。

32）改变 temp 的显示格式为日期格式。

33）删除变量 eddt、month、day 和 year。

34）将 temp 重命名为 eddt。

35）保存文件。

第 11 章

交易数据的下载和预处理

本章介绍常用的中国金融市场数据中交易数据的下载和处理。目前国内应用比较有代表性的交易数据主要是 Wind 数据和国泰安公司开发的 CSMAR 数据，读者通过对本章的学习，不仅能下载和用 Stata 预处理这两个数据库的交易数据，对其他销售商提供的数据也可以进行类似的预处理。

11.1　Wind 数据库下载交易数据

Wind 数据库是中国内地领先的金融数据、信息和软件服务企业。根据 Wind 公司的网站介绍，在国内市场，Wind 资讯的客户包括超过 80% 的中国证券公司、基金管理公司、保险公司、银行和投资公司等金融企业；在国际市场，已经被中国证监会批准的合格境外机构投资者（QFII）中 60% 的机构是 Wind 资讯的客户。同时国内多数知名的金融学术研究机构和权威的监管机构也是该公司的客户，大量中英文媒体、研究报告、学术论文等经常引用 Wind 资讯提供的数据。

在金融财经数据领域，Wind 资讯已建成国内完整、准确的以金融证券数据为核心的一流的大型金融工程和财经数据仓库，数据内容涵盖股票、基金、债券、外汇、保险、期货、金融衍生产品、现货交易、宏观经济、财经新闻等领域，新的信息内容在第一时间进行更新以满足机构投资者的需求。

针对金融业的投资机构、研究机构、学术机构、监管部门等不同类型客户的需求，Wind 资讯开发了一系列围绕信息检索、数据提取与分析、投资组合管理应用等领域的专业分析软件与应用工具。通过这些终端工具，用户可以从 Wind 资讯获取到及时、准确、完整的财经数据、信息和各种分析结果。鉴于越来越多的大学已经购买了 Wind 终端，本文作者认为 Wind 是一个非常全面、及时的金融数据源；同时，本书作者认为，相对于 CSMAR 的数据，Wind 数据的整理工作比较烦琐，因此，本章首先重点介绍如何通过 Wind 界面下载到全面的交易数据，然后如何通过编程将这些交易数据合并成我们需要的格式，本章的第二部分则略过 CSMAR 交易数据的下载过程，直接介绍对 CSMAR 数据的 Stata 处理方法。

下载 Wind 数据之前，首先与图书馆联系，确认你的机构已经购买了 Wind 数据终端，如果你没有这么幸运，那么你可以和 Wind 各地的销售人员联系，一般来说，他们都会为你提供一个试用账号。Wind 的服务热线是 400 - 820 - 9463，或者登录 www. wind. com. cn，了解更多有关 Wind 的信息。

如果你已经拥有了 Wind 的账号，登录 Wind 以后，进入图 11.1 所示的窗口，注意我们用椭圆标出的"行情序列"。

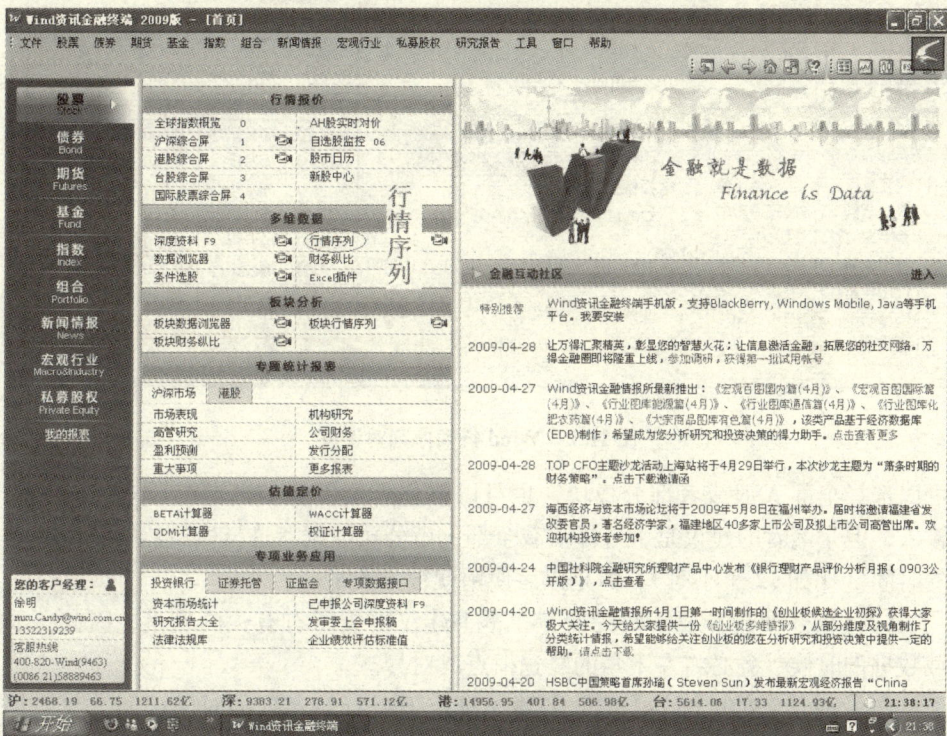

图 11.1　Wind 数据库界面

点击行情序列，弹出一个行情序列下载对话框（见图 11.2）。

下载行情数据时，我们给出如下的建议：

（1）你需要选择下载哪些上市公司的数据，比如按照对话框的左上方所示，

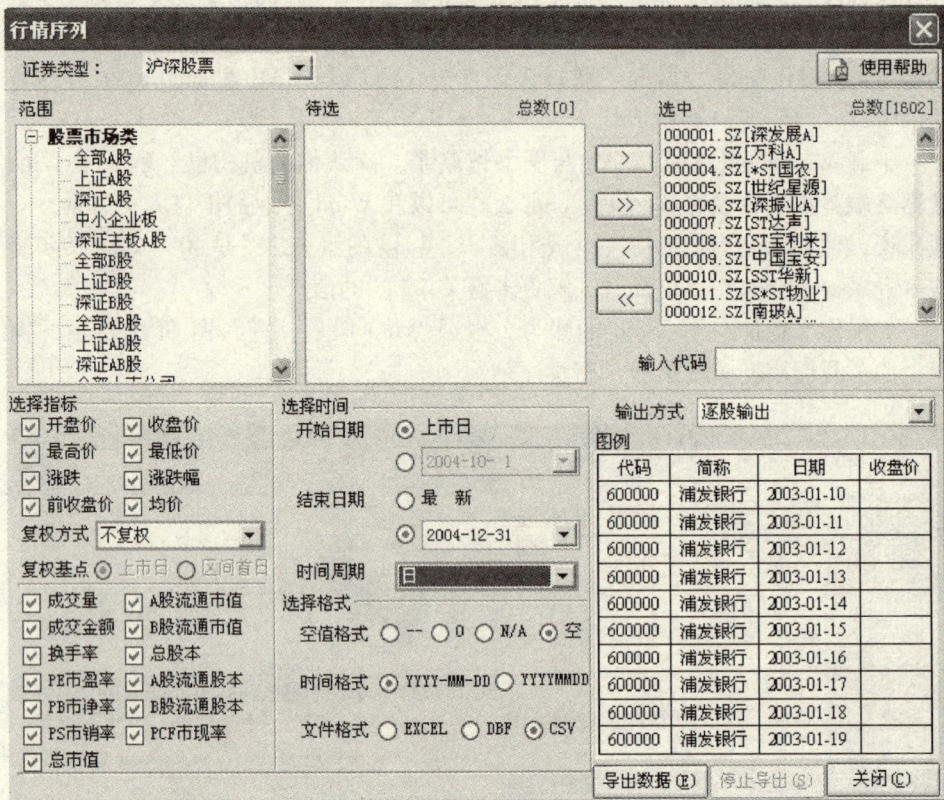

图 11.2　Wind 行情序列对话框

可以选择全部 A 股或者部分板块，也可以将你需要下载的公司的股票代码一一
输入，但是笔者的建议是，选择下载全部上市公司数据，这样做虽然要花费较多
的时间（比如 12 个小时），但是以后使用就很方便了。

（2）你还要选择要下载的变量，本书建议下载所有有关的变量，因此，下
载数据的时候，务必将左下角的复选框点成对号。

（3）对话框的中部靠上部分需要你设定下载行情序列的时间区间，我们仍
然建议你下载全部，也就是说，最好从上市第一天起，直到最近的交易日的所有
数据。

（4）对话框中间靠下的部分极其重要，它需要我们设定空值的格式、时间
的格式以及文件的输出格式。我们建议空值一定用"空"，千万不要用 0、横线
或者 N/A，因为 0 会和某些实际为零的数字混淆。比如说某公司某日停盘，所以

交易量为空，但是如果我们用 0 表示空值，处理数据的时候可能误认为该公司这一天没有停盘，但是没有促成一笔交易，所以交易量为 0，造成不必要的混淆。如果你使用"—"或者 N/A，则等你用 Stata 读入这些数据的时候，整个变量都会被认为是字符型的。

（5）日期格式一定选择"yyyy - mm - dd"格式，方便 date( ) 函数处理。

（6）文件输出格式请选择 CSV，方便 Stata 用 insheet using 读入。

（7）在对话框的左边中间部分，请选择逐股输出，免得 CSV 的容量有限，导致下载失败。

根据这些建议，按照对话框的指引，将每只股票的所有交易信息下载到 E: \ trade _2007 \ stk \ raw \ 子目录下。我们准备这些材料的时候，当时在 A 股上市的公司共 1506 家，所以有 1506 个逐股输出的交易数据文件，每个文件的名称都是"深圳股票代码 . SZ. CSV"或者"上海股票代码 . SH. CSV"，如图 11.3 所示。

每一个文件内的数据格式都如表 11.1 所示（以深发展为例，文件名称：000001. SZ. CSV）表格总共 24 列，单行无法显示，故分两个表格显示。表 11.1 是深发展 A 公司最初 10 个交易日交易信息的左边 13 列的内容，表 11.2 是该公司最初 10 个交易日交易信息的右边 11 列内容。

表 11.1　　　　　深发展公司最初 10 个交易日交易信息（左边）

代码	简称	日期	前收盘价（元）	开盘价（元）	最高价（元）	最低价（元）	收盘价（元）	成交量（股）	成交金额（元）	涨跌（元）	涨跌幅（％）	均价（元）
1	深发展 A	1991 – 04 – 03	40	49	49	49	49	100	5000	9	22.5	50
1	深发展 A	1991 – 04 – 04	49	48.76	48.76	48.76	48.76	300	15000	– 0.24	– 0.4898	50
1	深发展 A	1991 – 04 – 05	48.76	48.52	48.52	48.52	48.52	200	10000	– 0.24	– 0.4922	50
1	深发展 A	1991 – 04 – 08	48.52	48.04	48.04	48.04	48.04	200	10000	– 0.48	– 0.9893	50
1	深发展 A	1991 – 04 – 09	48.04	47.8	47.8	47.8	47.8	400	19000	– 0.24	– 0.4996	47.5
1	深发展 A	1991 – 04 – 10	47.8	47.56	47.56	47.56	47.56	1500	71000	– 0.24	– 0.5021	47.33
1	深发展 A	1991 – 04 – 11	47.56	47.56	47.56	47.56	47.56	0	0	0	0	0
1	深发展 A	1991 – 04 – 12	47.56	47.08	47.08	47.08	47.08	800	38000	– 0.48	– 1.0093	47.5
1	深发展 A	1991 – 04 – 16	47.08	46.38	46.38	46.38	46.38	200	9000	– 0.7	– 1.4868	45
1	深发展 A	1991 – 04 – 17	46.38	46.15	46.15	46.15	46.15	100	5000	– 0.23	– 0.4959	50

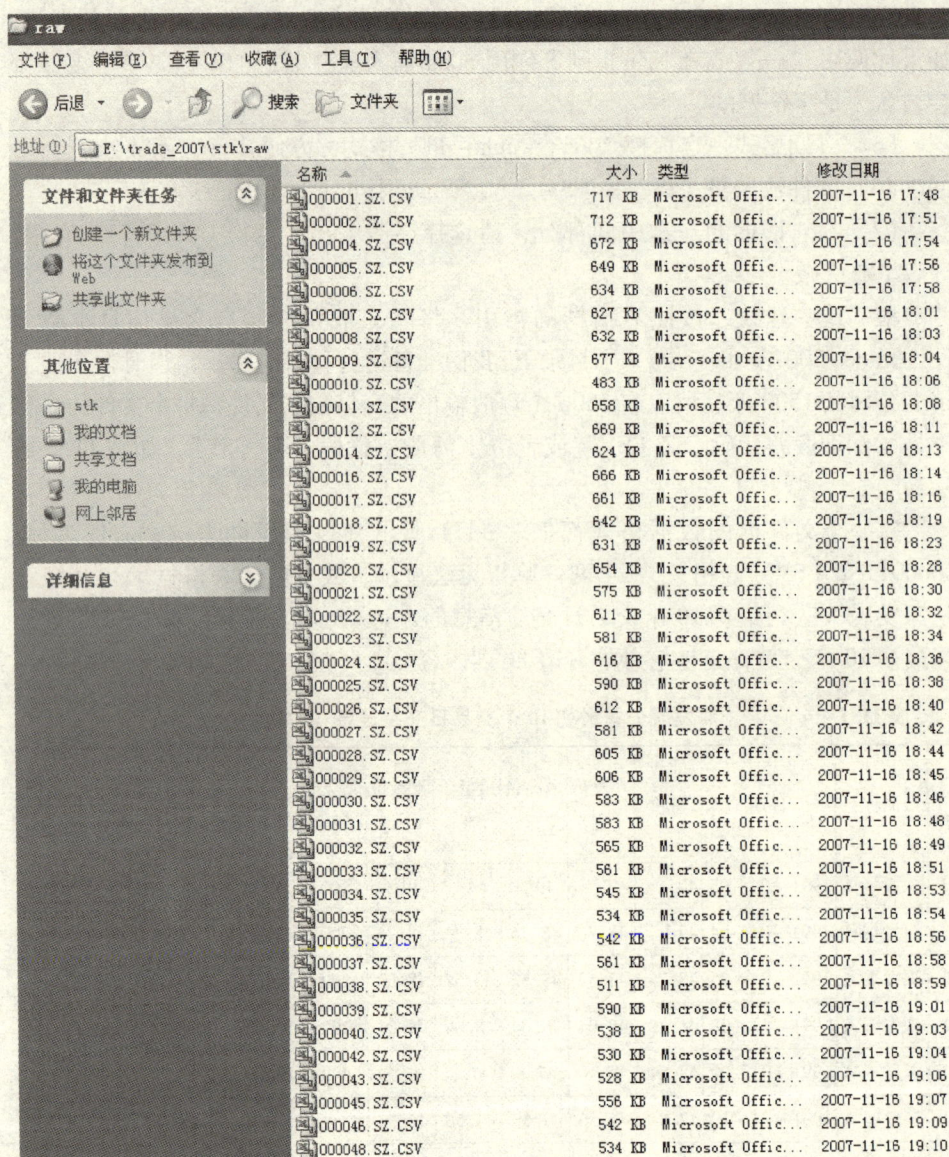

图 11.3   下载到的原始数据在计算机中的存储

表 11. 2　　　　深发展公司最初 10 个交易日交易信息（右边）

换手率（%）	A 股流通市值（元）	B 股流通市值（元）	总市值（元）	A 股流通股本（股）	B 股流通股本（股）	总股本（股）	市盈率	市净率	市销率	市现率
0	1.3E+09	0	2.38E+09	26500000	0	48500171	55.24	16.5	空	空
0.001	1.29E+09	0	2.36E+09	26500000	0	48500171	54.97	16.42	空	空
0.001	1.29E+09	0	2.35E+09	26500000	0	48500171	54.7	16.34	空	空
0.001	1.27E+09	0	2.33E+09	26500000	0	48500171	54.16	16.17	空	空
0.002	1.27E+09	0	2.32E+09	26500000	0	48500171	53.89	16.09	空	空
0.006	1.26E+09	0	2.31E+09	26500000	0	48500171	53.62	16.01	空	空
0	1.26E+09	0	2.31E+09	26500000	0	48500171	53.62	16.01	空	空
0.003	1.25E+09	0	2.28E+09	26500000	0	48500171	53.08	15.85	空	空
0.001	1.23E+09	0	2.25E+09	26500000	0	48500171	52.29	15.61	空	空
0	1.22E+09	0	2.24E+09	26500000	0	48500171	52.03	15.54	空	空

11.2　Wind 交易数据的纵向合并

我们需要将这 1506 个表格做纵向合并，合并之前需要对文件作适当的编码。我们不必对每一个表格都进行编码，事实上，我们可以让计算机帮我们实现这个过程。虽然大部分计算机都直接用 Excel 打开 CSV 文件，但是，CSV 文件实质上是 txt 格式的表格文件，只是同一行的单元被逗号而不是制表符分隔开来，因此，我们可以用 insheet 命令将这些 CSV 文件直接读入 Stata 中。为了读入这些文件，降低工作量，需要设计一个循环程序，让它自动地读入这些文件。我们设计的程序如程序 11.1 所示。

程序 11.1：读入 CSV 文件

```
clear
set mem 600m
set more off
#delimit ;
local i =1;
foreach file in 000001. SZ. CSV
000002. SZ. CSV
000004. SZ. CSV
```

```
......
601919. SH. CSV
601939. SH. CSV
601988. SH. CSV
601991. SH. CSV
601998. SH. CSV
 };
  insheet using E:\trade_2007\stk\raw\\`file', clear;
  save E:\trade_2007\stk\dta\\`i', replace;
  local i = `i'+1;
   };
#delimit cr
local STKNUM = `i'-1

drop_all

use E:\trade_2007\stk\dta\1
forval file =2/1506{
 append using E:\trade_2007\stk\dta\\`file'
 }

rename v1 stkcd
rename v2 stknme
rename v3 date
rename v4 PrevClo
rename v5 open
rename v6 high
rename v7 low
rename v8 close
rename v9 volume
rename v10 value
rename v11 change
rename v12 Chgeper
rename v13 Avgpric
rename v14 TVrate
rename a Amkcap
```

```
rename b Bmkcap
rename v17 tmkcap
rename v18 Aoustsh
rename v19 Boustsh
rename v20 tsh
rename v21 PE
rename v22 PN
rename v23 PS
rename v24 PC

rename date Trddt
rename open Opnprc
rename high Hiprc
rename low Loprc
rename close Clsprc
rename volume DNshrtrd
rename value DNvaltrd
rename change prcchge
rename Chgeper prcchgeper
drop v25
save E:\trade_2007\trade_2007,replace
```

　　程序的第9行是省略号……，表示我们省去了一些程序片段，事实上，在实际的程序中，这里有1498行。为了节省空间，我们只好略去这些部分。

　　也许有人会问，我们如何得到这个1506个文件名的列表呢？需要我们一行行手工输入吗？这样做显然是不经济的，DOS系统也许有办法解决，但是本书的作者建议你们用Stata实现这一过程，Stata事实上提供了一些类似DOS的命令，包括dir、cd、mkdir、erase，这些常用命令列表如表11.3所示。

表11.3　　　　　　　　　　　　　　Stata常用类DOS命令

命令格式	功能
cd d:\data\city	设置缺省工作目录为d:\data\city,在缺省条件下，任何文件操作都针对该子目录
dir	显示缺省工作目录下的文件和子目录列表，用户也可以指定子目录，对应的命令为dir d:\ dir d:\data\ *dta 等
mkdir d:\data\	创建子目录d:\data\

续表

命令格式	功能
rmdir	修改子目录名称
copy	复制文件
erase	删除文件
type	显示文件内容
query	显示系统参数

通过命令窗口,输入如下的命令行:

程序 11.2:文件名列表

```
set more off
log using d:\temp.txt, text replace
cd E:\trade _ 2007 \stk \raw \
dir
log close
```

然后用记事本打开文件 d:\temp.txt,并把头尾部分去掉,剩下的就是E:\trade _2007 \ stk \ raw \ 子目录下文件的详细列表。保存并覆盖 d:\temp.txt,然后用 Excel 打开该文件。注意,此时的 d:\temp.txt 文件是固定宽度的 txt 文件,用 Excel 打开的时候,Excel 会自动选择按固定宽度打开。打开以后,将 Excel 表格的第一列 copy 出来,即为我们需要的文件名列表。另外,在循环之前,我们设置了一个计数器 i,初始值为 1,每循环一次,计数器增加 1,每次循环,读入一个 CSV 文件,并把它保存为一个 Stata 数据文件,这些文件的名称从 1.dta 直到 1506.dta,并被存储在 E:\ trade _ 2007 \ stk \ dta \ 子目录下。

接下去我们运行另外一个循环程序,把这些文件纵向合并起来,并修改变量名称。事实上,我们的变量名称也许并不直观,但是,每一位研究人员都会对自己的变量名称选择有一些偏好,为了方便别人使用你的文件,你可以对变量增加注释行。这些注释行也可以用 label 命令实现,读者可以参考第 13 章的内容,或者通过 Stata 的帮助系统(Help)学习。

11.3　CSMAR 数据库交易数据的处理技巧

CSMAR 数据库(China Stock Market & Accounting Research Database)系统是由深圳市国泰安信息技术有限公司和香港大学中国金融研究中心共同设计、开发的。国内大部分知名高校都是该数据的用户。该数据库下载起来比较简单,从你的图书馆登录到 CSMAR 数据库，根据提示下载就可以了。[①] 因此，本章直接介绍对 CSMAR 交易数据的处理。

CSMAR 的交易数据分为光盘版（至少过去存在光盘版）和网络版，如果你使用的是光盘版，那么个股日交易数据包括 4 个 DBF 文件，分别是：

（1）SHADALYR. DBF：上海 A 股日个股回报率文件；

（2）SHBDALYR. DBF：上海 B 股日个股回报率文件；

（3）SZADALYR. DBF：深圳 A 股日个股回报率文件；

（4）SZBDALYR. DBF：深圳 B 股日个股回报率文件。

CSMAR 个股日交易数据编码格式如表 11.4 所示。

表 11. 4　　　　　　　　CSMAR 个股日交易数据编码格式

序号	字段名称	字段内容	字段类型	字段说明
1	Stkcd	证券代码	C (6)	以上海证券交易所、深圳证券交易所公布的证券代码为准
2	Trddt	交易日期	N (8)	以 YYYYMMDD 表示
3	Opnprc	日开盘价	N (9, 3)	计量单位：元/股。A 股以人民币计，上海 B 股以美元计，深圳 B 股以港元计。-9666 = 无交易额，-9999 = 缺少资料
4	Hiprc	日最高价	N (9, 3)	同上
5	Loprc	日最低价	N (9, 3)	同上
6	Clsprc	日收盘价	N (9, 3)	同上
7	DNshrtrd	日个股交易股数	N (12)	计量单位：股。0 = 没有交易量，-9999 = 缺少资料
8	DNvaltrd	日个股交易金额	N (16, 3)	计量货币：人民币，计量单位：元。A 股以人民币计，上海 B 股以美元计，深圳 B 股以港元计。0 = 没有交易量，-9999 = 缺少资料
9	DSMvosd	日个股流通市值	N (16, 2)	个股的流通股数与收盘价的乘积，计量单位：千元，A 股以人民币计，上海 B 股以美元计，深圳 B 股以港元计

---

①　虽然没有说明，但是 CSMAR 的某些对话框是无效的，比如界面似乎允许我们一次性下载所有上市公司所有交易日期的数据，但是当你这么选择的时候，却发现你只能下载到一部分上市公司的数据。如果你也遇到这种情况，可以选择分月下载（注意这样会浪费大量的时间和精力，因为几乎不可以自动完成），然后将这些分月数据用 Stata 的循环纵向合并。同时我们呼吁有关开发商能珍惜研究者宝贵的时间，允许用户大批量下载数据，因为科学研究往往需要大样本而不是一两家公司的数据。

序号	字段名称	字段内容	字段类型	字段说明
10	DSMvtll	日个股总市值	N (16, 2)	个股的总股数与收盘价的乘积，计量单位：千元，A 股以人民币计，上海 B 股以美元计，深圳 B 股以港元计
11	Dretwd	考虑现金红利再投资的日个股回报率	N (10, 6)	上市首日的前收盘价取招股价，-9666 表示数据无效，字段说明见"回报率计算方法"
12	Dretnd	不考虑现金红利再投资的日个股回报率	N (10, 6)	同上
13	Adjprcwd	考虑现金红利再投资的收盘价的可比价格	N (11, 6)	计量单位：元。A 股以人民币计，上海 B 股以美元计，深圳 B 股以港元计，去除由于时间间隔和资本变动原因引起变化的以上市首日为基准的经过调整后的收盘价
14	Adjprcnd	不考虑现金红利再投资的收盘价的可比价格	N (11, 6)	同上

　　因为 Stata 不能直接读入 DBF 文件，因此，用户需要自己使用别的软件将这些 DBF 文件转化成 Stata 能识别的，比如 CSV 文件。我们建议读者用 FoxPro 完成这项工作。在 FoxPro 中，运行如下的代码，将这些文件转化成 CSV 文件：

程序 11.3：将 DBF 文件转化成 CSV 文件的 FoxPro 程序

```
use d:\trade_2007\shadalyr.dbf
COPY TO d:\trade_2007\shadalyr.txt TYPE CSV
use d:\trade_2007\szadalyr.dbf
COPY TO d:\trade_2007\szadalyr.txt TYPE CSV
use d:\trade_2007\shbdalyr.dbf
COPY TO d:\trade_2007\shbdalyr.txt TYPE CSV
use d:\trade_2007\szbdalyr.dbf
COPY TO d:\trade_2007\szbdalyr.txt TYPE CSV
```

　　CSMAR 交易数据的主要缺点在于对空值的编码。从表 11.4 不难看出，交易数据的空值往往以 -9999 或者 -9666 等形式出现，用 Stata 读入这些数据以后，必须对这些空值代码进行重新编码。另外，该数据的日期格式是 yyyymmdd 格式，Stata 读入此类数据以后，会把日期当做长整型数据，我们需要按照第 3 章的方法，将这些日期转化成 Stata 的日期编码，现在进一步假定我们仅仅需要 A

股上市公司的数据，这些工作可以通过程序 11.4 完成。

程序 11.4：编码 CSMAR 交易数据

```
1)clear
2)set mem 400m
3)insheet using d:\trade_2007\shadalyr.txt
4)save d:\trade_2007\shadalyr, replace
5)insheet using d:\trade_2007\szadalyr.txt
6)save d:\trade_2007\szadalyr, replace
7)append using d:\trade_2007\shadalyr
8)gen int year =trddt/10000
9)gen int month = mod(trddt,year)/100
10)gen int day = mod(trddt,100)
11)gen temp=mdy(month, day, year)
12)drop trddt
13)rename temp trddt
14)drop month day year
15)recode opnprc -9999=. -9996=.
16)recode clsprc -9999=. -9996=.
17)recode hiprc -9999=. -9996=.
18)recode lowprc -9999=. -9996=.
19)recode dnshrtrd -9999=. -9996=.
20)recode dnvaltrd -9999=.
21)recode dretwd -9996=.
22)sort stkcd trddt
23)save d:\trade_2007\A 股日交易数据, replace
```

程序 11.4 注释：

1）清空内存。

2）为 Stata 分配 400 兆的内存空间。

3）读入上海 A 股上市公司的日交易数据。

4）将这一数据按照 Stata 格式存储。

5）读入深圳 A 股上市公司的日交易数据。

6）将这一数据按照 Stata 格式存储。

7）此时内存中已经存在深圳 A 股上市公司的日交易数据，将上海 A 股上市公司的日交易数据添加在该数据后面（即纵向合并，区别于 merge 命令的横向合并，纵向合并要求两个文件具有类似的变量名）。

8）计算交易日期对应的年份。

9）计算交易日期对应的月份。

10）计算交易日期对应的日期。

11）生成中间变量 temp，对应交易日期的 Stata 日期编码。

12）删除原来的交易日期变量。

13）将中间变量 temp 重命名为 trddt。

14）删除中间变量 year、month 和 day。

15）用 recode 将 opnprc 中的 -9999 或者 -9996 修改为空值。

16）用 recode 将 clsprc 中的 -9999 或者 -9996 修改为空值，recode 命令完全可以用 replace 命令代替，但是使用 recode 更加简洁，不需要用烦琐的 if 语句，后续各行功能相似。

17）用 recode 命令将 hiprc 中的 -9999 或者 -9996 修改为空值。

18）用 recode 命令将 lowprc 中的 -9999 或者 -9996 修改为空值。

19）用 recode 命令将 dnshrtrd 中的 -9999 或 -9996 修改为空值。

20）用 recode 命令将 dnvaltrd 中的 -9999 或 -9996 修改为空值。

21）用 recode 命令将 dretwd 中的 -9999 或 -9996 修改为空值。

22）将数据按照股票代码和交易日期排序。

23）保存数据于文件 d:\ trade _2007 \ A 股日交易数据。

事实上，上面的数据仅仅给出了有关个股日交易的有关信息，通常你要进行的研究还需要整个市场的交易信息，比如你要为每一家上市公司估计一个 CAPM 模型，就需要整个市场的收益率，市场收益率可以通过两个方法实现：（1）使用指数收益率作为市场收益率的估计；（2）利用个股的日收益率计算一个加权平均收益率。对于前者，我们还需要从 CSMAR 中得到一个有代表性的指数收益率（比如上证综合指数），然后和现有的个股数据按照交易日期合并（用 merge 命令），而对于后者，我们需要用 egen 命令计算加权市场收益率，此处的权重可能是总市值，也可能是流通市值，根据具体研究的问题，由研究人员自行设定。如果使用指数收益率，我们需要首先从 CSMAR 下载指数文件 INDEX. DBF，按照类似程序 11.3 的 FoxPro 程序，将该文件转化成文本文件 index. txt，然后用如下的代码转化成 Stata 的数据文件（见程序 11.5）。

程序 11.5：利用 CSMAR 的 index 数据计算上证综合指数收益率

```
1)clear
2)insheet using d:\trade _2007 \index. txt
3)keep if indexcd = 999101
```

```
4) keep trddt clsindex
5) rename clsindex index
6) label var index "上证综合指数"
7) gen int year = trddt/10000
8) gen int month = mod(trddt,year)/100
9) gen int day = mod(trddt,100)
10) gen temp = mdy(month, day, year)
11) drop trddt
12) rename temp trddt
13) drop year month day
14) sort trddt
15) gen rm = index/index[_n-1]-1
16) label var rm "上证综合指数收益率"
17) sort trddt
18) save d:\trade_2007\上证综合指数收益率, replace
```

程序 11.5 注释:

1) 清空内存。

2) 读入指数文件。

3) 保留 indexcd = 999101 的记录，因为原始的指数文件还有其他的指数，比如上证 B 股指数等，但是我们可能认为上证综合指数比较有代表性。

4) 保留交易日期 trddt 和收盘指数 clsindex，因为原始数据中有开盘指数，指数高点、低点等指标，研究中常常使用收盘指数。

5) 将收盘指数 clsindex 重命名为 index。

6) 为变量 index 设置标签"上证综合指数"，设置标签以后，我们可以通过 describe 命令看到这一标签，方便将来查询数据，免得变量名之间的混淆。

7) 计算交易日期对应的年份。

8) 计算交易日期对应的月份。

9) 计算交易日期对应的日期。

10) 生成中间变量 temp，对应交易日期的 Stata 日期编码。

11) 删除原来的交易日期变量。

12) 将中间变量 temp 重命名为 trddt。

13) 删除中间变量 year、month 和 day。

14) 将数据按照交易日期排序。

15) 计算指数收益率 rm，其中 index[_n-1] 表示当前 index 变量观测值滞后一期的数值，即前一个交易日的收盘指数。

　　16）为指数收益率 rm 添加标签"上证综合指数收益率"。

　　17）将数据按照交易日期排序。

　　18）保存数据于文件 d：\ trade _2007 \ 上证综合指数收益率. dta。

　　有了指数收益率和个股日交易数据，我们可以用 merge 命令将两个数据按照交易日期相同的原则合并，合并之前，一定要保证两个数据都已经按照交易日期排序了，此处的排序指的是逻辑上进行了排序，即便你的数据已经按照交易日期从小到大排列着，但除非你告诉 Stata 将数据按照交易日期排序，Stata 才认为数据已经按照交易日期排序了。上面的个股交易数据本身是按照股票代码 stkcd 和交易日期 trddt 排序的，但是合并的要求是该数据只按照交易日期 trddt 排序，因此，在程序 11.6 中，我们首先读入"d：\ trade _2007 \ A 股日交易数据. dta"，重新排序后调用 merge 命令进行数据合并（注意：merge 合并是横向合并，区别于纵向合并的 append 命令）。

程序 11.6：按交易日期合并数据

```
1)clear
2)set mem 400m
3)use d:\trade _2007 \A 股日交易数据, clear
4)sort trddt
5)merge trddt using d:\trade _2007 \上证综合指数收益率
6)drop _merge
7)rename dretwd ri
8)label var ri "个股日收益率"
9)sort stkcd trddt
10)save d:\trade _2007 \ri _ rm, replace
```

程序 11.6 注释：

　　1）清空内存。

　　2）为 Stata 分配 400 兆内存。

　　3）调入 d：\ trade _2007 \ A 股日交易数据. dta。

　　4）观测值按照 trddt 升序排列。

　　5）按照交易日 trddt 相同的原则将内存数据与 d：\ trade _2007 \ 上证综合指数收益率. dta 合并，一并放入内存中。

　　6）将 merge 命令产生的中间变量 _ merge 去掉，该中间变量显示在最终的样本记录中，那些记录既包含 d：\ trade _2007 \ A 股日交易数据. dta 的信息，也包含 d：\ trade _2007 \ 上证综合指数收益率. dta 的信息，还有那些记录只包含源文件或者目标文件之一的信息。

7）将个股日收益率 dretwd 重新命名为 ri。

8）为变量 ri 添加标签"个股日收益率"。

9）按照 stkcd trddt 升序排列样本。

10）将数据保存到文件 d：\ trade _2007 \ ri _ rm _2007. dta 中。

11.4　CSMAR 股权变更数据的处理技巧

在 CSMAR 最新提供的个股交易数据中，没有包含上市公司的股本信息，取而代之的是一个单独的股本结构变动数据（TRD _ Capchg. txt）包含以下的指标：

表 11.5　　　　　　　　　　　股本结构变动数据结构

Stkcd	证券代码
Shrchgdt	股本变动日期
Shrtyp	股本变动类型
Nshrttl	总股数
Nshrstt	国有股股数
Nshrlpd	境内发起人法人股股数
Nshrlpf	境外发起人法人股股数
Nshrlpn	募集法人股股数
Nshremp	内部职工股股数
Nshrmf	基金配售股数
Nshrrot	转配股股数
Nshrprf	优先股股数
Nshra	A 股流通股股数
Nshrb	B 股流通股股数
Nshrh	H 股流通股股数
Nshrunl	流通配送股尚未流通股股数
Nshrsms	高级管理人员持股数
Nshrglea	一般法人配售数
Nshrsina	战略投资者配售数
Nshrlpo	其他发起人股股数
Nshroft	其他境外流通股

我们在表 11.6 中列出部分变量的前 20 个记录，以便读者对该数据有一个感性的认识。

表 11.6 股本结构变动数据样本

Stkcd	Shrchgdt	Shrtyp	Nshrttl	Nshrstt	Nshrlpd	Nshrlpf
1	1991 – 04 – 03	10000	48500000	4208149	0	0
1	1991 – 08 – 01	300	89751643	7787387	0	0
1	1992 – 03 – 23	3000	1. 35E + 08	11687081	0	0
1	1993 – 05 – 24	3100	2. 69E + 08	21620134	0	0
1	1994 – 06 – 30	20008	2. 69E + 08	21621080	0	0
1	1994 – 07 – 11	1108	4. 31E + 08	34593728	0	0
1	1994 – 09 – 02	20000	4. 31E + 08	34593728	0	0
1	1995 – 09 – 25	1000	5. 17E + 08	41512474	0	0
1	1996 – 05 – 27	1000	1. 03E + 09	83024948	0	0
1	1997 – 08 – 25	1000	1. 55E + 09	1. 25E + 08	0	0
1	2000 – 11 – 06	100	1. 95E + 09	1. 25E + 08	0	0
1	2001 – 10 – 15	5000	1. 95E + 09	1. 25E + 08	0	0
1	2004 – 12 – 30	60000	1. 95E + 09	1717146	1. 87E + 08	3. 48E + 08
1	2007 – 06 – 20	7000	2. 09E + 09	1717146	1. 86E + 08	3. 48E + 08
1	2007 – 12 – 27	5	2. 09E + 09	4626234	1. 83E + 08	3. 48E + 08
1	2007 – 12 – 28	90000	2. 29E + 09	4626234	1. 83E + 08	3. 48E + 08
1	2008 – 06 – 25	8	2. 29E + 09	70695984	1. 17E + 08	3. 48E + 08
1	2008 – 06 – 26	9	2. 29E + 09	0	2965661	2. 44E + 08
1	2008 – 06 – 27	90000	2. 39E + 09	0	2965661	2. 44E + 08
1	2008 – 10 – 24	8	2. 39E + 09	0	2965661	2. 44E + 08
1	2008 – 10 – 31	3000	3. 11E + 09	0	3855360	3. 17E + 08
2	1991 – 01 – 29	10000	41246700	7948000	0	0
2	1991 – 06 – 08	1000	76970509	9938669	0	0
2	1992 – 03 – 20	1000	92364611	11926403	0	0
2	1993 – 04 – 05	3000	1. 39E + 08	17889604	0	0
2	1993 – 05 – 28	10000	1. 84E + 08	17889604	0	0
2	1994 – 06 – 21	1000	2. 43E + 08	24150965	0	0
2	1995 – 01 – 01	60000	2. 43E + 08	24150965	0	0
2	1995 – 07 – 04	1000	2. 88E + 08	27773609	0	0
2	1996 – 08 – 06	1000	3. 17E + 08	30550969	0	0

不难看出，当某上市公司某一天发生了股权变更事件，TRD _ Capchg. txt 就

会增加一条记录，比如深发展 1991 年 8 月 1 日发生一次股本变更，总股数由 48500000 股变更为 89751643，对应上表的第二条记录，1991 年 7 月 31 日没有深发展的股本记录，说明该日期之前，直到上一个记录日起 1991 年 4 月 3 日之前，深发展的股本没有发生变化。这种数据表格相对于列出每天的具体股本情况，节省了大量的空间，而且没有任何的信息丢失，但是对使用者而言，存在一定的麻烦。比如在一项关于 A 股和 H 股差价的研究中，研究者需要了解每一季度末的具体股本情况，并且要把这些数据与已有的财务数据按照公司代码和季度合并，直接利用以上的表格显然是不能合并的，为此，我们首先将不规则时间的股本变动数据转化为规则的季度数据，即每一个季度末每一家公司的股本结构，而且假定我们只关心总股数、A – 股股数和 H – 股股数，则命令如程序 11.7 所示。

程序 11.7：股权变更数据处理方法（一）

```
1)clear
2)set mem 400m
3)insheet using d:\trade_2009\TRD_Capchg.txt, clear
4)keep stkcd shrchgdt nshrttl nshra nshrh
5)genyq =
   yq(real(substr(shrchgdt,1,4)),quarter(date(shrchgdt,"YMD")))
6)sort stkcd yq shrchgdt
7)by stkcd yq: keep if _n == _N
8)fillin stkcd yq
9)foreach var in stkcd nshrttl anshra hnshrh {
      a)replace `var' = `var'[_n-1] if `var'==. & stkcd == stkcd[_n-1]
   b)}
10)drop if stkcd == .
```

程序 11.7 注释：

1）清空内存。

2）为 Stata 分配 400 兆内存。

3）读入 CSMAR 股本变动原始数据。

4）保留变量 stkcd、shrchgdt、nshrttl、nshra、nshrh，删除其余的变量。

5）生成每一个股本变动日期对应的季节变量 yq，其中 substr(shrchgdt, 1, 4) 是股本变动日期字符串的前 4 个数字，通过 real( ) 函数转化成数字，代表年份，函数 date(shrchgdt, "YMD") 将字符串 shrchgdt 转化成一个 Stata 表示日期的整数，通过 quarter( ) 函数将这一日期转化为对应的季度。

6）将数据按照股票代码、季度（1960 年第一季度为 0，1960 年第二季度为

1，依此类推，1991 年第二季度为 129）和股本变更日期升序排列。

　　7）某公司在同一季度有多次股本变更的，保留最后一次。

　　8）按照股票代码和季度数据补齐数据。比如深发展 1998 年全年没有股本变更数据，但是其他公司在 1998 年存在股本变更数据，则系统为深发展增加 1998 年的 4 条记录，补齐的目的在于将数据变成一个平衡的面板数据，补齐以后，除 stkcd 和 yq 之外的其他变量取值为空值。

　　9）循环部分将空值数据用同一股票代码的上一个非空数值替换。

　　10）删除股票代码为空的记录。

　　程序运行后得到的数据如表 11.7 所示。以上程序似乎比较完美，但是仔细观察下面的数据，我们发现某些季度没有数据，比如深发展公司没有 yq = 133 对应的数据，其他公司都没有这一数据。其中的原因在于，原始数据中，根本不存在 1993 年第二季度的股本变更记录。fillin 所能做的是，如果某一公司存在某一季度的数据，其他的某一公司或者多个公司不存在这一季度的数据，则 fillin 为后者增加对应的记录。因为原始的数据中不存在 1993 年第二季度的任何记录，所以 fillin 不为任何公司增加该季度的记录。不难发现，1996 年第二季度和 1997 年第三季度也是类似的情况，如果我们按照这一方法将原始数据转化成季度数据，势必导致将来分析中的数据缺失。

表 11.7　　　　　　　　　完成后的股本结构数据

stkcd	yq	nshrttl	anshra	hnshrh
1	129	1.35E + 08	67518049	0
1	130	1.35E + 08	67518049	0
1	131	1.35E + 08	67518049	0
1	132	1.35E + 08	67518049	0
1	134	2.69E + 08	1.45E + 08	0
1	135	2.69E + 08	1.45E + 08	0
1	136	2.69E + 08	1.45E + 08	0
1	139	4.31E + 08	2.97E + 08	0
1	140	4.31E + 08	2.97E + 08	0
1	141	4.31E + 08	2.97E + 08	0
1	143	5.17E + 08	3.57E + 08	0
1	144	5.17E + 08	3.57E + 08	0
1	146	1.04E + 09	7.14E + 08	0

续表

stkcd	yq	nshrttl	anshra	hnshrh
1	147	1.04E+09	7.14E+08	0
1	148	1.04E+09	7.14E+08	0
1	149	1.04E+09	7.14E+08	0
1	151	1.55E+09	1.07E+09	0
1	152	1.55E+09	1.07E+09	0
1	153	1.55E+09	1.07E+09	0
1	154	1.55E+09	1.07E+09	0
……	……	……	……	……

　　为了解决这一问题，我们首先将缺失的季度补全，然后再用 fillin 命令。补全的办法很简单，我们首先读入一个纯粹的季度变量 yq，然后将这一纯粹的季度数据作为母数据，将已经转化为季度数据，但是尚未补全股权变更数据合并在 yq 上，然后将空值数据用同一股票代码的上一个非空数值替换即可，对应的程序如程序 11.8 所示。

程序 11.8：股权变更数据处理方法（二）

```
1)clear
2)local OBS = yq(2009,4) - yq(1991,1) +1
3)set obs `OBS'
4)gen yq = yq(1991,1) in 1
5)replace yq = yq[_n-1]+1 if yq==.
6)format yq %tq
7)sort yq
8)save d:\yq, replace
9)clear
10)set mem 400m
11)insheet using d:\trade_2009\TRD_Capchg.txt, clear
12)keep stkcd shrchgdt nshrttl nshra nshrh
13)gen yq =
    yq(real(substr(shrchgdt,1,4)),quarter(date(shrchgdt,"YMD")))
14)sort stkcd yq shrchgdt
15)by stkcd yq: keep if _n == _N
16)sort yq
17)save d:\trade_2009\temp, replace
```

```
18)use d: \yq, clear
19)merge yq using d:\trade _ 2009 \temp
20)drop _ m
21)fillin stkcd yq
22)foreach var in stkcd nshrttl anshra hnshrh {
23)replace `var' = `var'[_n-1] if `var' ==. & stkcd == stkcd[_n-1]
24)}
25)drop if stkcd == .
```

　　因为大部分程序都和前一个程序类似，因此我们仅仅给出前面 8 行的注释如下：

　　1）清空内存。

　　2）设置一个局部宏 OBS，它等于 1991 年第一季度到 2009 年第四季度之间的季度总数。

　　3）将这一季度数设置为样本容量。

　　4）定义变量 yq 的第一个数值，对应于 1991 年第一季度，Stata 将 1960 年第一季度定义为第○季度，1960 年第二季度为第 1 季度，依此类推，因此，1991 年第一季度对应整数为 124。

　　5）定义 yq 的其他数值，即从 124 开始，每次增加 1。

　　6）定义 yq 的显示格式，方便检查程序。

　　7）按照 yq 排序。

　　8）将数据存储以备将来调用。

第 12 章

财务数据的下载和预处理

CSMAR 的财务数据表格比较简单，不需要很多编程技巧，本章不做介绍。Wind 的会计数据准备工作相对比较烦琐，因为我们需要对不同的会计科目和年份分别提取数据，提取后的数据往往是 Excel 格式，需要对变量名进行重新编码，然后手工转化成文本格式，最后才能用 Stata 进行编程处理，工作量比较大，也是初学者感到棘手的问题，因此，成为本章介绍的重点。

12.1 Wind 上市公司财务数据的下载

我们用数据实例的方式组织本章的介绍。提取数据前首先进入 Wind 数据库主界面，在主菜单中点击"股票"进入有关股票的下拉式菜单，在下拉式菜单中点击"数据浏览器"，进入数据下载界面（见图 12.1）：点击数据浏览器，进入图 12.2 的下载界面，此时，我们要作出如下的选择：

（1）下载哪些公司的财务报表数据。用鼠标选择图 12.2 的左下角部分，比如我们要下载全部 A 股的财务数据，只需点击对应的复选框即可。

（2）下载哪一个财务指标。这需要我们用鼠标点击图 12.2 的左上方部分。左上方部分所有的项目可能没有展开，没有展开的部分以黑体字形式显示，用鼠标双击，展开有关的项目，比如财务分析等，展开后可以找到全部资产一项，用鼠标双击这一项，进入下一个对话框。

（3）下载哪些时段的数据。点击一项指标后，Wind 会弹出一个对话框，这时候用户需要给出下载数据的时间区间、财务表数据的单位等。我们也可以选择多期数据。

（4）假定你选择 2007 年的年报数据，则需要在对话框报告期部分的最后一行选择 2007 年，然后点击"确定"，数据浏览器就会增加一列，表头部分显示

图 12.1　Wind 数据浏览器主界面

这是 2007 年上市公司的年报"资产总计"栏目数据。

（5）点击主屏幕第三行第一个按钮"提取数据"，Wind 会将数据填写在我们刚才增加的一栏中。

（6）我们还可以增加其他年份的"资产总计"数据，只需重复以上的过程，并更改数据年份即可。

（7）数据提取以后，我们可以点击主屏幕第三行的第二个按钮"导出到 Excel"，此时，系统会弹出一个 Excel 窗口，该窗口的数据即为我们下载的多年的资产总计数据。

（8）将该文件保存到如下的子目录："E：\ accounting _2006 \ excel \ "。

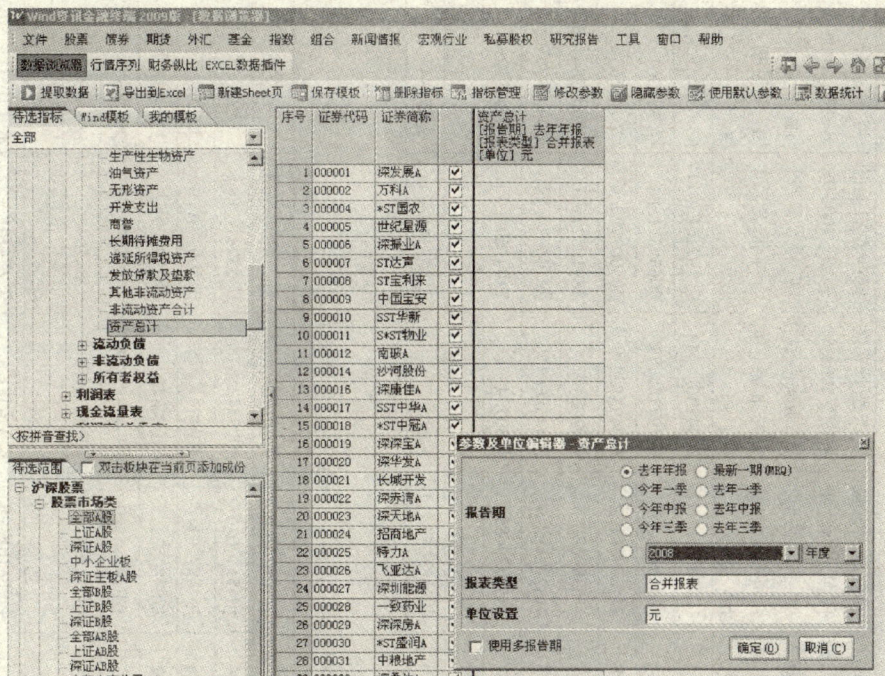

图 12.2　下载财务报表数据

12.2　Wind 上市公司财务数据的合并处理

为了一项研究，本文作者从 Wind 终端提取了上市公司的总资产、主营业务收入和净利润等的会计科目的数据，保存在子目录 " E：\ accounting _2006 \ excel \ "下，文件名分别是：（1）资产总计.xls；（2）主营业务收入.xls；（3）净利润.xls。以资产总计为例，下载的 Excel 文件如表 12.1 所示（文件名：E：\ accounting _2006 \ excel \ 资产总计.xls）。

我们需要对以上的文件进行编码，并保存为制表符分隔的 txt 文件格式。编码的重点是：

（1）变量名称：源文件的变量名是 Stata 不能识别的中文名称，我们需要把各变量名分别修改为 asset2000 到 asset2006，但是，考虑到所有表格的类似性，我们可以直接去掉表格的第一行，然后存储为 txt 格式，以期将来通过程序对变量编码。

（2）在这些表格的最后一行，都标有 "数据来源：Wind 资讯"。我们必须去掉这一注释，否则，将来用 Stata 读入这些表格的时候，第一列都会被当做字符型数据。编码以后的文件如表 12.2 所示。

表 12.1　部分上市公司资产总计

证券代码	证券简称	资产总计[报告期]2000年度[报表类型]合并报表[单位]元	资产总计[报告期]2001年度[报表类型]合并报表[单位]元	资产总计[报告期]2002年度[报表类型]合并报表[单位]元	资产总计[报告期]2003年度[报表类型]合并报表[单位]元	资产总计[报告期]2004年度[报表类型]合并报表[单位]元	资产总计[报告期]2005年度[报表类型]合并报表[单位]元	资产总计[报告期]2006年度[报表类型]合并报表[单位]元
000001	深发展 A	67227499769	1.20127E+11	1.66166E+11	1.93453E+11	2.04286E+11	2.29216E+11	2.60576E+11
000008	*ST 宝投	290828409	1075967720.1	70616135.84	60455170.6	90797725.73	90639371.84	76838064.18
000017	SST 中华 A	2459306434	565575098.4	512976884.8	444849741.2	340498157.9	305007790.4	267021539
000020	ST 华发 A	466966587.6	450225732.3	479016730.7	476380522.5	429708402	389185291.7	376031844.2
000030	S*ST 盛润	1438282665	444493757.4	203258077.5	378293188.9	298458668.6	39195650.78	29826570.27
601003	柳钢股份	......	......	......	2854579683	4930734951	7104169067	8654792295
......								
601857	中国石油	4.19732E+11	4.41564E+11	4.58856E+11	4.98816E+11	5.71058E+11	7.25414E+11	8.15144E+11

数据来源：Wind 资讯。

表 12.2　部分上市公司资产总计（编码后文件名:E:\accounting_2006\txt\资产总计.txt)

000001	深发展 A	67227499769	1.20127E+11	1.66166E+11	1.93453E+11	2.04286E+11	2.29216E+11	2.60576E+11
000008	*ST 宝投	290828409	1075967720.1	70616135.84	60455170.6	90797725.73	90639371.84	76838064.18
000017	SST 中华 A	2459306434	565575098.4	512976884.8	444849741.2	340498157.9	305007790.4	267021539
000020	ST 华发 A	466966587.6	450225732.3	479016730.7	476380522.5	429708402	389185291.7	376031844.2
000030	S*ST 盛润	1438282665	444493757.4	203258077.5	378293188.9	298458668.6	39195650.78	29826570.27
601003	柳钢股份	......	......	......	2854579683	4930734951	7104169067	8654792295
......								
601857	中国石油	4.19732E+11	4.41564E+11	4.58856E+11	4.98816E+11	5.71058E+11	7.25414E+11	8.15144E+11

　　注意，良好的程序设计需要良好的文件管理。我们把所有的会计科目 Excel 原始文件保存在 E:\ accounting _2006 \ excel \ 子目录下，把对应的编码后的 txt 文件保存在 E:\ accounting _2006 \ txt \ 子目录下。随后我们用程序 12.1 对这些 txt 文件进行处理，包括转换成 Stata 格式，从宽格式（wide form）变成长格式（long form），最后合并起来。

程序 12.1：合并会计目录

```
clear
set mem 200m
insheet using E:\accounting _2006 \txt \资产总计.txt
rename v1 stkcd
rename v2 stknme
rename v3 asset2000
rename v4 asset2001
rename v5 asset2002
rename v6 asset2003
rename v7 asset2004
rename v8 asset2005
rename v9 asset2006
reshape long asset, i(stkcd) j(year)
label var asset "资产总计"
sort stkcd year
save E:\accounting _2006 \dta \资产总计,replace

clear
set mem 200m
insheet using E:\accounting _2006 \txt \主营业务收入.txt
rename v1 stkcd
rename v2 stknme
rename v3 sales2000
rename v4 sales2001
rename v5 sales2002
rename v6 sales2003
rename v7 sales2004
rename v8 sales2005
rename v9 sales2006
reshape long sales, i(stkcd) j(year)
```

```
label var sales "主营业务收入"
sort stkcd year
save E:\accounting_2006\dta\主营业务收入,replace

clear
set mem 200m
insheet using E:\accounting_2006\txt\净利润.txt
rename v1 stkcd
rename v2 stknme
rename v3 net_profit2000
rename v4 net_profit2001
rename v5 net_profit2002
rename v6 net_profit2003
rename v7 net_profit2004
rename v8 net_profit2005
rename v9 net_profit2006
reshape long net_profit, i(stkcd) j(year)
label var net_profit "净利润"
sort stkcd year
save E:\accounting_2006\dta\净利润,replace

use E:\accounting_2006\dta\资产总计,clear
sort stkcd year
merge stkcd year using E:\accounting_2006\dta\主营业务收入
drop _m
sort stkcd year
merge stkcd year using E:\accounting_2006\dta\净利润
drop _m
sort stkcd year
save E:\accounting_2006\accounting_2006,replace
```

　　程序 12.1 的基本思路是，每次读入一个会计科目 txt 文件，以资产总计会计科目为例，E：\ accounting_2006 \ txt \ 资产总计 . txt 共有 9 列，由于第一行本来应该是用英文字母数字构成的变量名，但是该文件第一行是中文描述的变量名，Stata 不允许中文的变量名，所以用 insheet using 读入该文件之后，Stata 自动给各变量赋一个名称，分别是 v1 - v9，我们用 rename 命令将 v1 替换成 stkcd，即股票代码，v2 被替换成 stknme，代表股票名称，后面的 asset 代表资产总计，我们用 rename 命令将 v3 重命名为 asset2000，代表 2000 年年报公布的资产总计。此时，上市公司各年份年报总资产数字分别保存在 7 个变量中，分别是 asset 2000 – asset2006，这种格式的数据被称为是宽型数据（wide form）。另一种组织数据的办法是将所有的资产放在同一个列中，然后增加一个表示年份的数据列，这种表示方法称为长型数据。在 Stata 和大部分计量经济软件中，长型数据是最为流行的格式，以上市公司的财务数据为例，多家上市公司多年的数据，如果按照长型组织，就是计量经济学上常用的面板数据。一般的，统计模型使用长型（面板）数据。与上面的宽型数据对应的长型数据如表 12.3 所示。

表 12.3　　　　　　　　　　资产总计长型数据示例

stkcd	year	stknme	A100000
1	2000	" 深发展 A"	6.723e + 10
1	2001	" 深发展 A"	1.201e + 11
1	2002	" 深发展 A"	1.662e + 11
1	2003	" 深发展 A"	1.935e + 11
1	2004	" 深发展 A"	2.043e + 11
1	2005	" 深发展 A"	2.292e + 11
1	2006	" 深发展 A"	2.606e + 11
2	2000	" 万科 A"	5.622e + 09
2	2001	" 万科 A"	6.483e + 09
2	2002	" 万科 A"	8.216e + 09
2	2003	" 万科 A"	1.056e + 10
2	2004	" 万科 A"	1.553e + 10
2	2005	" 万科 A"	2.199e + 10
2	2006	" 万科 A"	4.851e + 10
……	……	……	……
601998	2005	" 中信银行"	5.950e + 11
601998	2006	" 中信银行"	7.069e + 11

我们可以用 reshape 命令将宽型数据转换成长型数据，以资产总计数据为例，对应的 reshape 命令如下：

```
reshape long asset, i(stkcd) j(year)
```

转换前，有 7 个变量的名称以 asset 开头，后面是 4 个数字，代表年份，reshape 将最后的 4 个数字存储在一个新变量 year 里面。因此，以上的命令表示，对每一个 stkcd，将变量名前缀为 asset 的 7 个变量，全部存储在变量 asset 中，同时生成 year 变量，用来区分这些数字在 reshape 前属于哪一个列。同时，reshape 命令将命令行中没有涉及的其他变量，例如 stknme，对应 stkcd 进行复制。完成这些步骤以后，我们将这些文件分别存储到 E：\ accounting _2006 \ dta \ 子目录下。但是，需要特别注意的是，为了将来合并这些文件，我们在存储前，需要对数据进行排序。因为是上市公司的年度数据，所以用股票代码和年份可以定位或者识别每一个的记录。因此，在存储之前，我们按照 stkcd 和 year 对数据排序。也就是说，首先按照 stkcd 排序，如果 stkcd 相同，则按照年份排序。

最后得到 3 个会计科目的总的 3 个排序后的文件，我们用两个 merge 命令将这些文件横向合并，即同一年份、同一公司的不同会计科目数据将被存储在同一行上，我们把每一行叫做一个记录（observation or record）。

使用 merge 命令的时候，要特别注意，每次 merge 之后，Stata 都会生成一个变量_ merge，因此下一次 merge 之前，一定要把这一个变量删除掉。另外，merge 之后，还要对数据进行重新排序。

第 13 章

数 据 标 签

　　标签是数据的注释，标签可以用来注释数据、变量和观测值。就像每个人有一个身份证号码和名字一样，虽然身份证号码是每一个人唯一的特征标志符号，但我们对身份证号码可能比较茫然，而名字常常带来直观的感觉，标签就相当于一个名字，或者叫做别名，以区别于变量名。数据标签的命令很多，具体列表如表 13.1 所示。

表 13.1　　　　　　　　　　　　　　　数据标签命令

命令	功能
label data ["标签内容"]	为整个数据库添加或者修改标签
label variable varname ["标签内容"]	为某一个变量 varname 添加或者修改标签
label define lblname #"标签内容" [#"标签内容"] … [，add modify]	为某一具体数字制造标签，并生成一个标签变量 lblname
label values varname [lblname]	将标签变量用于变量 varnme 的观测之中，使用该命令以后，变量 varname 在显示的时候，其具体数字将会被一系列标签取代
label dir	列出内存中存在的所有标签变量名
label list [lblname [lblname …]]	列出标签变量的具体内容
label drop {lblname [lblname …]	_all}	删除标签变量

13.1　文件标签（label data）

　　我们用具体的实例来说明这些命令的用法，首先调用系统数据文件 auto. dta，然后通过 describe（输出结果见表 13.2），观察该文件是否已经存在一些标签。

表 13.2   **数据文件及标签**

obs:	74			1978 Automobile Data
vars:	12			13 Apr 2007 17：45
size:	3478	(99.9% of memory free)		(_ dta has notes)
	storage	display	value	
variable name	type	format	label	variable label
make	str18	% −18s		Make and Model
price	int	%8.0gc		Price
mpg	int	%8.0g		Mileage（mpg）
rep78	int	%8.0g		Repair Record 1978
headroom	float	%6.1f		Headroom（in.）
trunk	int	%8.0g		Trunk space（cu. ft.）
weight	int	%8.0gc		Weight（lbs.）
length	int	%8.0g		Length（in.）
turn	int	%8.0g		Turn Circle（ft.）
displacement	int	%8.0g		Displacement（cu. in.）
gear _ ratio	float	%6.2f		Gear Ratio
foreign	byte	%8.0g	origin	Car type

表格的右上角单元格给出了整个数据的标签"1978 Automobile Data"。我们可以用如下的命令修改该标签：

```
label data "1978 年美国汽车数据"
```

然后再用 des 命令，就会看到数据的标签发生了变化。修改以后，我们得到表 13.3 所示的结果。

表 13.3   **数据文件及标签**

obs:	74			1978 年美国汽车数据
vars:	12			13 Apr 2007 17：45
size:	3478	(99.9% of memory free)		(_ dta has notes)
	storage	display	value	
variable name	type	format	label	variable label
make	str18	% −18s		Make and Model
price	int	%8.0gc		Price
mpg	int	%8.0g		Mileage（mpg）

rep78	int	%8.0g		Repair Record 1978
headroom	float	%6.1f		Headroom（in.）
trunk	int	%8.0g		Trunk space（cu. ft.）
weight	int	%8.0gc		Weight（lbs.）
length	int	%8.0g		Length（in.）
turn	int	%8.0g		Turn Circle（ft.）
displacement	int	%8.0g		Displacement（cu. in.）
gear_ratio	float	%6.2f		Gear Ratio
foreign	byte	%8.0g	origin	Car type

13.2 变量标签（label variable）

通过第五列，我们注意到每个变量名对应一个变量名标签（variable label），这些标签仅仅是为了方便我们识别变量的名称。为了方便使用和节省空间，Stata通常要求变量名不能太长，或者中间不能使用空格和其他特殊符号，因此我们常常使用英文单词的缩写来为变量命名。这样做的直接后果是，别人使用该数据的时候很难理解变量名的具体含义。对应的办法是为每一个数据文件制造一个数据字典或者为每一个变量名制造一个标签。大型数据库往往编制数据字典，比如常用的 DataStream、Wind 和 CRSP 等数据库，但是编制数据字典的工作极其烦琐，而且查阅起来往往不方便，因此 Stata 允许为变量提供标签。为了方便国内读者，我们可以将数据的标签修改为中文字符。

为变量增加标签的命令格式如下：

label variable 变量名 "标签内容"

读者运行程序 13.1 的命令。

程序 13.1：为变量增加标签

```
clear
sysuse auto
des
label data "美国汽车 1978 年数据"
label var make "汽车型号"
label var price "汽车价格"
label var mpg "单位油耗里程"
```

```
label var headroom "车顶高度"
label var turn "转弯半径"
label var displacement "排量"
label var foreign "进口车"
label var trunk "后备厢体积"
label var rep78 ""
label var length ""
des
```

　　这些命令改变了部分变量名的标签，如果我们要删除某一个变量名标签，只要把新的变量名标签修改为空值即可，比如程序 13.1 的倒数第二行和倒数第三行。更改标签以后，我们得到如下的数据列表信息。

表 13.4　　　　　　　　　　　更改标签后的数据列表

variable name	storage type	display format	value label	variable label
make	str18	% – 18s		汽车型号
price	int	%8.0gc		汽车价格
mpg	int	%8.0g		单位油耗里程
rep78	int	%8.0g		
headroom	float	%6.1f		车顶高度
trunk	int	%8.0g		后备厢体积
weight	int	%8.0gc		Weight（lbs.）
length	int	%8.0g		
turn	int	%8.0g		转弯半径
displacement	int	%8.0g		排量
gear_ratio	float	%6.2f		Gear Ratio
foreign	byte	%8.0g	origin	进口车

13.3　赋值标签（label values）

　　注意到变量 foreign 对应一个赋值标签 orgin，我们可以用 label list 命令得到该标签的具体内容。foreign 是一个虚拟变量，取值为 1 或者 0，标签 orgin 为其取值 0 或者 1 提供了一个可视化的标签。分别执行以下命令：

```
sum foreign
list foreign in 45/55
label list
```

第一个命令得到表 13.5 所示的结果。

表 13.5　　　　　　　　　　变量 foreign 统计数据

Variable	Obs	Mean	Std. Dev.	Min	Max
foreign	74	0. 2972973	0. 4601885	0	1

　　表 13.5 的内容证明变量 foreign 是一个数据型变量，共有 74 个观测值，均值为 0.297，最小取值为 0，最大取值为 1。但是，当我们使用 list foreign 命令列出该变量的第 45 个到第 55 个记录（list foreign in45/55）的时候，我们得到了表 13.6 所示的结果。

表 13.6　　　　　变量 foreign 的第 45 个到第 55 个记录（一）

	foreign
45.	Domestic
46.	Domestic
47.	Domestic
48.	Domestic
49.	Domestic
50.	Domestic
51.	Domestic
52.	Domestic
53.	Foreign
54.	Foreign
55.	Foreign

　　显示的方式显然是字符型的，其原因在于我们给 foreign 的每一个取值都附上一个标签，该标签就是标签变量 orgin。执行如下的命令得到标签变量 origin 的具体内容：

```
label list
origin:
0 Domestic
1 Foreign
```

该标签把数字 0 映射到 Domestic，将数字 1 映射到 foreign。在屏幕输出的时候，我们可以用 nolabel 选项要求 list 命令只输出 foreign 的原始数字值，命令如下：

```
list foreign, nolabel
```

此时我们将得到表 13.7 所示的结果。

表 13.7   变量 foreign 的第 45 个到第 55 个记录（二）

	foreign
45.	0
46.	0
47.	0
48.	0
49.	0
50.	0
51.	0
52.	0
53.	1
54.	1
55.	1

我们可以用命令 label drop origin 将这个标签直接去掉，去掉以后，我们还可以为 foreign 生成新的赋值标签，具体命令如下：

```
label drop origin
label define origin 0 国产车 1 进口车
label values foreign origin
```

有时候需要赋值标签的变量取值范围比较大，比如 10 个不同的取值，我们可以分行定义这个赋值标签，我们用程序 13.2 生成一个变量，取值是 1 到 10，并为它生成一个数据标签。

程序 13.2：为变量生成赋值标签（一）

```
clear
set obs 100
gen major = int(_n/10) +1
label define major_label 1 "金融学"
label define major_label 2 "计量经济学", add
label define major_label 3 "保险学", add
label define major_label 4 "统计学", add
```

```
label define major _ label 5 "经济学", add
label define major _ label 6 "管理学", add
label define major _ label 7 "社会学", add
label define major _ label 8 "文学", add
label define major _ label 9 "数学", add
label define major _ label 10 "法学", add
label value major major _ label
```

当然以上的命令也可以写成：

```
clear
set obs 100
gen major = int (_ n/10) +1
label define major _ label 1 "金融学" 2 "计量经济学" 3"保险学" 4 "统计学"
label define major _ label 5 "经济学", add
label define major _ label 6 "管理学", add
label define major _ label 7 "社会学", add
label define major _ label 8 "文学", add
label define major _ label 9 "数学", add
label define major _ label 10 "法学", add
label value major major _ label
tab
```

程序运行以后，我们用 tab 命令列出变量取不同值的频率分布表如表 13.8 所示。

表 13.8   **major 变量取不同值的频率分布表**

major	Freq.	Percent	Cum.
金融学	9	9. 00	9. 00
计量经济学	10	10. 00	19. 00
保险学	10	10. 00	29. 00
统计学	10	10. 00	39. 00
经济学	10	10. 00	49. 00
管理学	10	10. 00	59. 00
社会学	10	10. 00	69. 00
文学	10	10. 00	79. 00
数学	10	10. 00	89. 00
法学	10	10. 00	99. 00
11	1	1. 00	100. 00
Total	100	100. 00	

由于 major 事实上有 11 个取值，我们只为其中 10 个提供了标签，此处对有标签的取值按照标签不同列出了频率，对于没有标签的取值，则直接列出原始值 (11)。以上的赋值标签中间没有空格，因此，对应的双引号可以去掉，并不影响程序的运行，否则，如果标签中有空格，则必须使用引号。请读者分别运行程序 13.3 和程序 13.4。

程序 13.3：为变量生成赋值标签（二）

```
clear
set obs 100
gen major = int(_n/10) +1
label define major _ label 1 "金融学" 2 "计量经济学" 3"保险学" 4 "统计学"
label define major _ label 5 "经济学", add
label define major _ label 6 "管理学", add
label define major _ label 7 "社会学", add
label define major _ label 8 "文学", add
label define major _ label 9 "数学", add
label define major _ label 10 "法学", add
label value major major _ label
tab
```

程序 13.4：为变量生成赋值标签（三）

```
clear
set obs 100
gen major = int(_n/10) +1
label define major _ label 1 金融学 2 计量 经济学 3 保险学 4 统计学 5 经济学
label define major _ label 6 管理学, add
label define major _ label 7 社会学, add
label define major _ label 8 文学, add
label define major _ label 9 数学, add
label define major _ label 10 法学, add
label value major major _ label
```

程序 13.3 是成功的，然而程序 13.4 由于计量经济学中间的空格而出现错误提示。顺便指出，虽然 Stata 允许很长的命令语句，但是，由于屏幕输出或者程序打印的原因，更重要的是从程序的格式化和易于理解方面考量，本书作者建议读者在设计自己的程序的时候，尽量避免长句。但是，在某些情况下，使用长句是不可避免的，比如你要对 100 个文件名称列表进行循环，就像我们在 10.5 节关于特殊数据读入中或者第 19 章有关事件研究章节中看到的那样，我们可以考虑让 Stata 语句换行。在缺省设定情况下，Stata 认为回车键是命令的结尾，遇到语句太长需要换行的时候，我们可以设定用分号作为命令的结尾，设定的方法是用命令告诉 Stata，自如下的命令之后，命令的结尾标志改为分号（;）[①]：

```
#delimit ;
```

用下面的命令告诉 Stata，该语句之后，命令的结尾标志恢复成回车键。

```
#delimit cr
```

注意，此处 cr 代表回车键（carriage return）。

对于上面 10 个数字的赋值标签，我们也可以放在同一行内实现，具体程序如程序 13.5 所示。

程序 13.5：

```
clear
set obs 100
gen major = int(_n/10) +1
#delimit;
label define major_label 1 金融学 2 计量经济学 3 保险学 4 统计学 5 经济学 6 管理学 7 社会学 8 文学 9 数学 10 法学;
#delimit cr
label value major major_label
```

了解 label 命令对于将来的程序设计非常有用，因为在很多情况下，我们需要对数据增加标签以便别人或者自己将来使用这些数据。某些初学者往往在研究中生成很多数据，但是过几天以后自己都记不得是怎么命名该变量的。如果增加了 label，随时调出数据，我们都能方便地找到每个变量代表的具体意思。

---

① 读者一定要注意，该分号是英文半角输入状态下的分号，千万不要和中文或者全角输入状态下的分号混淆。

第 14 章

相 关 系 数

Stata 可以计算各种不同的相关系数，但是输出结果不很友好，本章以 corre-late 和 pwocrr 给出的 Pearson 积差相关系数命令的结果为例，介绍对相关系数的计算和结果输出。correlate 命令用来计算变量之间的相关系数和协方差矩阵，pwocrr 是变量两两之间的相关系数，虽然从定义上二者似乎是有区别的，但是一系列的模拟计算显示二者没有本质的区别。

14.1 命令格式与缺陷

我们可以用下面的命令计算一组变量的相关系数：

```
corr x1 x2 x3 x4 x5
pwcorr x1 x2 x3 x4 x5
```

如果计算协方差矩阵，则只能用 correlate：

```
corr x1 x2 x3 x4 x5, cov
```

由于相关系数矩阵和协方差矩阵都是对称方阵，Stata 输出这些结果的时候都仅仅输出其下三角部分，比如如下的输出：

```
pwcorr x1 - x5
    x1 x2 x3 x4 x5


x1  1.0000
x2  0.2072    1.0000
x3  0.1522    -0.2884 1.0000
x4  -0.3195   -0.0104 0.1399 1.0000
x5  0.0388    -0.3629 0.2143  -0.1156 1.0000
```

或者读者可以增加选项要求在相关系数下面用单独的一行表示显著性程度：

```
· pwcorr x1 - x5, sig
     x1 x2 x3 x4 x5
  x1 1.0000


  x2 0.2072 1.0000
     0.0000


  x3 0.1522  -0.2884 1.0000
     0.0000 0.0000


  x4 -0.3195  -0.0104 0.1399 1.0000
     0.0000 0.1402 0.0000


  x5 0.0388  -0.3629 0.2143  -0.1156 1.0000
     0.0000 0.0000 0.0000 0.0000
```

或者要求用星号表示5%的显著性程度：

```
· pwcorr x1 - x5, star(5)


        x1 x2 x3 x4 x5


    x1 1.0000
    x2 0.2072 * 1.0000
    x3 0.1522 *  -0.2884 * 1.0000
    x4 -0.3195 *  -0.0104 0.1399 * 1.0000
    x5 0.0388 *  -0.3629 * 0.2143 *  -0.1156 * 1.0000
```

或者要求不仅给出系数的显著性程度（p - value），而且用星号表示5%的显著性程度：

```
· pwcorr x1 - x5, sig star(5)


        x1 x2 x3 x4 x5


    x1 1.0000



    x2 0.2072 * 1.0000
       0.0000
```

```
x3 0.1522 *  -0.2884 * 1.0000
   0.0000 0.0000


x4 -0.3195 *  -0.0104 0.1399 * 1.0000
   0.0000 0.1402 0.0000


x5 0.0388 *  -0.3629 * 0.2143 *  -0.1156 * 1.0000
   0.0000 0.0000 0.0000 0.0000
```

这些结果虽然很直观，但是不是期刊需要的格式，期刊文章中一般用表格的形式给出相关系数，我们需要将上述的结果转换成表格，使用 MS Word 的"表格"—"转换"—"文本转换成表格"菜单，往往给出不规则的显示（本书作者认为这是 pwcorr 命令的一个需要解决的弊端），事实上，上述结果如果直接转换成表格，得到的结果如表 14.1 所示。

表 14.1　　　　　　　　　直接转换成表格的结果

	x1	x2 x3 x4 x5
x1	1.0000	
x2	0.2072 *	1.0000
	0.0000	
x3	0.1522 *	−0.2884 * 1.0000
	0.0000	0.0000
x4	−0.3195 *	−0.0104 0.1399 * 1.0000
	0.0000	0.1402 0.0000
x5	0.0388 *	−0.3629 * 0.2143 * −0.1156 * 1.0000
	0.0000	0.0000 0.0000 0.0000

上述结果的另外一个缺陷在于仅仅允许每行 7 个相关系数，如果我们的变量比较多，比如 20 个，则该下三角矩阵输出会被分割成两个梯形和一个三角形矩阵，让转换成表格的工作更加烦琐，比如我们输出 10 个变量的相关系数：

· pwcorr x1 - x10

```
x1 x2 x3 x4 x5 x6 x7
```

```
x1 1.0000
x2 0.2072 1.0000
x3 0.1522 -0.2884 1.0000
x4 -0.3195 -0.0104 0.1399 1.0000
x5 0.0388 -0.3629 0.2143 -0.1156 1.0000
x6 -0.1653 0.1198 -0.1235 0.0072 -0.2053 1.0000
x7 -0.2094 -0.2136 -0.2372 -0.0284 -0.0943 0.1476 1.0000
x8 0.4765 0.2322 -0.1005 -0.0808 0.1823 0.0493 0.1511
x9 -0.0814 0.0737 -0.2012 -0.4843 0.3696 -0.2278 0.0259
x10 -0.1885 0.3254 -0.0346 0.2475 -0.2340 0.2630 -0.4123


    x8 x9 x10


x8 1.0000
x9 -0.1165 1.0000
x10 -0.0293 -0.3840 1.0000
```

14.2　手动解决方案

我们的第一个办法如下：

（1）调用 pwcorr 命令，得到屏幕输出的相关系数矩阵。

（2）用鼠标拖拉将输出结果突出显示（high light）。

（3）点击鼠标右键，从弹出式菜单中选择 copy text。

（4）粘贴到记事本中。

（5）删除有横线的行。

（6）在记事本中用 replace，将竖线和空格替换为逗号。

（7）重复多次将相连的两个逗号替换成一个逗号。

（8）将替换后的结构复制到 MS Word 中。

（9）用鼠标突出显示复制上的部分，然后在表格菜单中选择"转换"和"文字转换成表格"，得到表格形式的显示。

利用一个模拟的数据，下面给出更加详细的过程，如程序 14.1 所示。

程序 14.1：多变量相关系数模拟

```
1)clear
2)set obs 20000
3)mat a = J(20,20,.)
```

```
4)forval i = 1(1) 20 {
5)forval j = 1(1) 20 {
6)mat a[`i', `j'] = invnorm(uniform())
7)}
8)}
9)mat COV = a*a'
10)mat Q = cholesky(COV)
11)forval i = 1(1) 20 {
12)gen u`i' = invnorm(uniform())
13)gen x`i' = 0
14)}

15)forval i = 1(1) 20 {
16)forval j = 1(1) `i' {
17)qui replace x`i' = x`i' + u`j' * scalar(Q[`i', `j'])
18)}
19)}

20)drop u*
21)corr x1 - x20, cov
22)mat l COV
23)pwcorr x1 - x10, star(5)
```

程序 14.1 注释:

1）清空 Stata 内存数据。

2）设置样本容量为 20000。

3）生成一个 20 行 20 列的矩阵 a，矩阵的各个元素为空值。

4）利用嵌套循环为矩阵的每一单元格赋值，i 表示矩阵的行。

5）j 表示矩阵的列。

6）每一单元格取值为标准正态分布的随机数。

7）结束内层循环。

8）结束外层循环。

9）根据矩阵 a，模拟出一个协方差矩阵 COV = a*a'（协方差矩阵是一个对称矩阵）。

10）对协方差矩阵 COV 做 cholesky 分解得到矩阵 Q，Q*Q' = COV。

11）、12）、13）、14）}利用循环分别生成 20 个标准正态分布 u1 - u20 和 20

个取值为 0 的变量 x1 - x20。

15）、16）、17）、18）、19）利用循环分别生成变量 x1 - x20，有关命令见 7.6 节〔。

20）删除变量 u1 - u20。

21）给出变量 x1 - x20 的协方差矩阵估计值。

22）列出系统设定的变量 x1 - x20 的协方差矩阵的真实值。

23）给出相关系数矩阵。

不难看出，我们得到的协方差估计值与真实值非常接近，最后给出前 10 个变量的相关系数，我们将这一结果复制到记事本中，如图 14.1 所示。

```
 无标题 - 记事本
文件(F)  编辑(E)  格式(O)  查看(V)  帮助(H)
            |      x1         x2         x3         x4         x5         x6         x7
------------+------------------------------------------------------------------------
       x1  |   1.0000
       x2  |   0.2072*  1.0000
       x3  |   0.1522*  -0.2884*  1.0000
       x4  |  -0.3195*  -0.0104   0.1399*  1.0000
       x5  |   0.0388*  -0.3629*  0.2143*  -0.1156*  1.0000
       x6  |  -0.1653*   0.1198*  -0.1235*  0.0072   -0.2053*  1.0000
       x7  |  -0.2094*  -0.2136*  -0.2372*  -0.0284*  -0.0943*  0.1476*  1.0000
       x8  |   0.4765*   0.2322*  -0.1005*  -0.0808*   0.1823*  0.0493*  0.1511*
       x9  |  -0.0814*   0.0737*  -0.2012*  -0.4843*   0.3696   -0.2278*  0.0259*
      x10  |  -0.1885*   0.3254*  -0.0346*   0.2475*  -0.2340*  0.2630*  -0.4123*

            |      x8         x9        x10
------------+---------------------------------
       x8  |   1.0000
       x9  |  -0.1165*  1.0000
      x10  |  -0.0293*  -0.3840*  1.0000
```

图 14.1　相关系数矩阵（一）

删除有"-"的两行后，得到图 14.2 所示的结果。

然后我们将空格和"丨"替换成"，"，如图 14.3 所示。

替换以后，得到图 14.4 所示的结果。

然后将两个逗号替换成一个逗号，此过程进行数次，直到没有连续两个逗号为止，最后得到图 14.5 所示的结果。

在表格菜单中选择"转换"和"文字转换成表格"，将上述结果转化成表 14.2、表 14.3 两个表格。

```
        |       x1         x2         x3         x4         x5         x6         x7|
   x1   |   1.0000
   x2   |   0.2072*   1.0000
   x3   |   0.1522*  -0.2884*   1.0000
   x4   |  -0.3195*  -0.0104    0.1399*   1.0000
   x5   |   0.0388*  -0.3629*   0.2143*  -0.1156*   1.0000
   x6   |  -0.1653*   0.1198*  -0.1235*   0.0072   -0.2053*   1.0000
   x7   |  -0.2094*  -0.2136*  -0.2372*  -0.0284*  -0.0943*   0.1476*   1.0000
   x8   |   0.4765*   0.2322*  -0.1005*  -0.0808*   0.1823*   0.0493*   0.1511*
   x9   |  -0.0814*   0.0737*  -0.2012*  -0.4843*   0.3696*  -0.2278*   0.0259*
   x10  |  -0.1885*   0.3254*  -0.0346*   0.2475*  -0.2340*   0.2630*  -0.4123*

        |       x8         x9        x10
   x8   |   1.0000
   x9   |  -0.1165*   1.0000
   x10  |  -0.0293*  -0.3840*   1.0000
```

图 14.2 相关系数矩阵（二）

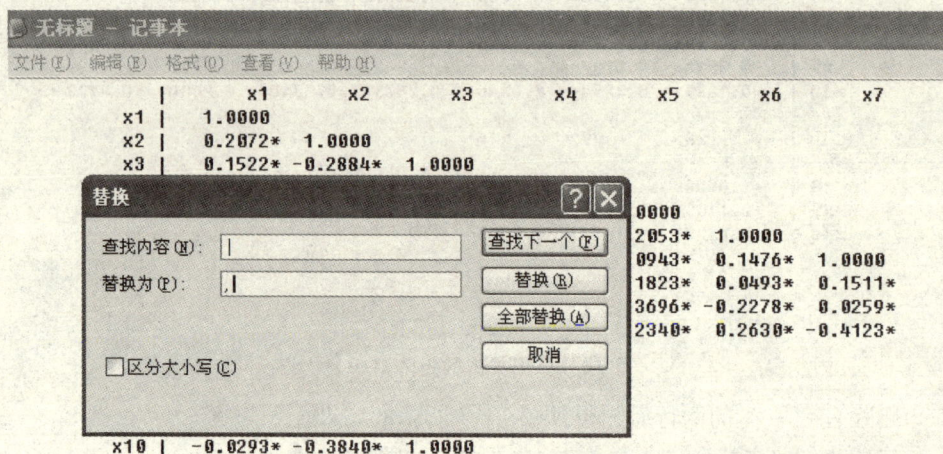

图 14.3 替换掉相关系数矩阵中的空格

```
,,,,,,,,,,,,,,,,,,,,x1,,,,,,,x2,,,,,,,x3,,,,,,,x4,,,,,,,x5,,,,,,,x6,,,,,,,x7
,,,,,,,,,,,,x1,,,,,1.0000,
,,,,,,,,,,,,x2,,,,,0.2072*,,1.0000,
,,,,,,,,,,,,x3,,,,,0.1522*,-0.2884*,,1.0000,
,,,,,,,,,,,,x4,,,,-0.3195*,-0.0104,,,0.1399*,,1.0000,
,,,,,,,,,,,,x5,,,,,0.0388*,-0.3629*,,0.2143*,-0.1156*,,1.0000,
,,,,,,,,,,,,x6,,,,-0.1653*,,0.1198*,-0.1235*,,0.0072,-0.2053*,,1.0000,
,,,,,,,,,,,,x7,,,,-0.2094*,-0.2136*,-0.2372*,-0.0284*,-0.0943*,,0.1476*,,1.0000,
,,,,,,,,,,,,x8,,,,,0.4765*,,0.2322*,-0.1005*,-0.0808*,,0.1823*,,0.0493*,,0.1511*
,,,,,,,,,,,,x9,,,,-0.0814*,,0.0737*,-0.2012*,-0.4843*,,0.3696*,-0.2278*,,0.0259*
,,,,,,,,,,,,x10,,,-0.1885*,,0.3254*,-0.0346*,,0.2475*,-0.2340*,,0.2630*,-0.4123*

,,,,,,,,,,,,,,,,,,,,x8,,,,,,,x9,,,,,,,x10
,,,,,,,,,,,,x8,,,,1.0000,
,,,,,,,,,,,,x9,,,,-0.1165*,,1.0000,
,,,,,,,,,,,,x10,,,,-0.0293*,-0.3840*,,1.0000,
```

图14.4　将相关系数矩阵中的空格转换成逗号后

```
,x1,x2,x3,x4,x5,x6,x7
,x1,1.0000,
,x2,0.2072*,1.0000,
,x3,0.1522*,-0.2884*,1.0000,
,x4,-0.3195*,-0.0104,0.1399*,1.0000,
,x5,0.0388*,-0.3629*,0.2143*,-0.1156*,1.0000,
,x6,-0.1653*,0.1198*,-0.1235*,0.0072,-0.2053*,1.0000,
,x7,-0.2094*,-0.2136*,-0.2372*,-0.0284*,-0.0943*,0.1476*,1.0000,
,x8,0.4765*,0.2322*,-0.1005*,-0.0808*,0.1823*,0.0493*,0.1511*
,x9,-0.0814*,0.0737*,-0.2012*,-0.4843*,0.3696*,-0.2278*,0.0259*
,x10,-0.1885*,0.3254*,-0.0346*,0.2475*,-0.2340*,0.2630*,-0.4123*

,x8,x9,x10
,x8,1.0000,
,x9,-0.1165*,1.0000,
,x10,-0.0293*,-0.3840*,1.0000,
```

图14.5　多次将相邻的两个逗号替换成一个逗号后

表14.2　　　　　　　　将图14.5的两部分分别转换成表格格式

x1	x2	x3	x4	x5	x6	x7	
x1	1.0000						
x2	0.2072 *	1.0000					
x3	0.1522 *	− 0.2884 *	1.0000				

x1	x2	x3	x4	x5	x6	x7
x4	-0.3195*	-0.0104	0.1399*	1.0000		
x5	0.0388*	-0.3629*	0.2143*	-0.1156*	1.0000	
x6	-0.1653*	0.1198*	-0.1235*	0.0072	-0.2053*	1.0000
x7	-0.2094*	-0.2136*	-0.2372*	-0.0284*	-0.0943*	0.1476*	1.0000
x8	0.4765*	0.2322*	-0.1005*	-0.0808*	0.1823*	0.0493*	0.1511*
x9	-0.0814*	0.0737*	-0.2012*	-0.4843*	0.3696*	-0.2278*	0.0259*
x10	-0.1885*	0.3254*	-0.0346*	0.2475*	-0.2340*	0.2630*	-0.4123*

x8	x9	x10
x8	1.0000	
x9	-0.1165*	1.0000
x10	-0.0293*	-0.3840*	1.0000

删除多余部分，然后将两个表格合并，得到表 14.3。

表 14.3　　　　　　　合并表 14.2 的两个表格

	x1	x2	x3	x4	x5	x6	x7	x8	x9	x10
x1	1.0000									
x2	0.2072*	1.0000								
x3	0.1522*	-0.2884*	1.0000							
x4	-0.3195*	-0.0104	0.1399*	1.0000						
x5	0.0388*	-0.3629*	0.2143*	-0.1156*	1.0000					
x6	-0.1653*	0.1198*	-0.1235*	0.0072	-0.2053*	1.0000				
x7	-0.2094*	-0.2136*	-0.2372*	-0.0284*	-0.0943*	0.1476*	1.0000			
x8	0.4765*	0.2322*	-0.1005*	-0.0808*	0.1823*	0.0493*	0.1511*	1.0000		
x9	-0.0814*	0.0737*	-0.2012*	-0.4843*	0.3696*	-0.2278*	0.0259*	-0.1165*	1.0000	
x10	-0.1885*	0.3254*	-0.0346*	0.2475*	-0.2340*	0.2630*	-0.4123*	-0.0293*	-0.3840*	1.0000

14.3　修改 Ado 文件的解决方案

14.2 节的方法适用于初学者，通过简单的记事本操作和 MS Word 手工操作，能够提高用户报告相关系数或协方差矩阵表格的速度，但是工作比较烦琐，本书提供的第二个方法需要修改 pwcorr. ado 的源代码。

　　pwcorr 命令是一个以 . ado 形式存在的外部命令，对应一个文件 pwcorr. ado。在命令输入窗口执行如下的命令，可以找到该文件保存的路径：

```
· which pwcorr
D:\Program Files\Stata10\ado\updates\p\pwcorr.ado
*! version 3.0.12 30jun200
```

　　可以用命令文件编辑器打开该文件，我们发现这是一个极其烦琐的命令集合，初学者几乎看不懂这一命令，不仅仅由于 pwcorr 命令本身要做的工作比较烦琐，关键在于该 ado 文件需要接受不同数目的变量，需要应对各种各样的错误输入，还要按照用户的要求给出不同的输出形式，还因为该命令是根据 Stata6 编写的，而其中的部分命令已经不为当前使用 Stata10 的用户所熟悉。虽然命令很复杂，但是该程序一定会设定屏幕输出时每行给出的相关系数的个数，以及相邻相关系数之间的分隔符，我们只要对这两方面的信息做适当的修改即可。由于命令比较复杂，我们不做详细的介绍，假定我们允许每行给出的相关系数不超过20 个，修改后的源代码如程序 14.2 所示。

程序 14.2：修改过的 pwcorr. ado

```
*! version 4.0 27jun2009
*! modified by Chuntao Lee, based on version 3.0.12 30jun2008
program define pwcorr, byable(recall)
        version 6, missing
        syntax [varlist(min =2 ts)] [if] [in] [aw fw] [, /*
              */ Bonferroni Obs Print(real -1) SIDak SIG /*
              */ STar(real -1) LISTwise CASEwise]
tempvar touse
mark `touse' `if' `in'                    /* but do not markout varlist */
if "`listwise'" ! = "" |"`casewise'" ! = "" {
        markout `touse' `varlist'
}


tokenize `varlist'


local i 1
while "``i''" ! = "" {
          capture confirm str var ``i''
```

```
            if _rc ==0 {
                    di in gr "(``i'' ignored because string variable)"
                    local `i' " "
            }
            local i = `i' + 1
}
local varlist `*'
tokenize `varlist'
local nvar : word count `varlist'
if `nvar' < 2 { error 102 }

local weight "[`weight''`exp']"
local nvar : word count `varlist'
local adj 1
if "`bonferr'"! ="" |"`sidak'"! ="" {
        if "`bonferr'"! ="" & "`sidak'"! ="" { error 198 }
        local nrho = (`nvar' * (`nvar'-1))/2
        if "`bonferr'"! ="" { local adj `nrho' }
}
if (`star' > =1) {
        local star = `star'/100
        if `star' > =1 {
                di in red "star() out of range"
                exit 198
        }
}
if (`print' > =1) {
        local print = `print'/100
        if `print' > =1 {
                di in red "print() out of range"
                exit 198
        }


}

local j0 1
```

```
while (`j0' < = `nvar') {
        di
        local j1 = min(`j0' + 19, `nvar')
        local j `j0'
        di in smcl in gr _ skip(13) "" _ c
        while (`j' < = `j1') {
                di in gr "," % 9s abbrev("``j''",8) _ c
                local j = `j' + 1
        }
        local l = 9 * (`j1' - `j0' + 1)
        di in smcl in gr _ n " "

        local i `j0'
        while `i' < = `nvar' {
                di in smcl in gr % 12s abbrev("``i''",12) "" _ c
                local j `j0'
                while (`j' < = min(`j1', `i')) {
                        cap corr ``i'' ``j'' if `touse' `weight'
                        if _ rc == 2000 {
                                local c`j' = .
                        }
                        else {
                                local c`j' = r(rho)
                        }
                        local n`j' = r(N)
                        local p`j' = min(`adj' * tprob(r(N) - 2, / *
                        * / r(rho) * sqrt(r(N) - 2) / / *
                        * / sqrt(1 - r(rho)^2)),1)
                        if (r(rho) > =1) {
                                local p`j' = 0
                        }
                        if "`sidak'"! ="" {
                                local p`j' = min(1,1 - (1 - `p`j'')^`nrho')
                        }
                        local j = `j' + 1
                }
```

```
local j `j0'
while (`j' < =min(`j1',`i')) {
        if `p`j'' < = `star' & `i'! = `j' {
                local ast "*"
        }
        else local ast " "
        if `p`j'' < = `print' | `print' == -1 |`i' ==`j' {
                di "," % 7.4f `c`j'' "`ast'" _c
        }
        else di _ skip(9) _c
        local j = `j' +1
}
di
if "`sig'"! =""  {
        di in smcl in gr _ skip(13) "" _c
        local j `j0'
        while (`j' < =min(`j1',`i' -1)) {
                if `p`j'' < = `print' | `print' == -1 {
                        di "," % 7.4f `p`j'' _c
                }
                else di _ skip(9) _c
                local j = `j' +1
        }
        di
}
if "`obs'"! ="" {
        di in smcl in gr _ skip(13) "" _c
        local j `j0'
        while (`j' < =min(`j1',`i')) {
                if `p`j'' < = `print' | `print' == -1 /*
                */ |`i' == `j' {
                        di " " % 7.0g `n`j'' _c
                }
                else di _ skip(9) _c
                local j = `j' +1
        }
```

```
                di
            }
            if "`obs'"! ="" |"`sig'"! ="" {
                di in smcl in gr _ skip(13) ""
            }
            local i = `i' +1
        }
        local j0 = `j0' +20
    }
end
```

利用这个源代码时，请注意如下的问题：

（1）源代码修改以后，pwcorr 命令并没有立即出现我们期望的特性，我们需要保存该文件（覆盖原来的文件），并关闭全部 Stata 窗口，然后重新启动 Stata。

（2）由于计算机屏幕宽度有限，我们需要调整屏幕输出的字体大小，根据我们的经验，如果允许每行 20 个相关系数，屏幕字体大小应调整为 6，这样做虽然可能导致屏幕显示几乎不能被肉眼识别，但是不影响我们将输出结果复制到 MS Word 中。

（3）在 MS Word 中，将文本转换成表格时，需要在对话框中将分隔符选为逗号。

（4）如果你不需要相关系数精确到小数点后的 4 位有效数字，可以将程序中的"%7.4f" 全部替换成"%6.3f" 甚至"%5.2f"。

修改 pwcorr 程序以后，运行程序 14.1，并计算 x1 – x20 共 20 个变量的相关系数，看看输出结果与修改前的区别，并把输出结果转换成 MS Word 的表格形式。

第四篇　模型估计与结果输出

　　本篇包含两章，第 15 章重点介绍线性回归模型有关的估计方法和结果输出方法，在介绍估计方法之前，我们首先介绍了有关数据的准备工作以及对数据进行的初级分析，在模型估计之后，我们重点介绍了如何将一系列回归结果通过 Stata 的 outreg 命令，输出到能够很容易被 MS Word 转化为表格形式的文本文件。最后我们介绍有关模型预测的问题和模型估计后如何提取有关重要的参数。第 16 章重点介绍二元选择的 probit 和 logit 模型，类似于第 15 章，我们也花费了很多篇幅介绍数据本身和结果的输出，更重要的是，这一章介绍了边际效应以及有关的命令。其他的模型估计，如面板数据、tobit、interval regression 等，有兴趣的读者，在本篇的基础上应该可以很容易地通过查询 Stata 的相关手册学习。

第 15 章

线性回归分析与结果输出

15.1 引言

本章从基本的数据分析入手，循序渐进介绍如何用 Stata 做回归分析。因此本章的重点在于数据处理而不是传统的统计学教科书中关于回归分析的统计模型和数学推导。因此，本章假定读者已经具有回归分析的基本理论知识，而本章的目的只是把读者已经拥有的理论知识和 Stata 的方法结合起来，分析处理数据，得到回归分析结果并解释这些结果。本章的另一个重点在于教会读者如何将回归分析的结果输出。一个严密的实证研究往往需要估计很多个模型，把这些模型结果按照期刊论文要求的格式输出至关重要。设计良好的程序，让计算机几乎自动地将结果输出来，可以节省大量的研究精力。

我们首先介绍简单的最小二乘线性回归，回归分析中也会涉及数据的准备工作。其实数据的准备更加重要，因为对分析人员来说，数据准备好了，回归分析往往只需要一个命令。我们不仅要准备数据，还要对数据做一些简单的分析，比如检查数据的合理性（是否有不可解释的奇异值）、简单的统计量、简单的检验等，这些工作也让研究者对自己的数据更加熟悉。

15.2 数据准备

本章我们使用的数据是 Stata 的系统自带数据 auto. dta。很多 Stata 的帮助系统都用这个数据来介绍 Stata 的命令，该数据是 1978 年美国主要车型技术参数以及每英里的油耗量的调查数据，包括 74 个车型的型号（make）、价格（price）、油耗（mpg）、1978 年一年内的大修次数（rep78）、车顶高度（headroom）、后备厢体积（trunk）、自重（weight）、车长（length）、转弯半径（turn）、排量（displacement）、变速比例（gear_ratio）、是否是进口车型（foreign）12 个指标（见表 15.1）。

表 15.1　　　　　　　　　　　　　　**auto. dta 变量介绍**

variable name	storage type	Display format	Value label	variable label
make	str18	% – 18s		Make and Model
price	int	%8. 0gc		Price
mpg	int	%8. 0g		Mileage（mpg）
rep78	int	%8. 0g		Repair Record 1978
headroom	float	%6. 1f		Headroom（in.）
trunk	int	%8. 0g		Trunk space（cu. ft.）
weight	int	%8. 0gc		Weight（lbs.）
length	int	%8. 0g		Length（in.）
turn	int	%8. 0g		Turn Circle（ft.）
displacement	int	%8. 0g		Displacement（cu. in.）
gear_ratio	float	%6. 2f		Gear Ratio
foreign	byte	%8. 0g	origin	Car type

你可以在 Stata 的命令输入窗口键入如下的命令然后回车，调用该数据：

```
sysuse auto, clear
```

一旦调入了这个数据，你可能希望把它保存在你自己计算机的某一个位置，比如 d:\study\ ,那么首先你要保证你的计算机上存在这么一个子目录，如果没有，你用如下的命令创立该子目录：

```
mkdir d:\study\
```

或者你根本不知道是否已经有这么一个子目录，如果有的话，上面的命令因为不能被执行而返回错误信息，为了避免得到错误信息，你可以使用如下的命令：

```
capture mkdir d:\study\
```

有了这个子目录，我们可以把内存中的文件保存在该子目录下，在保存之前，我们需要用如下的命令改变缺省情况下的路径：

```
cd d:\study\
```

注意，当你运行 Stata 的时候，Stata 规定了一个缺省路径名，比如 d:\stata10\ ,也就是说，除非特别指明路径，Stata 都直接从这个目录存取文件。执行命令 cd d:\study\ 以后,Stata 将缺省目录变成 d:\study\ 。此时，如果我们运行如下的命令，则可以将数据保存在该子目录下，文件名为 auto1. dta。

```
save auto1
```

如果我们不需要更改文件名，则执行如下的命令：

```
save
```

此时，计算机在 d：\ study \ 目录下生成文件 auto. dta。

在更多的情况下，这些文件已经存在了，重新执行 save 命令则因为原来的文件存在而返回错误信息，我们可以通过增加一个 replace 选项强制 Stata 在存储的时候，覆盖原来的文件，比如：

```
save, replace
```

或者

```
save auto1, replace
```

或许你根本不愿意改变缺省路径名，但是仍然可以通过设定路径把文件保存在 d：\ study \ 子目录下，对应的命令是

```
save d:\study\auto1, replace
```

或者

```
save d:\study\auto, replace
```

此时，d：\ study \ 目录下已经出现了新的文件 auto1. dta，我们可以用如下的命令重新调用该文件：

```
cd d:\study\
use auto1
```

15.3　数据描述与基本统计量

describe 命令给出当前内存中数据的一些描述性信息，包括变量的个数、观测值数目以及变量名的列表。对 auto 文件的进行 describe 得到如表 15.2 所示的信息：

表 15.2　　　　　　　　对 auto 文件进行 describe 得到的信息

```
· describe
Contains data from D:\stata10\ado\base/a/auto. dta
  obs:            74                          1978 Automobile Data
  vars:           12                          13 Apr 2007 17:45
  size:         3478 (99.9% of memory free)   (_dta has notes)
```

variable name	storage type	display format	value label	variable label
make	str18	% – 18s		Make and Model
price	int	%8.0gc		Price

mpg	int	%8.0g		Mileage（mpg）
rep78	int	%8.0g		Repair Record 1978
headroom	float	%6.1f		Headroom（in.）
trunk	int	%8.0g		Trunk space（cu. ft.）
weight	int	%8.0gc		Weight（lbs.）
length	int	%8.0g		Length（in.）
turn	int	%8.0g		Turn Circle（ft.）
displacement	int	%8.0g		Displacement（cu. in.）
gear_ratio	float	%6.2f		Gear Ratio
foreign	byte	%8.0g	origin	Car type

Sorted by foreign.

不难看出，该文件包括 12 个变量的 74 条观测记录，Describe 命令给出了 12 个变量的变量名、存储格式、显示格式、变量名的标签，以及变量的排序方式。codebook 命令则给出各个变量的编码信息，包括有多少个记录，变量有多少个不同的取值，其中缺失数据的个数，取值的范围是多少，均值、方差以及 5 个主要的分位数和变量名的标签，对变量 mpg 执行 codebook 得到的信息如表 15.3 所示。

表 15.3   对变量 mpg 执行 codebook 得到的信息

· codebook mpg					
mpg					Mileage（mpg）
	type：	numeric（int）			
	range：	[12, 41]		units：1	
	unique values：	21		missing.：0/74	
	mean：	21.2973			
	std. dev：	5.7855			
	percentiles：	10%	25%	50%	75%	90%
		14	18	20	25	29

如果我们执行 codebook 的时候，并没有给出变量名列表，则相当于对每一个变量执行一次 codebook，因此会得到每一个变量的上述信息。

list 命令则列出各个观测值，比如在命令输入窗口键入 list 然后回车则得到如表 15.4 所示的屏幕输出，注意此时屏幕输出全部 74 条记录，表 15.4 的第 5 行的省略号表明我们仅仅列出了部分输出结果。

表 15.4　用 list 命令列出各个观测值

	make	price	mpg	rep78	headroom	trunk	weight	length	turn	displacement	gear_ratio	foreign
1	AMC Concord	4099	22	3	2.5	11	2930	186	40	121	3.58	Domestic
2	AMC Pacer	4749	17	3	3	11	3350	173	40	258	2.53	Domestic
3	AMC Spirit	3799	22		3	12	2640	168	35	121	3.08	Domestic
...	...	...	...	...	...	...	...	...	...	...	...	...
70	VW Dasher	7140	23	4	2.5	12	2160	172	36	97	3.74	Foreign
71	VW Diesel	5397	41	5	3	15	2040	155	35	90	3.78	Foreign
72	VW Rabbit	4697	25	4	3	15	1930	155	35	89	3.78	Foreign
73	VW Scirocco	6850	25	4	2	16	1990	156	36	97	3.78	Foreign
74	Volvo 260	11995	17	5	2.5	14	3170	193	37	163	2.98	Foreign

我们也可以仅仅输出部分变量：

```
list make price mpg
```

或者仅仅输出部分记录：

```
list make price mpg in 1
```

输出变量 make price mpg 的第一条记录：

```
list make price mpg in -1
```

输出变量 make price mpg 的最后一条记录：

```
list make price mpg in 1/10
```

输出变量 make price mpg 的前 10 个记录，1/10 代表第一条到第 10 条记录：

```
list make price mpg in -10/-1
```

输出变量 make price mpg 的最后 10 个记录，-10/-1 代表 -10 到 -1，-10 代表倒数第 10 条记录：

```
list make price mpg in -10/1
```

输出变量 make price mpg 的最后 10 个记录，字母 l（last 的第一个字母）等同于 -1。

我们也可以用 if 设定输出的条件：

```
list make price mpg if mpg >20
```

输出每加仑汽油 20 英里以上的车子的型号和价格等：

```
list make price mpg if foreign ==1
```

输出所有进口车的资料：

```
list make price mpg if _n >30 & _n <50
```

　　输出第 31 条到第 49 条记录。Stata 为每一个观测一个序号，用 _n 表示，对第一条记录，_n 等于 1，对第二条记录，_n 等于 2，依此类推。我们可以把 _n 看做一个隐含的变量，并在程序中随意调用。

　　以上的命令等价于：

```
list make price mpg in 31/49
```

　　tabulate 命令给出变量不同取值的频率分布，尤其对分析离散型变量有用。auto. dta 数据中 foreign 和 rep78 都是离散型变量，foreign 取值分别是 0（国产车）和 1（进口车），rep78 的取值则是 1、2、3、4 和 5。我们可以用 tabulate 命令显示各个取值的分布。

表 15.5　　　　　　用 tabulate 命令给出变量不同取值的频率分布

```
tabulate foreign
```

Car type	Freq.	Percent	Cum.
Domestic	52	70. 27	70. 27

续表

Car type	Freq.	Percent	Cum.
Foreign	22	29.73	100.00
Total	74	100.00	

tabulate rep78

Repair Record 1978	Freq.	Percent	Cum.
1	2	2.90	2.90
2	8	11.59	14.49
3	30	43.48	57.97
4	18	26.09	84.06
5	11	15.94	100.00
Total	69	100.00	

tabulate 也可以为两个非连续变量绘制二维表，比如：

tabulate rep78 foreign

该命令给出如表 15.6 所示的二维表（contengency table）。注意，从表 15.5 中看出，foreign 没有空值，74 个记录全部是 1 或者 0，但是 rep78 有 5 个空值，剩下 69 个观测分别是 1、2、3、4 和 5。用 tabulate 作二维表的时候，tabulate 只列出了对应两个变量都没有空值的记录，总共 69 个观测值，分别按照 Car type 和 Repair Record 1978 的不同取值列出二维表，其中对应 Domestic 和 repair record 1978 = 1 的空格的数字 2 表示国产车有两种型号在 1978 年平均大修过 1 次。

表 15.6   tabulate 为两个非连续变量绘制二维表

Repair Record 1978	Car type		Total
	Domestic	Foreign	
1	2	0	2
2	8	0	8
3	27	3	30
4	9	9	18
5	2	9	11
Total	48	21	69

另一个给出变量基本统计信息的常用命令 summarize，它给出的统计信息包括观测值个数、均值、标准差、最小值和最大值，如表 15.7 所示。

summarize mpg price

表 15.7 用 **summarize** 给出变量基本统计信息

Variable	Obs	Mean	Std. Dev.	Min	Max
mpg	74	21. 2973	5. 785503	12	41
price	74	6165. 257	2949. 496	3291	15906

可是有时候我们需要其他更多的信息，比如大部分期刊论文的基本统计量表格中都涉及变量的中值，甚至偏度和峰度等，要想得到这些信息，我们还可以依赖于 summarize，只是用一个"，detail"选项，要求 summarize 给出更加详细的统计信息：

```
summarize mpg price, detail
```

表 15.8 用 **summarize** 给出变量更详细的基本统计信息

Mileage（mpg）

	Percentiles	Smallest		
1%	12	12		
5%	14	12		
10%	14	14	Obs	74
25%	18	14	Sum of Wgt.	74
50%	20		Mean	21. 2973
		Largest	Std. Dev.	5. 785503
75%	25	34		
90%	29	35	Variance	33. 47205
95%	34	35	Skewness	. 9487176
99%	41	41	Kurtosis	3. 975005

Price

	Percentiles	Smallest		
1%	3291	3291		
5%	3748	3299		
10%	3895	3667	Obs	74
25%	4195	3748	Sum of Wgt.	74
50%	5006. 5		Mean	6165. 257
		Largest	Std. Dev.	2949. 496
75%	6342	13466		
90%	11385	13594	Variance	8699526
95%	13466	14500	Skewness	1. 653434
99%	15906	15906	Kurtosis	4. 819188

此时，summarize 给出了 9 个主要的分位数（1%、5%、10%、25%、50%、75%、90%、95%、99%）各个变量最大的和最小的 4 个值、方差（Variance）、偏度（Skewness）和峰度（Kurtosis）等信息。详细的信息有利于我们发现数据中的奇异值，但是上面的表格往往不适合学术论文的表格汇报格式，比如，实证研究往往用到上十个变量，如果按照上面一个变量一张表格的形式，不仅浪费大量的空间，也让将来的读者有没有重点的感觉。事实上，大部分实证研究不用 summarize 来制造基本统计量，而是使用命令 tabstat，它用表格的形式列出你想在表格中显示的主要统计量（见表 15.9）。

表 15.9　　　　　　　　用 tabstat 给出变量基本统计信息

```
tabstat price mpg rep78 headroom trunk weight length turn displacement
gear _ ratio foreign, s(N mean sd min median max) c(s)
```

variable	N	mean	sd	min	p50	max
price	74	6165. 257	2949. 496	3291	5006. 5	15906
mpg	74	21. 2973	5. 785503	12	20	41
rep78	69	3. 405797	0. 9899323	1	3	5
headroom	74	2. 993243	0. 8459948	1. 5	3	5
trunk	74	13. 75676	4. 277404	5	14	23
weight	74	3019. 459	777. 1936	1760	3190	4840
length	74	187. 9324	22. 26634	142	192. 5	233
turn	74	39. 64865	4. 399354	31	40	51
displacement	74	197. 2973	91. 83722	79	196	425
gear _ ratio	74	3. 014865	0. 4562871	2. 19	2. 955	3. 89
foreign	74	0. 2972973	0. 4601885	0	0	1

以上命令首先给出要计算统计量的变量名称，逗号后面 c（s）要求不同数据的同一统计量按列排列，s（N mean sd min median max）选项告诉 Stata 要计算的统计量包括观测值个数（N）、均值（mean）、标准差（sd）、最小值（min）、中值（median）和最大值（max），tabstat 允许计算 summarize, detail 能提供的详细统计量。s( )选项的括号内可以出现的统计量和对应的定义如表 15.10 所示。

表 15. 10　　　　　s( )选项的括号内可以出现的统计量和对应的定义

Statname	definition
mean	mean
count	count of nonmissing observations
n	same as count
sum	sum
max	maximum
min	minimum
range	range = max − min
sd	standard deviation
variance	variance
cv	coefficient of variation (sd/mean)
semean	standard error of mean (sd/sqrt (n))
skewness	skewness
kurtosis	kurtosis
p1	1st percentile
p5	5th percentile
p10	10th percentile
p25	25th percentile
median	edian (same as p50)
p50	50th percentile (same as median)
p75	75th percentile
p90	90th percentile
p95	95th percentile
p99	99th percentile
iqr	interquartile range = p75 − p25
q	equivalent to specifying p25 p50 p75

　　回归分析之前，我们往往要检验变量之间的相关性，如果自变量相关性太高则要担心多重共线性的问题。根据不同的相关性定义，检验变量之间相关性的命令如表 15. 11 所示。

表 15. 11　　　　　　　　检验变量之间相关性的命令

相关类型	命令	示例
Pearson 积差相关系数（Pearson's product moment Correlation）	pwcorr	pwcorr mpg weight foreign
Spearman 秩相关系数（Spearman's rank correlation）	spearman	spearman mpg weight foreign
Kendall 秩相关系数（Kendall's rank correlation）	ktau	ktau mpg weight foreign

　　在实际研究中，Pearson 积差相关系数应用最为频繁，所以我们常常要用 pwcorr 来计算相关系数。该命令不仅能计算相关系数，还可以给出相关系数的显著性程度。读者可以试着运行表 15. 12 的命令，并和命令下的结果进行比较。

表 15. 12　　　　　　　　**用 pwcorr 来计算相关系数**

· pwcorr mpg rep78 price

	mpg	rep78	price
mpg	1. 0000		
rep78	0. 4023	1. 0000	
price	− 0. 4686	0. 0066	1. 0000

· pwcorr mpg rep78 price, sig

	mpg	rep78	price
mpg	1. 0000		
rep78	0. 4023	1. 0000	
	0. 0006		
price	− 0. 4686	0. 0066	1. 0000
	0. 0000	0. 9574	

· pwcorr mpg rep78 price, sig star(5)

	mpg	rep78	price
mpg	1. 0000		
rep78	0. 4023 ∗	1. 0000	
	0. 0006		
price	− 0. 4686 ∗	0. 0066	1. 0000
	0. 0000	0. 9574	

　　第一个命令，我们只要求 Stata 计算 3 个变量两两之间的相关系数，第二个命令中，我们增加了"sig"选项，要求 Stata 同时给出对应相关系数的显著性程度，也就是说是否显著区别于 0。第三个命令要求 Stata 不仅给出相关系数和显著性程度，而且对于显著性程度达到 5% 的系数，在其后面增加一个星号。由于 Pearson 相关系数是一个对称矩阵，因此 Stata 只需要显示其下三角部分即可，而且对角线上的元素都是 1，其显著性程度没有任何意义，所以我们得到了上面不十分规则的三角形显示。如果变量的个数不是 3 个，而是 20 个，pwcorr 将分块显示这些相关系数。[①]

　　当然，对数据进行处理的命令非常庞杂，我们没有必要全部记住，只要有那么一点印象就够了，具体使用的时候，可以通过 Stata 的在线帮助系统迅速地找

---

　　① 　分块显示的相关系数矩阵，在 Stata9. 0 以前的版本中很难按照表格的方式输入到 Word 编辑器中，如果你常常需要做这些工作，可以考虑将 pwcorr 的源程序进行少许修改，将原来 7 个变量的限制改为 22（或者更多，由你的屏幕大小决定）个变量，再将两个相关系数之间的空格或者制表符（tab 键）修改为逗号即可。具体方法请参考 14. 3 节的介绍。

到答案。Stata 提供了完善的在线帮助，如果你知道命令 tabstat 可以用来提供基本统计量列表，但是不知道命令的具体用法，你可以在命令行中键入：help tab-stat 然后回车，你就马上看到详细的 tabstat 的用法和例子。

15.4　利用图形了解数据

Stata 有一系列的图形命令。利用这些图形命令，我们可以作出不同类型的图形，方便我们了解数据的特征。在命令输入窗口键入 help graph，我们发现 Stata 的作图命令有几十条，面对如此众多的图形命令，我们当然不会全部用到，更不必全部记住，只要我们知道常用的几个命令就足够了，本节用例题的方式逐步介绍这些命令。

```
histogram weight
```

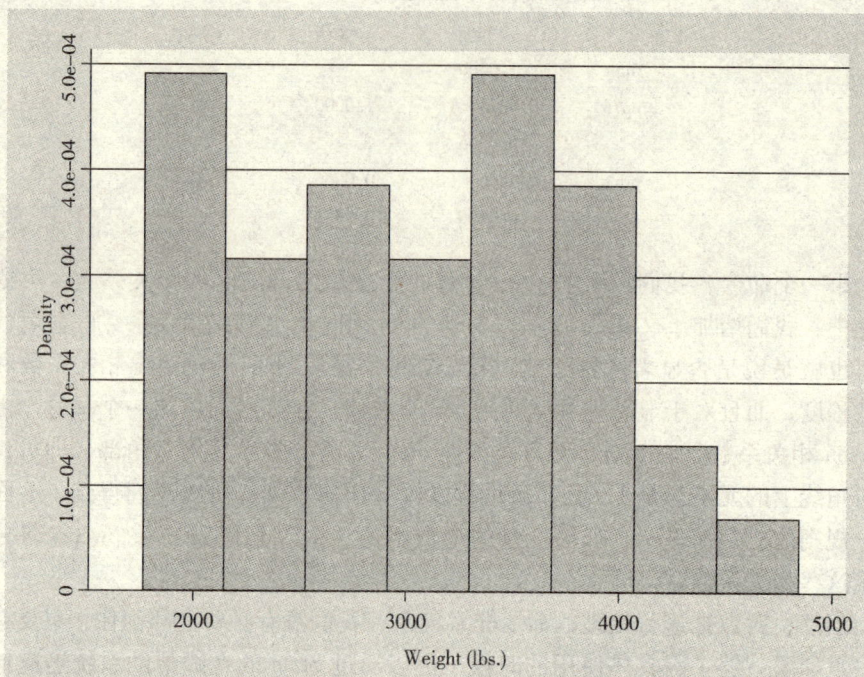

图 15.1　用 histogram weight 给出 weight 分布的直方图

执行该命令的时候，我们可以用"，bin(#)"选项设定直条的个数，或者用"，width(#)"选项设定直条的宽度，如果两者都没有给定，则 Stata 按照如下的公式计算出直条的个数：

$$K = \min\left\{\sqrt{N}, 10\ln(N)/\ln(10)\right\} \qquad (15.1)$$

其中，N 是样本点的数目，对于 auto 数据中的变量 weight，$N = 74$。当然，K 必须是整数，Stata 没有用四舍五入法，而是直接使用上述公式计算结果的整数部分。比如对于命令 histogram weight，我们没有设定直条的数目，Stata 将 $N = 74$ 代入后得到 $K = 8.6$，因此，图 15.1 中有 8 个直条。

如果我们需要 20 个直条，我们可以用如下的命令：

```
histogram weight, bin(20)
```

对应的图形如图 15.2 所示。

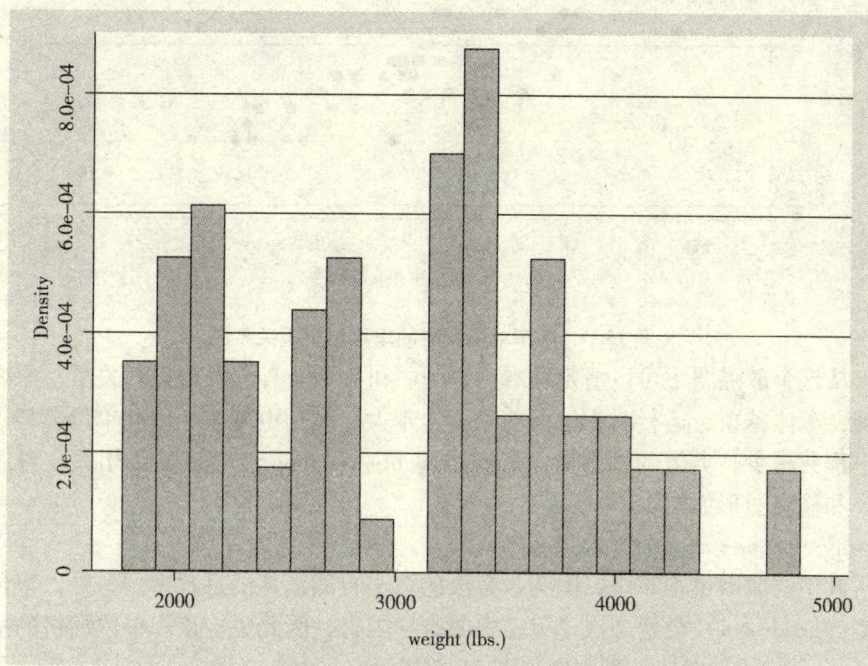

图 15.2　20 个直条的 weight 分布的直方图

上述命令前面也可以加上 graph，功能没有任何区别：

```
graph histogram weight, bin(20)
```

除了直方图以外，我们经常用两个变量之间的散点图来发现两个变量之间的关系。绘制散点图，我们必须有两个变量，分别作为横轴和纵轴。由于两个坐标的关系，Stata 给这种图形一个新的名字：twoway。经验告诉我们，车子自重越大，1 加仑汽油能跑的里程越少，我们可以用图形来检验这一结果，对应的命令如下：

```
twoway scatter mpg weight
```

我们得到图 15.3 所示的图形。

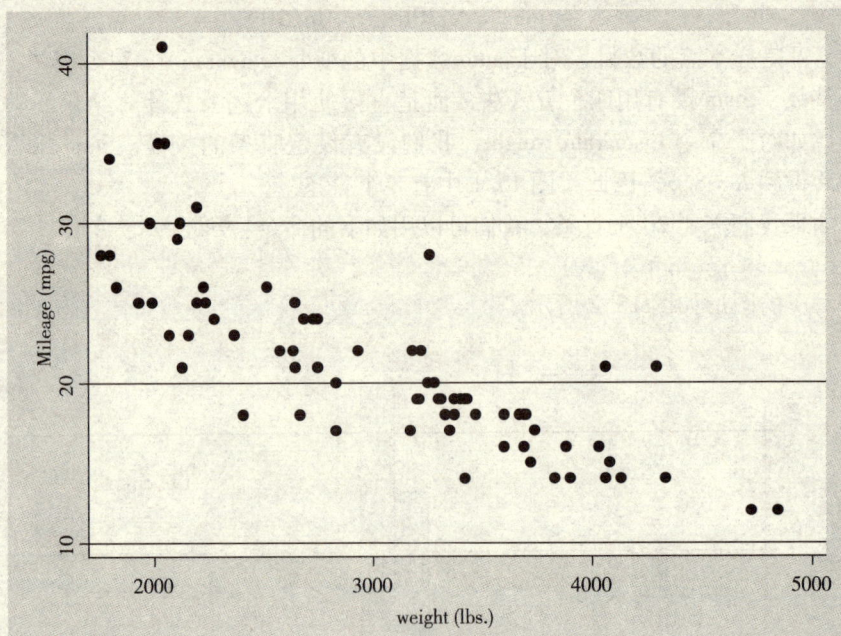

图 15.3　汽车单位燃料的里程和车重关系图

从这个散点图中可以清楚地看出，mpg 和 weight 有着负相关的关系，原因很直观，车体越重，运行时和地面的摩擦力越大，做功也越多，因此单位燃料支持的里程数越少。类似的，排量（displacement）和 mpg 也应该是负相关，对应的命令和输出图形如图 15.4 所示。

```
twoway scatter mpg displacement
```

其中的原因也很直观，因为排量大的汽车自然消耗的燃料多。另外，车顶的高度（headroom）会增加汽车运动中的空气阻力，因此也应该和单位燃料的里程（mpg）负相关，对应的散点图如图 15.5 所示。

```
twoway scatter mpg headroom
```

理论上虽然可以说车顶高度引致空气阻力，从而车顶高度和 mpg 负相关，但是上图显示这一负相关关系不是很明显。在回归分析之前，我们首先要洞察其中的原因。可能的原因在于车顶高度和其他因素之间的相关性。比如说，跑车的顶棚较低，但是排量也较高，两个因素对 mpg 来说，可能彼此抵消一部分，因此我们发现同是低顶棚的汽车，其 mpg 有大有小。我们也可以用散点图的方式来进一步了解顶棚高度和排量之间的关系，但是遗憾的是，我们得到了不很显著的正相关关系。仔细查看汽车的型号，我们发现 74 种汽车中，跑车并不多。

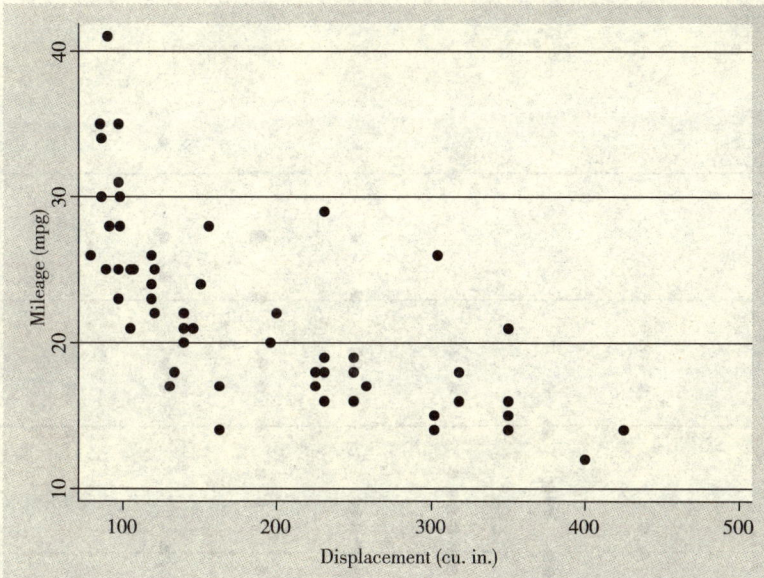

图 15.4　汽车单位燃料的里程和排量关系图

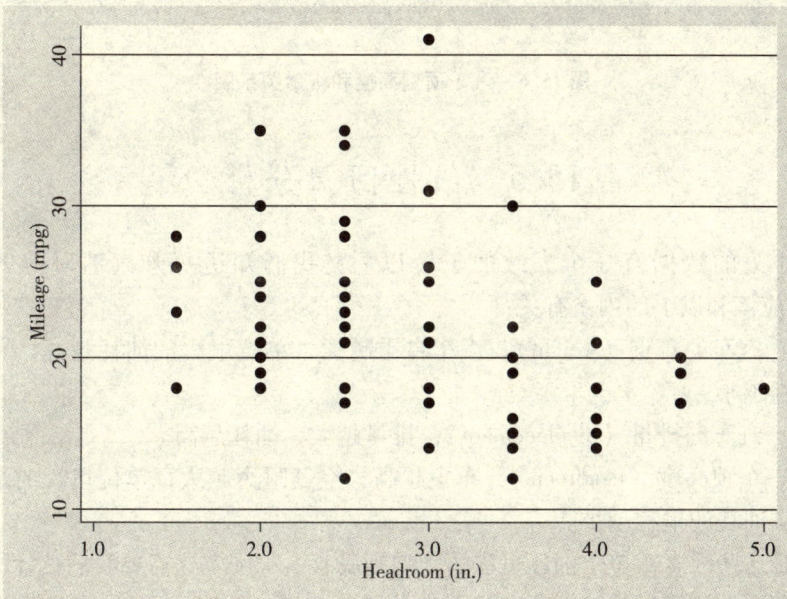

图 15.5　汽车单位燃料的里程和车顶高度关系图

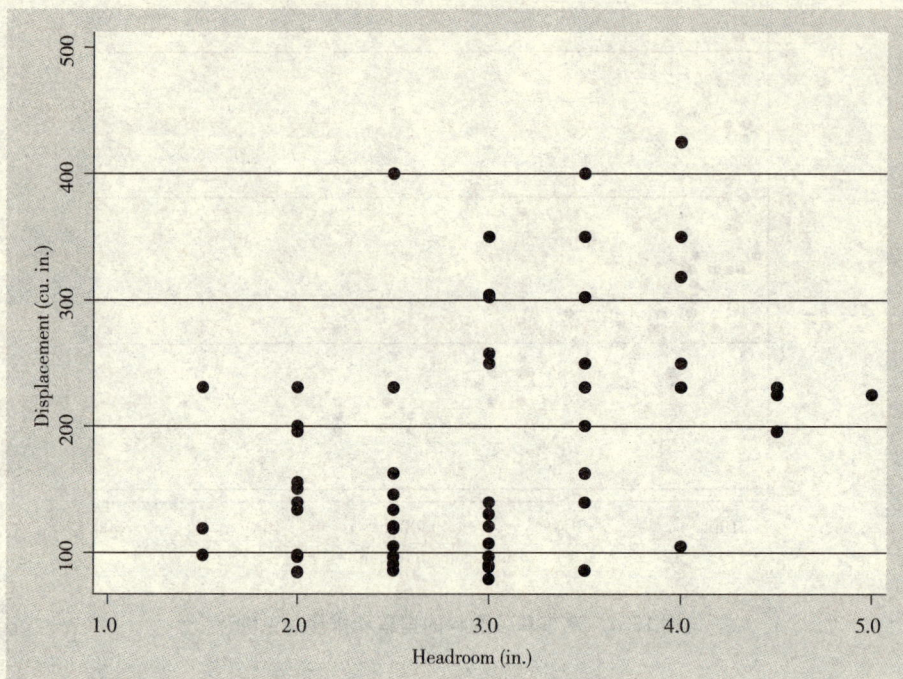

图15.6   汽车顶棚高度和排量关系图

15.5   线性回归分析

对手头的数据有一个大致的了解以后，我们知道每升汽油对应的里程（mpg）应该和以下的因素有关：

（1）汽车的自重（weight），汽车自重越大，单位里程的油耗越高，单位油耗的里程越小。

（2）汽车的排量（displacement），排量越大，油耗越高。

（3）车顶高度（headroom），车顶越高，空气阻力越大，单位里程的油耗越高，单位油耗的里程越小。

但是这些因素对单位油耗里程的影响到底有多大呢？这需要我们估计一个线性回归模型。该模型的被解释变量是单位油耗里程（mpg），解释变量是汽车自重（weight）、排量（displacement）和汽车顶棚的高度（headroom）。下面给出Stata的命令和输出结果。

```
· regress mpg weight displacement headroom
```

Source	SS	df	MS
Model	1597.77483	3	532.59161
Residual	845.684629	70	12.081209
Total	2443.45946	73	33.4720474

```
Number of obs =     74
F( 3, 70)     =  44.08
Prob > F      = 0.0000
R - squared   = 0.6539
Adj R - squared= 0.6391
Root MSE      = 3.4758
```

mpg	Coef.	Std. Err.	t	P>|t|	[95% Conf. Interval]	
weight	-0.0064885	0.0011863	-5.47	0.000	-0.0088545	-0.0041225
displacement	0.005754	0.0099834	0.58	0.566	-0.0141573	0.0256652
headroom	-0.2444638	0.5525116	-0.44	0.660	-1.346413	0.8574858
_cons	40.48554	2.224643	18.20	0.000	36.04863	44.92245

首先看懂这个结果。左上方是一个方差分析表，它告诉我们，被解释变量 mpg 的离差平方和为 2443.45946。这个离差平方和定义如下

$$Total = \sum_{i=1}^{74} \left(mpg - \overline{mpg} \right)^2 \qquad (15.2)$$

我们也可以用程序 15.1 计算出这个离差平方和。

程序 15.1：计算离差平方和

```
1)clear
2)sysuse auto
3)sum mpg
4)local mpg _ mean = r(mean)
5)gen mpg _ di _ mean = mpg - `mpg _ mean'
6)gen mpg _ di _ mean _ sq = mpg _ di _ mean^2
7)gen total = sum(mpg _ di _ mean _ sq)
8)list total in -1
```

程序的输出结果正好是 2443.459，与回归分析的结果相同。为了方便读者，我们给出程序 15.1 的注释如下：

1）清空内存。

2）读入系统数据文件 auto. dta。

3）计算 mpg 的基本统计量，主要是为了计算 mpg 的均值。

4）将 mpg 的均值存入 local mpg _ mean 中。注意，summary 以后，Stata 输出

一个表格，包含 mpg 的观测值个数、均值、标准差、最小值和最大值，如下面表格所示。

```
sum mpg

    Variable |      Obs        Mean     Std. Dev.       Min        Max
-------------+-----------------------------------------------------------
         mpg |       74     21.2973     5.785503         12         41
```

同时，这些数字也以 r( ) 的形式保存在内存中，在命令之后输入 return list，屏幕上会出现如下的结果：

```
· return list
scalars:
                  r(N) = 74
              r(sum_w) = 74
               r(mean) = 21.2972972972973
                r(Var) = 33.47204738985561
                 r(sd) = 5.785503209735141
                r(min) = 12
                r(max) = 41
                r(sum) = 1576
```

其中的 r（mean）正是 mpg 的均值。

5）生成变量 mpg_di_mean 代表 mpg 与其均值的离差。

6）生成变量 mpg_di_mean_sq 代表上述离差的平方。

7）生成变量 total，代表上述离差平方的累加。

8）将变量 total 的最后一个数字列出：此处 total 是离差平方和的累加，因此 total 的第一个数字是 mpg_di_mean_sq 的第一个数字，total 的第二个数字是 total 的第一个数字加上 mpg_di_mean_sq 的第二个数字，依此类推，对应关系如表 15.13 所示。

表 15.13

序号	mpg_di_mean	mpg_di_mean_sq	total
1	0.703	0.494	0.494
2	-4.297	18.467	18.961
3	0.703	0.494	19.454
4	-1.297	1.683	21.137
5	-6.297	39.656	60.793
……	……	……	……

续表

序号	mpg _ di _ mean	mpg _ di _ mean _ sq	total
69	− 3. 297	10. 872	2006. 477
70	1. 703	2. 899	2009. 376
71	19. 703	388. 197	2397. 573
72	3. 703	13. 710	2411. 283
73	3. 703	13. 710	2424. 993
74	− 4. 297	18. 467	2443. 459

计算 total 的时候，我们使用了 total 的均值，损失一个自由度，因此 total 对应的自由度是 73。相应的，total 的上方分别给出了 mpg 的变化部分中，模型能解释的部分（Model）对应的数字是 1597.77483、对应的自由度是模型中解释变量的个数 3。剩下的 mpg 的变化不能被模型所解释，因此是残差项解释的部分 Residual = 845.684629，对应的自由度是 70。

模型能解释的部分（model）和残差平方和（Residual）定义如下

$$Model = \sum_{i=1}^{74} (mpg \ fitted \ value)^2 \tag{15.3}$$

$$Residual = \sum_{i=1}^{74} (mpg - mpg \ fitted \ value)^2 \tag{15.4}$$

可以证明：$Total = Model + Residual$ （15.5）

回归结果的右上角给出了方差分析对应的 F – 检验 [F (3，70) = 44.08、显著性程度 $Prob > F = 0.0000$、回归的拟合优度 $R - squared$、调整的拟合优度 $Adj \ R - squared$ 以及模型的均方误差 MSE]。MSE 是残差项标准差的估计，对上面的回归来说，MSE 的定义如下（其中 70 是 $Residual$ 的自由度）：

$$MSE = \sqrt{Residual/70} = \sqrt{\frac{1}{70} \sum_{i=1}^{74} (mpg - mpg \ fitted \ value)^2} \tag{15.6}$$

方差分析的下面是模型估计的结果。第一行第一列显示因变量为 mpg，第一行 mpg 后面显示的是表格的表头，显示第二列到第六列分别是估计的系数、对应的标准差和 t – 检验，t – 检验的显著性水平和系数估计值 95% 置信区间的两个端点。第一列 mpg 下方依次显示了解释变量的名称，分别是 weight、displacement 和 headroom。最后一行是常数项，除非特殊说明，Stata 在估计 OLS 的时候，都会将常数项作为一个自变量放入回归模型中去。常数项的引入，保证了模型残差项的均值为 0。

自变量 weight 的系数是 -0.0064885, 说明汽车自重每增加一个单位, 每加仑汽油的里程减小 0.0065 英里。该系数的估计值是一个统计量, 因此也有标准差, 对应的标准差是 0.0011863, 所以对应的 t-检验是 -5.47, t-检验非常显著 (p = 0.0000), 说明 weight 的系数小于 0 的概率很小。从置信区间看到, 95% 的置信区间是 (-0.0088545, -0.0041225), 表明 weight 的系数落入该区域的概率是 95%。

排量 (displacement) 的系数为正, 顶棚高度 (headroom) 的系数为负, 而这都不显著, 这一点和我们的预期不符合。可能的原因在于, 影响单位油耗里程的因素很多, 比如发动机的性能指数, 我们没有能把这些因素考虑进来, 所以得到了不显著的系数。因为我们这里仅仅是为了介绍回归分析的做法, 具体的模型并不是我们关注的重点, 所以我们不在这里深入考察具体模型的设定。

15.6 线性回归结果的输出

其实, 第三列到第六列给出的信息是相似的, 都说明 weight 的系数显著区别于 0。既然这些数字反映的信息相似, 我们没有必要将这些信息全部汇报出来, 因此, 在经济学或者金融学的国际期刊上, 回归分析的结果往往公布得比较简约, 一般来说, 在一个表格中, 每一列代表一个回归结果。假定对于上面单位油耗的里程问题, 我们可能提出不同的模型设定方法, 主要是根据前人的研究成果, 我们增加或者删除了部分解释变量, 所以估计了如下 5 个模型, 我们可以把 5 个模型的结果显示在同一个表格中, 如表 15.14 所示。

表 15.14　　　　　　　　　　　综合模型

	(1)	(2)	(3)	(4)	(5)	(6)
	mpg	mpg	mpg	mpg	mpg	mpg
weight	-0.0060			-0.0066	-0.0065	-0.0067
	(11.6025)***			(5.6310)***	(5.4696)***	(5.6437)***
displace-ment		-0.0445		0.0053	0.0058	0.0024
		(8.4502)***		(0.5351)	(0.5764)	(0.2350)
headroom			-2.8299		-0.2445	-0.2327
			(3.8569)***		(0.4425)	(0.4243)
foreign						-1.5935

续表

	(1)	(2)	(3)	(4)	(5)	(6)
						(1.4223)
Constant	39.4403	30.0679	29.7678	40.0845	40.4855	42.2219
	(24.4363)***	(26.2955)***	(13.0500)***	(19.8427)***	(18.1987)***	(16.7315)***
Observations	74	74	74	74	74	74
R-squared	0.6515	0.4979	0.1712	0.6529	0.6539	0.6638

Absolute value of t statistics in parentheses.

* significant at 10% ; * * significant at 5% ; * * * significant at 1%.

　　表格的第二列给出第一个模型的估计结果，它告诉我们，模型的被解释变量是 mpg，解释变量是 weight 和常数项，对应解释变量名的行是最小二乘估计得到的系数，系数下面括号内的数字是对应的 t - 检验。如果 t - 检验达到了 10% 的显著性水平，则在 t - 检验的括号的外面放一个星号，如果达到了 5% 的显著性水平，则放置两个星号，达到了 1% 的显著性水平则放置三个星号。以上的模型中，t - 检验的显著性水平要么达到了 1%，要么不足 10%，因此我们发现，t - 检验括号外面要么没有星号，要么有三个星号。表格的下方往往对此有注释说明。模型的倒数第二行给出了估计模型时使用的样本容量为 74，最后一行给出的是拟合优度 R^2。类似的，第三列到第七列给出了另外 5 个模型的估计结果。最后三个模型是多元回归模型，解释变量多于一个。

　　这样的表格是国际期刊上最常见的回归分析结果，制作这样一个表格，最初的办法是将一个个模型计算出来以后，手工录入这些结果，当然耗费大量的精力，特别是某些论文，可能涉及几十个回归结果，每个回归中变量的个数也会有几十个，手工录入是极其烦琐的。Stata 有一个命令 outreg 可以帮助我们方便地完成这一极其烦琐的工作。Outreg 命令的格式如下：

outreg [量名列表] using 文件名 . txt, [replace 或者 append] [其他选项]

程序 15.2：回归分析与结果输出（一）

```
1)clear
2)sysuse auto
3)reg mpg weight
4)outreg using d:\temp.txt, replace 3aster bdec(4) tdec(4) nol
5)reg mpg dis
```

```
6)outreg using d:\temp.txt, append 3aster bdec(4) tdec(4) nol
7)reg mpg headroom
8)outreg using d:\temp.txt, append 3aster bdec(4) tdec(4) nol
9)reg mpg weight dis headroom
10)outreg using d:\temp.txt, append 3aster bdec(4) tdec(4) nol
11)reg mpg weight dis headroom foreign
12)outreg using d:\temp.txt, append 3aster bdec(4) tdec(4) nol
```

程序 15.2 注释：

1）清空内存。

2）调用系统数据 auto. dta。

3）估计线性回归模型，被解释变量是 mpg，解释变量是 weight。此书的 reg 是 regress 的缩写。如果需要详细的命令，请用 help regress。

4）将回归结果保留在文件 d: \ temp. txt 中。选项 replace 是说，如果文件 temp. txt 已经存在，则覆盖该文件。选项 3aster 要求对显著性水平进行三级星号标注，如果显著性水平达到 1%，则显示三颗星，达到 5% 但是没有达到 1% 则显示两颗星，达到 10% 但是没有达到 5% 的情况显示一颗星，如果连 10% 的显著性水平都没有达到则不显示星号。bdec(4) 和 tdec(4) 规定了系数 β 和对应的 t - 检验的幼小数字为小数点后 4 位。nol 是 nolabel 的缩写，部分变量可能有一个标签，比如说 weight 有一个标签 "Weight(lbs)"，如果没有 nol，表格中出现变量名 weight 的地方都会被 "Weight(lbs)" 所替代。

5）估计线性回归模型，被解释变量是 mpg，解释变量是 displacement。

6）将新的模型的估计结果作为一个列加入到前面的回归结果文件 d: \ temp. txt 中。此处我们使用了 append 选项，append 前，文件 temp. txt 一定要存在，然后才能增加一个模型的结果。如果用 replace，则会覆盖原来的 temp. txt 文件，仅仅把新的回归结果放入文件中。

7）估计线性回归模型，被解释变量是 mpg，解释变量是 headroom。

8）将估计结果输出到文件 d: \ temp. txt 中。

9）估计线性回归模型，被解释变量是 mpg，解释变量是 weight、displacement 和 headroom 。

10）将新的模型得估计结果作为一个列加入到前面的回归结果文件 d: \ temp. txt 中。

11）估计线性回归模型，被解释变量是 mpg，解释变量是 weight、dis、headroom 和 foreign。

12）将新的模型的估计结果作为一个列加入到前面的回归结果文件 d：\ temp. txt中。

执行上述命令以后，我们得到文件 d：\ temp. txt。将这个文件的内容拷贝到 Word 中，得到如下的结果：

	(1)	(2)	(3)	(4)	(5)
	mpg	mpg	mpg	mpg	mpg
weight	- 0.0060			- 0.0065	- 0.0067
	(11.6025) * * *			(5.4696) * * *	(5.6437) * * *
displacement		- 0.0445		0.0058	0.0024
		(8.4502) * * *		(0.5764)	(0.2350)
headroom			- 2.8299	- 0.2445	- 0.2327
			(3.8569) * * *	(0.4425)	(0.4243)
foreign					- 1.5935
					(1.4223)
Constant	39.4403	30.0679	29.7678	40.4855	42.2219
	(24.4363) * * *	(26.2955) * * *		(13.0500) * * *	(18.1987) * * *
Observations	(16.7315) * * *	74	74	74	74	74
R - squared	0.6515	0.4979	0.1712	0.6539	0.6638

Absolute value of t statistics in parentheses.

significant at 10% ; * * significant at 5% ; * * * significant at 1% .

虽然上面的部分看起来不是一个表格，但是，同一行中各个数字之间都是用制表符分割的，我们可以很方便地把它们转化成表格的形式。转化的方法是，首先用鼠标拖拉，全选刚才拷贝的文字（最后两行是注释，不要选），然后用鼠标点击 Word 主菜单"表格"—"转换"—"文本转换成表格"，然后根据 Word 弹出的对话框，选择你喜欢的表格形式。具体操作如图 15.7 所示。

期刊往往喜欢的表格格式是"简明型一"，如果你也选取该表格格式，则得到如表 15.15 所示的表格形式。

表 15.15　　　　　　　　程序 15.2 执行结果（简明型一）

	(1)	(2)	(3)	(4)	(5)
	mpg	mpg	mpg	mpg	mpg
weight	- 0.0060			- 0.0065	- 0.0067

续表

	(1)	(2)	(3)	(4)	(5)
	(11.6025)***			(5.4696)***	(5.6437)***
displacement		-0.0445		0.0058	0.0024
		(8.4502)***		(0.5764)	(0.2350)
headroom			-2.8299	-0.2445	-0.2327
			(3.8569)***	(0.4425)	(0.4243)
foreign					-1.5935
					(1.4223)
Constant	39.4403	30.0679	29.7678	40.4855	42.2219
	(24.4363)***	(26.2955)***	(13.0500)***	(18.1987)***	(16.7315)***
Observations	74	74	74	74	74
R-squared	0.6515	0.4979	0.1712	0.6539	0.6638

Absolute value of t statistics in parentheses.

* significant at 10%; * * significant at 5%; * * * significant at 1%。

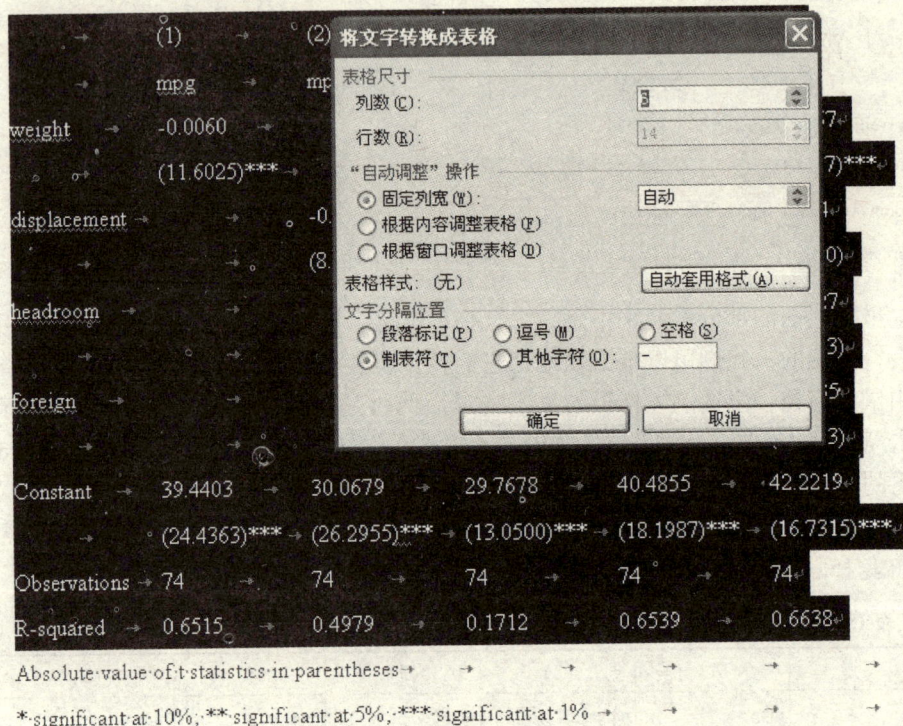

图 15.7　将文字转换成表格示例

在 outreg 命令中，如果我们不加入 nol，则所有的变量名都以其标签的形式出现，针对上面的回归，我们将得到如表 15.16 所示的表格。

表 15.16　　　　　　　程序 15.2 执行结果（标签形式）

	(1)	(2)	(3)	(5)	(6)
	Mileage（mpg）	Mileage（mpg）	Mileage（mpg）	Mileage（mpg）	Mileage（mpg）
Weight（lbs.）	- 0.0060			- 0.0065	- 0.0067
	(11.6025)***			(5.4696)***	(5.6437)***
Displacement（cu. in.）		- 0.0445		0.0058	0.0024
		(8.4502)***		(0.5764)	(0.2350)
Headroom（in.）			- 2.8299	- 0.2445	- 0.2327
			(3.8569)***	(0.4425)	(0.4243)
Car type					- 1.5935
					(1.4223)
Constant	39.4403	30.0679	29.7678	40.4855	42.2219
	(24.4363)***	(26.2955)***	(13.0500)***	(18.1987)***	(16.7315)***
Observations	74	74	74	74	74
R - squared	0.6515	0.4979	0.1712	0.6539	0.6638

Absolute value of t statistics in parentheses.

* significant at 10%；** significant at 5%；*** significant at 1%.

我们经常也会遇到一些回归模型，模型的解释变量包含一系列的哑变量（比如行业哑变量），我们根据理论要控制这些因素，但是具体行业哑变量的系数并不是我们关注的，在这种情况下，将这些哑变量的系数公布出来也会浪费大量的空间，因此，我们往往不报告这些系数和对应的 t - 检验。outreg 命令允许我们有选择地报告系数，只要我们在 outreg 和 using 之间加上要公布的变量列表即可。以上的命令中我们没有给出这个列表，Stata 采用缺省设置，公布所有的变量的系数。上面的模型中，假定我们只关注 weight 的系数，我们可以把程序写成程序 15.3。

程序 15.3：回归分析与结果输出（二）

```
1)clear
2)sysuse auto
3)reg mpg weight
4)outreg weight sing d:\temp.txt, replace 3aster bdec(4) tdec(4) nol
```

```
5)reg mpg weight dis headroom
6)outreg weight using d:\temp.txt, append 3aster bdec(4) tdec(4) nol
7)reg mpg weight dis headroom foreign
8)outreg weight using d:\temp.txt, append 3aster bdec(4) tdec(4) nol
```

这里我们估计 3 个模型。程序运行以后，temp.txt 文件仅仅保留了 weight 的系数和 t - 检验，其他的变量被略去了，结果如表 15.17 所示。

表 15.17   程序 15.3 运行结果

	(1)	(2)	(3)
	mpg	mpg	mpg
weight	- 0.0060	- 0.0065	- 0.0067
	(11.6025)***	(5.4696)***	(5.6437)***
Constant	39.4403	40.4855	42.2219
	(24.4363)***	(18.1987)***	(16.7315)***
Observations	74	74	74
R - squared	0.6515	0.6539	0.6638

多元回归分析计算出的拟合优度 R^2 由于没有考虑到变量个数，大部分期刊论文喜欢用调整过的拟合优度（adj - R^2），如果要报告 adj - R^2 而不是 R^2，我们可以在 outreg 命令后面增加一个选项 adjr2，对应的程序如程序 15.4 所示。

程序 15.4：回归分析与结果输出（三）

```
1)clear
2)sysuse auto
3)reg mpg weight
4)outreg using d:\temp.txt, replace 3aster bdec(4) tdec(4) nol adjr2
5)reg mpg dis
6)outreg using d:\temp.txt, append 3aster bdec(4) tdec(4) nol adjr2
7)reg mpg headroom
8)outreg using d:\temp.txt, append 3aster bdec(4) tdec(4) nol adjr2
9)reg mpg weight dis headroom
10)outreg using d:\temp.txt, append 3aster bdec(4) tdec(4) nol adjr2
11)reg mpg weight dis headroom foreign
12)outreg using d:\temp.txt, append 3aster bdec(4) tdec(4) nol adjr2
```

outreg 其实是一个极其庞杂的、功能强大的命令，详细的英文介绍有几十页，我们会随着回归模型的介绍，逐渐加强有关该命令的讲解。有兴趣的读者也可以通过 Stata 的帮助系统，查询有关的详细用法。

15.7 预 测

回归分析的目的之一是估计系数，也就是说世界是什么样的，另一个目的是预测，就是说，给定了 x，被解释变量 y（或者残差 ε）会是什么？或者说是，世界将是什么样的。回归预测的方法就是，将 x 的具体数值代入模型中，根据估计的系数，得到 y 的拟合值 $\hat{y}$，或者进一步计算 y 与 $\hat{y}$ 之间的差异，即 ε。每个回归以后，我们可以用 predict 命令进行预测。线性回归之后的预测命令为：

predict［预测变量类型］预测变量名［if］［in］［，预测类型］

预测变量类型通常不必写明，Stata 自动设置为浮点型，我们也很难要求预测变量是一个整数。Predict 将预测的结果保存在一个变量中，变量的名称可以任意设定，但必须设定。［if］和［in］指明对那些样本作预测。比如我们要做一个邹至庄检验，我们把样本分为两个部分 A 和 B，然后对样本 A 估计一个线性回归，利用样本 A 的模型，在样本 B 上作预测，我们可以用 if 条件，将预测限定在样本 B 上。预测类型通常是 $\hat{y}$ 或者 ε，用 xb 或者 residual 表示。注意，Stata 的 predict 命令帮助中没有列出 residual 这个选项，但是它是最重要的选项之一。其他的选项通常很少用到。对这两个选项，我们对应的命令如下：

```
predict y_hat if ~e(sample), xb
predict resi if ~e(sample), residual
```

第一条命令的意思是，根据上一个回归模型，对 $\hat{y}$（xb）进行预测，预测结果保存在变量 y_hat 里面，而且不是对全部样本进行预测，我们只对回归中没有使用的样本进行预测。e(sample) 是回归分析的一个返回值，它是一个虚拟变量，如果回归分析计算中用到了某一个样本观测值，则对应的 e(sample) 等于 1，否则等于 0。~是一个逻辑运算符，表示逻辑非，如果 e(sample) ＝0，则 ~e(sample) ＝1，反之，如果 e(sample) ＝1，则 ~e(sample) ＝0。注意，选项 xb 可以省略掉，因为 predict 的缺省选项是对 $\hat{y}$ 作预测，所以对应的命令可以缩写为

```
predict y_hat if ~e(sample), xb
```

第二条命令则用来计算模型的残差，即 $\varepsilon = y - \hat{y}$，对应的选项是 residual。计算结果保留在程序设定的一个新变量 resi 中。注意，选项 residual 可以缩写为 r，所以第二条命令可以简写为

```
predict resi if ~e(sample), r
```

为了方便初学者，我们写出一个完整的回归和预测命令（见程序 15.5），并给出对应的注释。

程序 15.5：回归和预测命令

```
1）clear
2）sysuse auto
3）sort make
4）reg mpg weight displacement headroom if foreign == 0
5）predict r1 if ~e(sample), r
6）predict r2 if foreign == 1, r
7）predict mpg _ hat1, xb
8）predict mpg _ hat2 in -10/-1, xb
9）pwcorr r1 r2
10）twoway scatter r1 r2
11）list mpg r1 r2 mpg _ hat1 mpg _ hat2 foreign in -15/-1
```

程序 15.5 注释：

1）清空内存。

2）调用系统数据文件 auto。

3）样本按照 make 排序：注意此处 make 是一个字符型变量，排序后样本按照字母升序排列。

4）对国产车型样本进行线性回归，被解释变量是 mpg，解释变量是 weight、displacement 和 headroom。

5）根据以上的模型回归结果，对进口车进行预测，计算残差，结果存入变量 r1 中。

6）根据以上的模型回归结果，对进口车进行预测，计算残差，结果存入变量 r2 中。

7）根据以上的模型回归结果，对全样本进行预测，计算 $\hat{y}$，结果存入变量 mpg _ hat1 中。

8）根据以上的模型回归结果，对最后 10 个样本进行预测，计算 $\hat{y}$，结果存入变量 mpg _ hat2 中。

9）计算预测变量 r1 和 r2 的相关系数矩阵，通过相关系数，证明 r1 和 r2 完全相同。

10）绘制 r1 和 r2 的散点图，通过散点图证明两个变量完全相同。

11）屏幕输出变量 mpg r1 r2 mpg_hat1 mpg_hat2 foreign 的最后 15 个样本值。

pwcorr 计算出的相关系数矩阵如下：

pwcorr r1 r2

	r1	r2
r1	1.0000	
r2	1.0000	1.0000

不难看出，r1 和 r2 的相关系数为 1，完全相关，间接说明两者可能完全相同。计算机绘制的 r1 和 r2 的散点图如图 15.8 所示，在平面直角坐标系中，我们得到一系列沿着 45°角射线分布的点，进一步证明 r1 和 r2 完全相关。

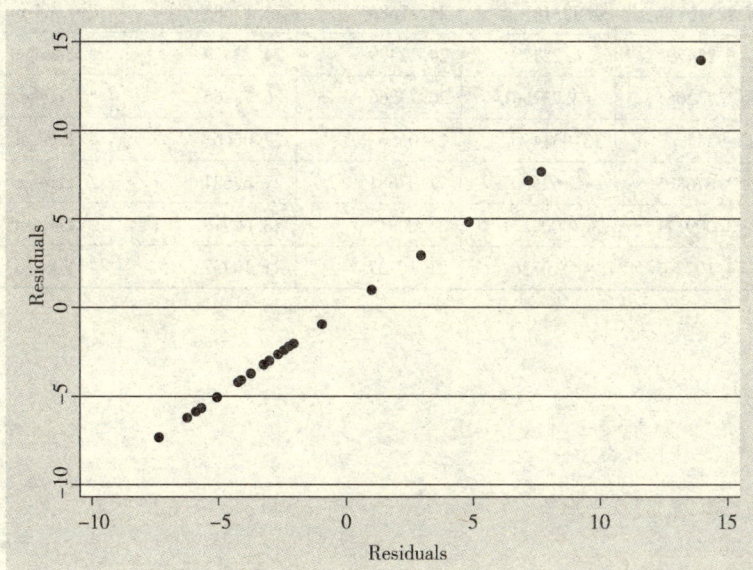

图 15.8　r1 和 r2 的散点图

计算机最后列出了变量 mpg r1 r2 mpg_hat1 mpg_hat2 foreign 的最后 15 个样本值，如表 15.18 所示。我们发现，r1 和 r2 仅仅对进口车型有定义，说明在预测的时候，我们仅仅计算了对应于进口车型的参差项。表 15.18 再次证明了 r1 和 r2 完全相关。说明命令（5）和命令（6）完全等价。mpg_hat1 是对全部样本计算的 y 的预测值 $\hat{y}$，而 mpg_hat2 仅仅定义在最后 10 个样本上。不难看出

mpg 和 mpg _ hat1 以及 r1 之间的关系。

表 15.18   变量 mpg r1、r2 等的最后 15 个样本值

mpg	r1	r2	mpg _ hat1	mpg _ hat2	foreign
18			20. 08548		" Domestic"
19			21. 19277		" Domestic"
19			20. 24597		" Domestic"
19			19. 02635		" Domestic"
24			24. 10718		" Domestic"
26	− 2. 235137	− 2. 235137	28. 23514	28. 23514	" Foreign"
35	7. 657531	7. 657531	27. 34247	27. 34247	" Foreign"
18	− 7. 332077	− 7. 332077	25. 33208	25. 33208	" Foreign"
31	4. 823167	4. 823167	26. 17683	26. 17683	" Foreign"
18	− 6. 22479	− 6. 22479	24. 22479	24. 22479	" Foreign"
23	− 3. 732661	− 3. 732661	26. 73266	26. 73266	" Foreign"
41	13. 9334	13. 9334	27. 0666	27. 0666	" Foreign"
25	− 2. 676805	− 2. 676805	27. 67681	27. 67681	" Foreign"
25	− 3. 009171	− 3. 009171	28. 00917	28. 00917	" Foreign"
17	− 4. 107367	− 4. 107367	21. 10737	21. 10737	" Foreign"

第 16 章

定性变量回归分析

定性变量回归是非常重要的一类回归分析模型，在此类模型中，因变量 y 是定性变量，比如公司是否进行研发投资，旅客出行选择什么样的交通工具，工人是否选择参加工会，恋爱三年后是否选择结婚等。根据因变量的特性和模型残差项的假设，该类模型非常庞杂，本章我们分别介绍针对二元变量的 logit 回归、probit 回归和顺序变量的 ordered logit 回归，对于非顺序定性多元选择变量模型，比如 multinormal probit 模型，有兴趣的读者可以参考 Stata 手册。

16.1　二元选择问题

假定我们要分析影响一个公司研发投资决策的因素，一个公司在研发决策上有两种选择，投资或者不投资。理论上的研究认为以下的因素可能会影响该决策：

(1) 公司的规模。

(2) 公司 CEO 的激励机制。

(3) 公司 CEO 的学历。

(4) 公司 CEO 是否是职业经理。

(5) 公司所在的行业。

由于最终的决策是一个二元选择变量（投资于研发或者不投资于研发），我们需要寻找一个能合理解决该类特征决策变量的模型。

16.2　数据介绍

我们用如下的假想数据来阐述以上问题的解决方法。该数据由程序 16.1 生成，包含以下主要数据：

（1）公司研发投入密度，即研发投入总量与销售量的比值。

（2）RD_D：一个 0/1 变量。如果一个公司投资于研究发展，则 RD_D 等于 1，否则 RD_D 等于 0。

（3）公司获得的专利数，取值为非负整数。

（4）size：公司的规模。

（5）ownership：公司 CEO 持有该公司股份的比例，可以作为 CEO 激励机制的测度指标。

（6）education：公司 CEO 的学历，以 CEO 本人受教育的年限作为测度指标。

（7）official：公司 CEO 是否曾经是政府官员，以此区别于职业经理人。

（8）ind：公司所在的行业，共有 10 个行业。

程序 16.1：数据模拟程序

```
1)clear
2)set obs 1000
3)set seed 1234567
4)gen size = exp(invnorm(uniform()) * 5 + 5)
5)replace size = sqrt(size) * 100 if size < 1
6)replace size = sqrt(size)/100 if size > 10E5
7)gen ownership = uniform()/1.8
8)gen private = uniform() > 0.6
9)gen official = uniform() > 0.8
10)gen edu = uniform() > 0.2
11)gen ind = mod(int(_n * 3 * uniform()),10)
12)tab ind, gen(ind)
13)gen RD =
    -2.5 + 0.5 * ln(size) + 2 * ownership + 0.03 * private - 0.4 * official + 0.3
    * edu + invnorm(uniform()) * 3
14)forval i = 1(1) 10 {
15)replace RD = RD + `i'/20 * ind`i'
```

```
16) }
17) replace RD = 0 if RD < 0
18) gen RD _ D = (RD > 0)
19) gen int patent =
     RD * 0.8 + 0.01 * ln(size) + ind3 + 2 * ind5 + invnorm(uniform()) * 3
20) replace patent = 0 if patent < 0
21) drop ind1 - ind10
22) save f: \R&D, replace
```

程序 16.1 注释：

1) 清空内存变量。

2) 设定样本容量为 1000。

3) 设置随机数生成器的种子。

4) 生成公司规模变量，这是一个对数正态分布变量。

5) 修改奇异值，使规模太小的变大。

6) 修改奇异值，使规模太大的变小。

7) 生成 CEO 持股比例变量 ownership。

8) 生成哑变量 private，1 代表民营企业，0 代表国有企业。

9) 生成哑变量 official，1 代表 CEO 由政府指定，0 代表其他。

10) 生成教育程度变量 edu，1 代表 CEO 有大学学历。

11) 生成行业指标变量 ind。

12) 对每一行业生成一个行业哑元变量。

13) 设置 RD 与各主要变量的关系。

14) 对 10 个行业循环 {。

15) 设置行业对 RD 的贡献。

16) } 结束循环。

17) 将小于 0 的 RD 修改为 0（研发投入不能为负）。

18) 构造研发投入哑元变量 RD _ D，1 代表正的投入，0 代表没有研发投入。

19) 设定公司申请的专利数量，这是一个与研发投入正相关的顺序变量。

20) 专利数量不能为负，因此将负值修改为 0。

21) 删除中间变量 ind1 - ind10。

22) 保存数据。

用 describe 得到数据的基本信息如下：

```
· des
Contains data
 obs:          1,000
 vars:         20
 size:         52,000 (99.5% of memory free)
-------------------------------------------------------------------
                    storage    display    value
variable name       type       format     label      variable label
-------------------------------------------------------------------
size                float      %9.0g

ownership           float      %9.0g

private             float      %9.0g

official            float      %9.0g

edu                 float      %9.0g

ind                 float      %9.0g

RD                  float      %9.0g

ln_size             float      %9.0g

RD_D                float      %9.0g

patent              int        %8.0g
-------------------------------------------------------------------
Sorted by:
```

Note: dataset has changed since last saved

以上列表显示，该数据包含 1000 个样本，涉及 10 个变量，并给出了各变量的名称、存储和显示类型。用 tab 命令可以看到，在我们模拟出的数据中，有 618 家投资于研发，其他公司选择不进行研发投资。进一步列出 RD_D 和 patent 的二维相及表（contengency table），我们发现，专利申请多的公司，研发投资较多为正。

```
· tab RD_D
```

RD_D	Freq.	Percent	Cum.
0	382	38.20	38.20
1	618	61.80	100.00
Total	1,000	100.00	

```
· tab patent RD _ D

                  |        RD _ D          |
       patent |        0           1 |   Total
    ------------+----------------------+----------
            0 |      236         188 |     424
            1 |       41          48 |      89
            2 |       34          80 |     114
            3 |       22          64 |      86
            4 |       19          64 |      83
            5 |       12          55 |      67
            6 |       11          33 |      44
            7 |        5          31 |      36
            8 |        0          26 |      26
            9 |        2          12 |      14
           10 |        0           9 |       9
           11 |        0           1 |       1
           12 |        0           5 |       5
           13 |        0           2 |       2
    ------------+----------------------+----------
        Total |      382         618 |   1,000
```

16.3　线性回归方法

给定程序 16.1 生成的数据，我们需要反过来研究研发投资行为（是否投资于研发）与公司特征之间的关系，根据第 15 章的方法，假定我们在这里也使用 OLS 回归。为了说明 OLS 回归存在的问题，我们首先假定影响研发投资决策的变量只有公司的规模，而且我们知道公司规模以对数形式出现在解释变量中，键入如下命令得到单变量线性回归的结果：

从线性回归的角度看，这是一个很好的回归结果，解释变量具有很高的显著性程度，对应的拟合优度 R^2 也很高，但是，如果我们仔细观察原始数据和 OLS 的拟合值我们不难发现一些问题。

```
use f:\R&D,clear
tab ind,gen(ind_)
gen ln_size = ln(size)
reg RD_D ln_size
```

Source	SS	df	MS		
				Number of obs =	1000
Model	33.812001	1	33.812001	F(1, 998) =	166.83
				Prob > F =	0.0000
				R-squared =	0.1432
Residual	202.263999	998	.202669338	Adj R-squared=	0.1424
				Root MSE =	.45019
Total	236.076	999	.236312312		

RD_D	Coef.	Std. Err.	t	P>|t|	[95% Conf. Interval]
ln_size	0.0560047	0.0043359	12.92	0.000	0.0474961　0.0645133
_cons	0.3134761	0.0275413	11.38	0.000	0.2594306　0.3675216

```
use f:\R&D,clear
tab ind,gen(ind_)
gen ln_size = ln(size)
reg RD_D ln_size
predict RD_D_hat
twoway scatter RD_D RD_D_hat ln_size
```

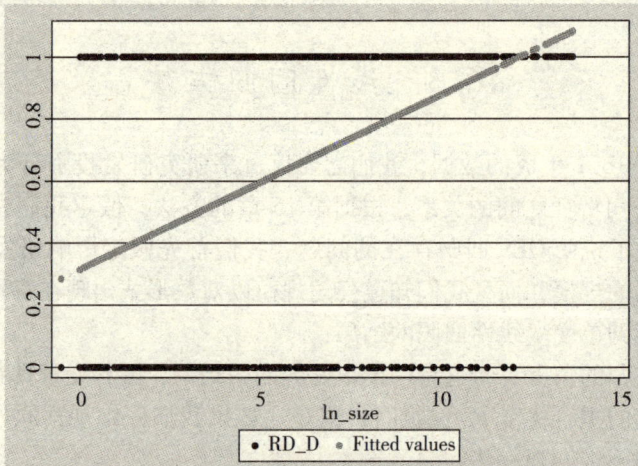

图16.1　线性概率模型（LPM）被解释变量的预测值会大于1

主要的问题如下：

（1）OLS 线性回归不能反映公司规模和公司研发投资决策之间的实际关系。当公司规模较小的时候，公司进行研发的概率比较低，当规模较大的时候，公司进行研发的概率比较高，但是，这种概率关系并非线性的。

（2）OLS 的某些预测值在区间（0，1）之外，导致预测无意义。

16.4　Probit 模型

既然线性回归有以上的问题，我们需要一个新的模型来解决二元选择的问题。如果我们将回归模型的被解释变量理解成公司参与研发的概率，当这个概率大于某一个阈值的时候，公司就进行研发，否则就不进行研发，则这一模型可以写成如下形式：

$$y^* = X\beta + \varepsilon \quad \varepsilon \overset{i.i.d}{\sim} N(0,1)$$
$$y = \begin{cases} 1 & if \quad y^* > 0 \\ 0 & else \end{cases} \tag{16.1}$$

其中，y^* 称做潜变量，给定 $\varepsilon \overset{i.i.d}{\sim} N(0,1)$ 的前提下，我们可以最大化样本的似然函数值来估计系数 β，这就是 Probit 模型。在 Stata 中，我们可以用如下简单的命令估计 Probit 模型：

```
· probit RD _ D ln _ size

Iteration 0: log likelihood = -665.03474
Iteration 1: log likelihood = -586.44005
Iteration 2: log likelihood = -584.71893
Iteration 3: log likelihood = -584.71534


Probit regression                 Number of obs =   1000
                                  LR chi2(1)    = 160.64
                                  Prob > chi2   = 0.0000
Log likelihood = -584.71534  Pseudo R2     = 0.1208
```

```
---------------------------------------------------------------------------------
     RD_D |     Coef.     Std.Err.       z      P>|z|    [95% Conf. Interval]
----------+----------------------------------------------------------------------
  ln_size |   0.175361    0.0149059    11.76     0.000     0.1461461      0.204576
    _cons |-0.5890003    0.0833464    -7.07     0.000    -0.7523564     -0.4256443
---------------------------------------------------------------------------------
```

由于 Probit 回归是极大似然估计，需要从一个初始值出发，经过逐步迭代得到最终的估计量，所以，从以上结果中，我们首先看到了一个迭代计算的记录，虽然这一结果并不有趣，但是清楚地显示了模型收敛的速度。我们发现经过 3 次迭代，似然函数的对数达到 -584.71893，进一步迭代，该值达到 -584.71534，对应的改进不足 0.01，因此 Stata 停止迭代。

因为 Probit 是极大似然估计，因此回归结果中不再包含方差分析表格，但是输出结果给出了样本数、极大似然函数、总体显著性以及伪拟合优度（Pseudo R^2）。其所以叫做伪拟合优度，原因在于此处的 R^2 与线性回归模型中的 R^2 没有直接的可比性。事实上，对于非线性模型，有不同的伪拟合优度的定义方法，有些甚至没有任何意义。所以在研究中，我们往往不会关注这些 R^2。

模型估计结果类似于 OLS 模型，给出了模型的系数、对应的标准差、z - test、对应的显著性程度 p 和 95% 的置信区间。从上面的 Probit 回归结果看出，公司规模的系数非常显著，对应的 z - test 是 11，达到了极高的显著性水平。与线性模型不同，对该系数的解释并不直观，我们稍后讨论系数的解释，首先关注模型对数据拟合的效果，绘制模型对被解释变量、被解释变量的拟合值对公司规模的散点图：

```
predict RD_D_hat
twoway scatter RD_D_hat RD_D ln_size, connect(l i) msymbol(i O) sort
```

显然 Probit 对数据的拟合比 OLS 好，并且预测值也不会跑到区间（0，1）之外了。从图 16.2 看出，当公司规模较小的时候，其选择进行研发投资的概率也小，当公司规模非常小的时候，几乎可以肯定不会进行研发投资。反之，当公司的规模很大的时候，几乎可以肯定会进行研发投资。

在解释系数的具体意义之前，我们在模型中引入其他的解释变量。正如前文所说的，除了公司规模之外，公司其他的特征，比如 CEO 的特征和行业特征也会影响公司的研发决策。数据中有一个行业变量 ind，取值从 0 到 9，但是，显

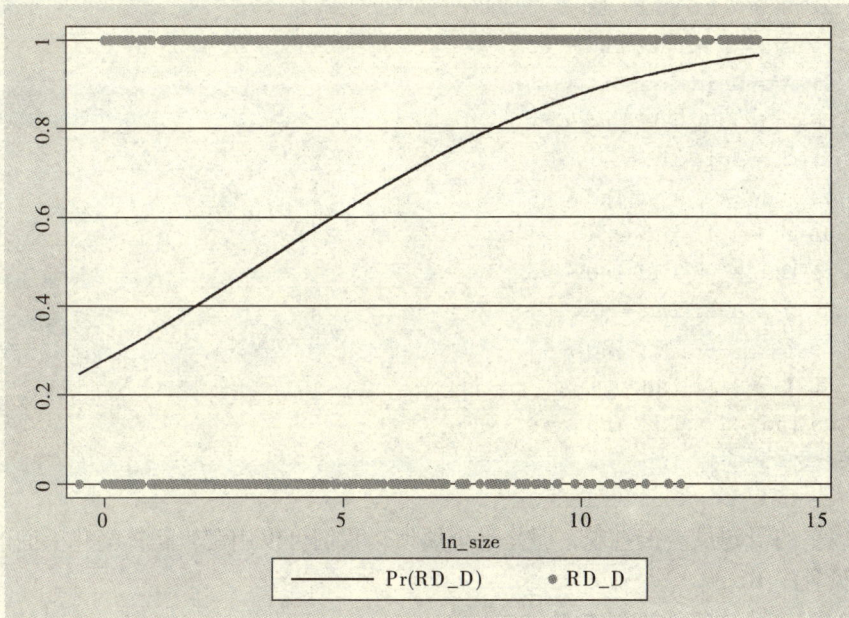

图 16.2　公司规模和公司研发投资决策之间的关系散点图

然我们不能说某一行业比另一行业大 9。此处的数字只是指标而已，没有任何实际意义。为了能把这些行业因素引入到模型中，我们首先要引入一些行业虚拟变量。本例中，我们可以引入 10 个行业虚拟变量，比如 ind _ 0 – ind _ 9。对 ind _ i 的定义如下：

$$ind\_i = \begin{cases} 1 & if \quad ind == i \\ 0 & else \end{cases}$$

生成行业虚拟变量的程序如程序 16.1 所示。

程序 16.2：生成行业虚拟变量（一）

```
use f:\R&D,clear

gen ind_0 = 1 if ind==0

replace ind_0 = 0 if ind ~ =0

gen ind_1 =1 if ind==1

replace ind_1 = 0 if ind ~ =1

gen ind_2 =1 if ind==2
```

```
replace ind_2 = 0 if ind~=2
gen ind_3 = 1 if ind==3
replace ind_3 = 0 if ind~=3
gen ind_4 = 1 if ind==4
replace ind_4 = 0 if ind~=4
gen ind_5 = 1 if ind==5
replace ind_5 = 0 if ind~=5
gen ind_6 = 1 if ind==6
replace ind_6 = 0 if ind~=6
gen ind_7 = 1 if ind==7
replace ind_7 = 0 if ind~=7
gen ind_8 = 1 if ind==8
replace ind_8 = 0 if ind~=8
gen ind_9 = 1 if ind==9
replace ind_9 = 0 if ind~=9
```

以上的语句虽然很直观，但是过于烦琐，我们可以用逻辑运算简化上面的程序，见程序16.3。

程序16.3：生成行业虚拟变量（二）

```
use f:\R&D,clear
gen ind_0 = (ind==0)
gen ind_1 = (ind==1)
gen ind_2 = (ind==2)
gen ind_3 = (ind==3)
gen ind_4 = (ind==4)
gen ind_5 = (ind==5)
gen ind_6 = (ind==6)
gen ind_7 = (ind==7)
gen ind_8 = (ind==8)
gen ind_9 = (ind==9)
```

显然，以上的语句有一定的类似性，我们还可以用循环的方式，进一步简化为程序16.4。

程序16.4：生成行业虚拟变量（三）

```
use f:\R&D,clear
forval i =0(1) 9 {
    gen ind_`i' = (ind == `i')
}
```

　　其实，在实际问题研究中，我们常常要生成类似的虚拟变量，Stata 为此强化了 tabulate 命令，在我们查询某一变量（比如行业、年龄、地区）的取值分布频率的同时，也可以为其生成一系列虚拟变量，针对本章的数据，我们可以用以下命令替代上面的三种程序：

```
use f:\R&D,clear
tabulate ind, gen(ind_)
```

　　该命令首先列出变量 ind 不同取值的分布，然后按照 ind 的不同取值，生成 10 个虚拟变量 ind_0 - ind_9。这些行业虚拟变量，可以用来估计以下 Probit 模型：

```
use f:\R&D,clear
tabulate ind, gen(ind_)
probit RD_D ln_size private ownership edu official ind_1 - ind_10
```

```
note: ind_9 dropped because of collinearity
Iteration 0: log likelihood = -665.03474
Iteration 1: log likelihood = -575.40783
Iteration 2: log likelihood = -572.80377
Iteration 3: log likelihood = -572.7943
Iteration 4: log likelihood = -572.7943
```

```
Probit regression              Number of obs =   1000
                               LR chi2(14)   = 184.48
                               Prob > chi2   = 0.0000
Log likelihood = -572.7943     Pseudo R2     = 0.1387
```

RD_D	Coef.	Std. Err.	z	P>|z|	[95% Conf. Interval]	
ln_size	0.1816466	0.01536	11.83	0.000	0.1515416	0.2117516
private	-0.0347354	0.0882777	-0.39	0.694	-0.2077565	0.1382856
ownership	0.9420388	0.2653727	3.55	0.000	0.4219178	1.46216
edu	0.1257486	0.109042	1.15	0.249	-0.0879698	0.3394669
official	-0.1267439	0.1085382	-1.17	0.243	-0.3394748	0.0859871
ind_1	-0.1111986	0.2081099	-0.53	0.593	-0.5190865	0.2966893
ind_2	-0.0884194	0.1971307	-0.45	0.654	-0.4747885	0.2979497

ind_3	-0.2139173	0.2061767	-1.04	0.299	-0.6180162	0.1901817
ind_4	-0.2524454	0.2059701	-1.23	0.220	-0.6561395	0.1512486
ind_5	-0.1296319	0.1960507	-0.66	0.508	-0.5138842	0.2546204
ind_6	0.0194633	0.1995714	0.10	0.922	-0.3716895	0.4106161
ind_7	-0.1200872	0.2001655	-0.60	0.549	-0.5124044	0.27223
ind_8	0.1828302	0.203443	0.90	0.369	-0.2159107	0.5815711
ind_10	-0.0410667	0.2085893	-0.20	0.844	-0.4498943	0.3677608
_cons	-0.8650778	0.2037941	-4.24	0.000	-1.264507	-0.4656487

　　增加了其他的解释变量以后，模型显示，CEO 持股比例越高（ownership），公司越有可能进行研发投资，反过来，经理人如果是由政府任命，则公司进行研发投资的概率下降。CEO 的教育水平和所有权性质对应的系数不显著。

16.5　Probit 回归结果的输出

　　如果我们估计的模型不止一个，按照上面的输出格式报告结果必然会浪费大量的空间，也不方便读者阅读和比较，类似线性回归的报告方法，按照第 15 章所述，我们可以用 outreg 将结果格式化输出。假定我们要估计的模型如程序 16.5 所示。

程序 16.5：Probit 模型估计（一）

```
use f:\R&D,clear
tab ind,gen(ind_)
gen ln_size = ln(size)
probit RD_D ln_size ind_2-ind_10
probit RD_D ln_size private ind_2-ind_10
probit RD_D ln_size private ownership ind_2-ind_10
probit RD_D ln_size private ownership education ind_2-ind_10
probit RD_D ln_size private ownership education official ind_2-ind_10
```

可以把上面的程序修改为程序 16.6。

程序 16.6：Probit 模型估计（二）

```
use f:\R&D,clear
tab ind,gen(ind_)
gen ln_size = ln(size)
probit RD_D ln_size ind_2-ind_10
```

```
outreg using f:\RD_probit.txt, replace bdec(4) tdec(4)
probit RD_D ln_size private ind_2-ind_10
outreg using f:\RD_probit.txt, append bdec(4) tdec(4)
probit RD_D ln_size private ownership ind_2-ind_10
outreg using f:\RD_probit.txt, append bdec(4) tdec(4)
probit RD_D ln_size private ownership edu ind_2-ind_10
outreg using f:\RD_probit.txt, append bdec(4) tdec(4)
probit RD_D ln_size private ownership edu official ind_2-ind_10

outreg using f:\RD_probit.txt, append bdec(4) tdec(4)
```

程序运行以后，将文件 f：\ RD_probit.txt 的内容拷贝到 Word 中，得到如下的结果：

	(1)	(2)	(3)	(4)	(5)
	RD_D	RD_D	RD_D	RD_D	RD_D
ln_size	0.1776	0.1778	0.1791	0.1796	0.1816
	(11.8033)**	(11.8075)**	(11.7833)**	(11.8034)**	(11.8260)**
ind=1	0.0432	0.0382	0.0246	0.0209	0.0228
	(0.2280)	(0.2014)	(0.1286)	(0.1091)	(0.1190)
ind=2	-0.1225	-0.1264	-0.1078	-0.0966	-0.1027
	(0.6176)	(0.6366)	(0.5390)	(0.4820)	(0.5124)
ind=3	-0.1296	-0.1320	-0.1383	-0.1405	-0.1412
	(0.6531)	(0.6651)	(0.6924)	(0.7028)	(0.7061)
ind=4	-0.0032	-0.0085	-0.0327	-0.0314	-0.0184
	(0.0169)	(0.0452)	(0.1722)	(0.1648)	(0.0966)
ind=5	0.1234	0.1197	0.1337	0.1311	0.1307
	(0.6427)	(0.6227)	(0.6905)	(0.6767)	(0.6743)
ind=6	0.0075	0.0016	-0.0038	-0.0077	-0.0089
	(0.0393)	(0.0082)	(0.0198)	(0.0395)	(0.0457)
ind=7	0.3022	0.2944	0.2954	0.2956	0.2940
	(1.5487)	(1.5017)	(1.4930)	(1.4909)	(1.4819)
ind=8	0.1068	0.1024	0.0984	0.1033	0.1112
	(0.5206)	(0.4985)	(0.4740)	(0.4976)	(0.5343)
ind=9	0.0760	0.0728	0.0700	0.0619	0.0701
	(0.3780)	(0.3617)	(0.3455)	(0.3054)	(0.3455)
private		-0.0362	-0.0361	-0.0376	-0.0347
		(0.4125)	(0.4102)	(0.4267)	(0.3935)

```
ownership              0.9637 0.9577 0.9420
                  (3.6394)** (3.6156)** (3.5499)**
edu               0.1267 0.1257
                  (1.1629) (1.1532)
official                    -0.1267
                       (1.1677)
Constant -0.6417 -0.6239 -0.8918 -0.9938 -0.9763
    (4.0524)** (3.8026)** (4.9076)** (4.9194)** (4.8194)**
Observations 1000 1000 1000 1000 1000
Absolute value of z statistics in parentheses
* significant at 5% ; * * significant at 1%
```

重新调整各行顺序，并删除不必要的行，得到表 16.1 所示的结果。

表 16.1　　　　　　　　　　Probit 回归模型结果（一）

	(1)	(2)	(3)	(4)	(5)
	RD_D	RD_D	RD_D	RD_D	RD_D
ln_size	0.1776	0.1778	0.1791	0.1796	0.1816
	(11.8033)**	(11.8075)**	(11.7833)**	(11.8034)**	(11.8260)**
private		-0.0362	-0.0361	-0.0376	-0.0347
		(0.4125)	(0.4102)	(0.4267)	(0.3935)
ownership			0.9637	0.9577	0.9420
			(3.6394)**	(3.6156)**	(3.5499)**
edu				0.1267	0.1257
				(1.1629)	(1.1532)
official					-0.1267
					(1.1677)
ind = 1	0.0432	0.0382	0.0246	0.0209	0.0228
	(0.2280)	(0.2014)	(0.1286)	(0.1091)	(0.1190)
ind = 2	-0.1225	-0.1264	-0.1078	-0.0966	-0.1027
	(0.6176)	(0.6366)	(0.5390)	(0.4820)	(0.5124)
ind = 3	-0.1296	-0.1320	-0.1383	-0.1405	-0.1412
	(0.6531)	(0.6651)	(0.6924)	(0.7028)	(0.7061)
ind = 4	-0.0032	-0.0085	-0.0327	-0.0314	-0.0184
	(0.0169)	(0.0452)	(0.1722)	(0.1648)	(0.0966)
ind = 5	0.1234	0.1197	0.1337	0.1311	0.1307
	(0.6427)	(0.6227)	(0.6905)	(0.6767)	(0.6743)
ind = 6	0.0075	0.0016	-0.0038	-0.0077	-0.0089
	(0.0393)	(0.0082)	(0.0198)	(0.0395)	(0.0457)

续表

	(1)	(2)	(3)	(4)	(5)
ind = 7	0.3022	0.2944	0.2954	0.2956	0.2940
	(1.5487)	(1.5017)	(1.4930)	(1.4909)	(1.4819)
ind = 8	0.1068	0.1024	0.0984	0.1033	0.1112
	(0.5206)	(0.4985)	(0.4740)	(0.4976)	(0.5343)
ind = 9	0.0760	0.0728	0.0700	0.0619	0.0701
	(0.3780)	(0.3617)	(0.3455)	(0.3054)	(0.3455)
Constant	-0.6417	-0.6239	-0.8918	-0.9938	-0.9763
	(4.0524)**	(3.8026)**	(4.9076)**	(4.9194)**	(4.8194)**
Observations	1000	1000	1000	1000	1000

Absolute value of z statistics in parentheses.

* significant at 5%; * * significant at 1%.

　　事实上，以上的回归分析中，行业只是一个控制因素，具体的系数并不是我们关注的焦点，因此往往把这些系数省略掉。为此，我们可以直接删除以上表格对应的列，也可以修改 outreg 命令（见程序 16.7）。

程序 16.7：Probit 模型估计（三）

```
use f:\R&D,clear
tab ind,gen(ind_)
gen ln_size = ln(size)
probit RD_D ln_size ind_2 - ind_10
outreg size using f:\RD_probit.txt, replace bdec(4) tdec(4)
probit RD_D ln_size private ind_2 - ind_10
outreg size private using f:\RD_probit.txt, append bdec(4) tdec(4)
probit RD_D ln_size private ownership ind_2 - ind_10
outreg size private ownership using f:\RD_probit.txt, append bdec(4) tdec(4)
probit RD_D ln_size private ownership edu ind_2 - ind_10
outreg size private ownership edu using f:\RD_probit.txt, append bdec(4) tdec(4)
probit RD_D ln_size private ownership edu official ind_2 - ind_10
outreg size private ownership edu official using f:\RD_probit.txt, append bdec(4) tdec(4)
```

　　这里的变化主要是在 outreg 中设定了要输出的变量的系数，比如第一个回归中，解释变量是 size、ind_2、ind_3…ind_8、outreg 命令要求程序仅仅输出

size 的系数和对应的 t - 检验。注意，outreg 命令往往比较长，在 Word 文档中不能显示在同一行中。读者在输入命令的时候，注意不要随便用回车键换行。运行上面的程序，将文件 f：\ RD _ probit. txt 的内容拷贝到 Word 文本中，在表格菜单下，点击"转换"和"将文本转化成表格"得到如表 16.2 所示的结果。

表 16.2　　　　　　　　　　　　Probit 回归模型结果（二）

	(1)	(2)	(3)	(4)	(5)
	RD _ D	RD _ D	RD _ D	RD _ D	RD _ D
ln _ size	0. 1776	0. 1778	0. 1791	0. 1796	0. 1816
	(11. 8033)＊＊	(11. 8075)＊＊	(11. 7833)＊＊	(11. 8034)＊＊	(11. 8260)＊＊
private		− 0. 0362	− 0. 0361	− 0. 0376	− 0. 0347
		(0. 4125)	(0. 4102)	(0. 4267)	(0. 3935)
ownership			0. 9637	0. 9577	0. 9420
			(3. 6394)＊＊	(3. 6156)＊＊	(3. 5499)＊＊
edu				0. 1267	0. 1257
				(1. 1629)	(1. 1532)
official					− 0. 1267
					(1. 1677)
ind = 1	0. 0432	0. 0382	0. 0246	0. 0209	0. 0228
	(0. 2280)	(0. 2014)	(0. 1286)	(0. 1091)	(0. 1190)
ind = 2	− 0. 1225	− 0. 1264	− 0. 1078	− 0. 0966	− 0. 1027
	(0. 6176)	(0. 6366)	(0. 5390)	(0. 4820)	(0. 5124)
ind = 3	− 0. 1296	− 0. 1320	− 0. 1383	− 0. 1405	− 0. 1412
	(0. 6531)	(0. 6651)	(0. 6924)	(0. 7028)	(0. 7061)
ind = 4	− 0. 0032	− 0. 0085	− 0. 0327	− 0. 0314	− 0. 0184
	(0. 0169)	(0. 0452)	(0. 1722)	(0. 1648)	(0. 0966)
ind = 5	0. 1234	0. 1197	0. 1337	0. 1311	0. 1307
	(0. 6427)	(0. 6227)	(0. 6905)	(0. 6767)	(0. 6743)
ind = 6	0. 0075	0. 0016	− 0. 0038	− 0. 0077	− 0. 0089
	(0. 0393)	(0. 0082)	(0. 0198)	(0. 0395)	(0. 0457)
ind = 7	0. 3022	0. 2944	0. 2954	0. 2956	0. 2940
	(1. 5487)	(1. 5017)	(1. 4930)	(1. 4909)	(1. 4819)
ind = 8	0. 1068	0. 1024	0. 0984	0. 1033	0. 1112

	(1)	(2)	(3)	(4)	(5)
	(0.5206)	(0.4985)	(0.4740)	(0.4976)	(0.5343)
ind = 9	0.0760	0.0728	0.0700	0.0619	0.0701
	(0.3780)	(0.3617)	(0.3455)	(0.3054)	(0.3455)
Constant	−0.6417	−0.6239	−0.8918	−0.9938	−0.9763
	(4.0524)**	(3.8026)**	(4.9076)**	(4.9194)**	(4.8194)**
Observations	1000	1000	1000	1000	1000
	(1)	(2)	(3)	(4)	(5)
	RD_D	RD_D	RD_D	RD_D	RD_D
ln_size	0.1776	0.1778	0.1791	0.1796	0.1816
	(11.8033)**	(11.8075)**	(11.7833)**	(11.8034)**	(11.8260)**
private		−0.0362	−0.0361	−0.0376	−0.0347
		(0.4125)	(0.4102)	(0.4267)	(0.3935)
ownership			0.9637	0.9577	0.9420
			(3.6394)**	(3.6156)**	(3.5499)**
edu				0.1267	0.1257
				(1.1629)	(1.1532)
official					−0.1267
					(1.1677)
Constant	−0.6417	−0.6239	−0.8918	−0.9938	−0.9763
	(4.0524)**	(3.8026)**	(4.9076)**	(4.9194)**	(4.8194)**
Observations	1000	1000	1000	1000	1000

Absolute value of z statistics in parentheses.

* significant at 5%；** significant at 1%。

比较表 16.2 的输出和第 15 章中最小二乘的输出结果，表 16.2 没有给出拟合优度。当然，Probit 模型只有伪拟合优度，假定我们也要输出该结果，我们可以在 outreg 命令中增加 addstat 选项。在估计一个 Probit 模型以后，从命令输入窗口输入 ereturn list，可以得到如下的结果：

```
· ereturn list
scalars:
```

$$e(N) = 987$$

```
         e(ll_0) = -680.8088180722879
           e(ll) = -255.0352667907375
        e(df_m) = 12
         e(chi2) = 851.5471025631007
        e(r2_p) = .6253937081589651
      e(N_cdf) = 0
      e(N_cds) = 0
```

```
macros:
         e(cmdline) : "probit RD_D size private ownership education of-
ficial ind_2 - in.."
              e(title) : "Probit regression"
               e(vce) : "oim"
            e(depvar) : "RD_D"
               e(cmd) : "probit"
          e(crittype) : "log likelihood"
           e(predict) : "probit_p"
       e(properties) : "b V"
        e(estat_cmd) : "probit_estat"
          e(chi2type) : "LR"
```

```
matrices:
               e(b) : 1 x 13
               e(V) : 13 x 13
            e(rules) : 1 x 4
```

```
functions:
            e(sample)
```

　　其中的 e(r2_p) 储存的正是伪拟合优度，我们可以用 addstat 在输出结果中添加这一指标，对应的选项是 addstat(Pseudo R2， e(r2_p))，对 addstat( ) 要输入两个指标，本例中，前面部分，Pseudo R2 给出了将来输出结果表格中，该项目对应的表格第一列给出的名称，后面部分 e(r2_p)，是该项目的具体数字。增加 addstat( )选项以后，对应的程序见程序 16.8。

程序 16.8：Probit 模型估计（四）

```
use f:\R&D,clear
tab ind,gen(ind_)
gen ln_size = ln(size)
probit RD_D ln_size ind_2 - ind_10
outreg ln_size using f:\RD_probit.txt, replace bdec(4) tdec(4)
```

```
addstat(Pseudo R2,e(r2 _p))
probit RD _ D ln _ size private ind _ 2 - ind _ 10
outreg ln _ size private using f:\RD _ probit. txt, append bdec(4) tdec(4)
addstat(Pseudo R2,e(r2 _p))
probit RD _ D ln _ size private ownership ind _ 2 - ind _ 10
outreg ln _ size private ownership using f:\RD _ probit. txt, append bdec(4)
tdec(4) addstat(Pseudo R2,e(r2 _p))
probit RD _ D ln _ size private ownership edu ind _ 2 - ind _ 10
outreg ln _ size private ownership edu using f:\RD _ probit. txt, append
bdec(4) tdec(4) addstat(Pseudo R2,e(r2 _p))
probit RD _ D ln _ size private ownership edu official ind _ 2 - ind _ 10
outreg ln _ size private ownership edu official using f:\RD _ probit. txt,
append bdec(4) tdec(4) addstat(Pseudo R2,e(r2 _p))
```

对应输出的表格如表 16.3 所示。

表 16.3　　　　　　　　　　Probit 回归模型结果（三）

	(1)	(2)	(3)	(4)	(5)
	RD _ D	RD _ D	RD _ D	RD _ D	RD _ D
ln _ size	0. 1776	0. 1778	0. 1791	0. 1796	0. 1816
	(11. 8168) * *	(11. 8218) * *	(11. 7992) * *	(11. 8189) * *	(11. 8404) * *
private		−0. 0386	−0. 0386	−0. 0401	−0. 0375
		(0. 4413)	(0. 4385)	(0. 4555)	(0. 4256)
ownership			0. 9644	0. 9585	0. 9433
			(3. 6428) * *	(3. 6193) * *	(3. 5556) * *
edu				0. 1260	0. 1251
				(1. 1582)	(1. 1494)
official					−0. 1247
					(1. 1495)
Constant	−0. 5823	−0. 5660	−0. 8363	−0. 9386	−0. 9162
	(5. 2769) * *	(4. 8650) * *	(6. 0010) * *	(5. 6820) * *	(5. 5098) * *
Observations	1000	1000	1000	1000	1000
Pseudo R2	0. 1263	0. 1264	0. 1365	0. 1375	0. 1385

Absolute value of z statistics in parentheses.

* significant at 5% ; * * significant at 1% .

表格的下方是注释行，注释行告诉我们，表格中列出的系数下面的括号中的数字是系数对应的 t - 检验，同时，星号标注了 t - 检验的显著性程度，一个星号表示 5% 的显著性水平，两个星号表示 1% 的显著性程度。但是，某些期刊的表格要求使用三级星号注释，即一个星号表示 10% 的显著性水平，两个星号表示 5% 的显著性水平，三个星号则表示 1% 的显著性水平。为了达到这个要求，我们只需在 outreg 命令中增加 3aster 选项即可。进一步修改以上的程序如程序 16.9 所示。

程序 16.9：Probit 模型估计（五）

```
use f:\R&D,clear
tab ind,gen(ind_)
gen ln_size = ln(size)
probit RD_D ln_size ind_2-ind_10
outreg ln_size using f:\RD_probit.txt, replace bdec(4) tdec(4) addstat
(Pseudo R2,e(r2_p)) 3aster
probit RD_D ln_size private ind_2-ind_10
outreg ln_size private using f:\RD_probit.txt, append bdec(4) tdec(4)
addstat(Pseudo R2,e(r2_p)) 3aster
probit RD_D ln_size private ownership ind_2-ind_10
outreg ln_size private ownership using f:\RD_probit.txt, append bdec(4)
tdec(4) addstat(Pseudo R2,e(r2_p)) 3aster
probit RD_D ln_size private ownership edu ind_2-ind_10
outreg ln_size private ownership edu using f:\RD_probit.txt, append
bdec(4) tdec(4) addstat(Pseudo R2,e(r2_p)) 3aster
probit RD_D ln_size private ownership edu official ind_2-ind_10
outreg ln_size private ownership edu official using f:\RD_probit.txt,
append bdec(4) tdec(4) addstat(Pseudo R2,e(r2_p)) 3aster
```

对应输出的表格如表 16.4 所示。

表 16.4   Probit 回归模型结果（四）

	(1)	(2)	(3)	(4)	(5)
	RD_D	RD_D	RD_D	RD_D	RD_D
ln_size	0.1776	0.1778	0.1791	0.1796	0.1816
	(11.8168)***	(11.8218)***	(11.7992)***	(11.8189)***	(11.8404)***
private		-0.0386	-0.0386	-0.0401	-0.0375
		(0.4413)	(0.4385)	(0.4555)	(0.4256)

续表

	(1)	(2)	(3)	(4)	(5)
ownership			0.9644	0.9585	0.9433
			(3.6428)＊＊＊	(3.6193)＊＊＊	(3.5556)＊＊＊
edu				0.1260	0.1251
				(1.1582)	(1.1494)
official					−0.1247
					(1.1495)
Constant	−0.5823	−0.5660	−0.8363	−0.9386	−0.9162
	(5.2769)＊＊＊	(4.8650)＊＊＊	(6.0010)＊＊＊	(5.6820)＊＊＊	(5.5098)＊＊＊
Observations	1000	1000	1000	1000	1000
Pseudo R2	0.1263	0.1264	0.1365	0.1375	0.1385

Absolute value of z statistics in parentheses.

＊ significant at 10%；＊＊ significant at 5%；＊＊＊ significant at 1%.

　　当然，outreg 还有很多有用的选项，比如 addstat（）选项中，我们可以首先计算一个新的统计量（比如某几个变量的联合显著性检验 F），随着我们对程序的熟练，我们会逐渐介绍，读者也可以自己查询该命令的帮助文件。

16.6　边际效应

　　Probit 模型可以写成如下的形式：

$$\Pr(y = 1 \mid X) = E(Y = 1 \mid X) = \Phi(X\beta) \tag{16.2}$$

其中，$\Phi($ $)$是标准正态分布的分布函数，$X\beta$ 被称为正态指数。给定这一模型形式，自变量对 $\Pr(y = 1)$ 的边际效应为：

$$\frac{\partial \Pr(y = 1)}{\partial x_i} = \phi(X\beta)\beta_i \tag{16.3}$$

　　为了解释方便，我们往往直接计算出这个边际效应系数，以替代原始的 Probit 模型系数。Stata 的 dprobit 命令可以完成该任务，如果你需要得到 X 均值附近的边际效应，可以将上述的代码改写为程序 16.10。

程序 16.10：Probit 模型边际效应

```
use f:\R&D,clear
tab ind,gen(ind_)
gen ln_size = ln(size)
dprobit RD_D ln_size ind_2 - ind_8
outreg ln_size using f:\RD_probit.txt, replace bdec(4) tdec(4) addstat
```

```
(Pseudo R2,e(r2 _p)) 3aster
dprobit RD _ D ln _ size private ind _ 2 - ind _ 8
outreg ln _ size private using f:\RD _ probit. txt, append bdec(4) tdec(4)
addstat(Pseudo R2,e(r2 _p)) 3aster
dprobit RD _ D ln _ size private ownership ind _ 2 - ind _ 8
outreg ln _ size private ownership using f: \RD _ probit. txt, append bdec(4)
tdec(4) addstat(Pseudo R2,e(r2 _p)) 3aster
dprobit RD _ D ln _ size private ownership edu ind _ 2 - ind _ 8
outreg ln _ size private ownership edu using f: \RD _ probit. txt, append
bdec(4) tdec(4) addstat(Pseudo R2,e(r2 _p)) 3aster
dprobit RD _ D ln _ size private ownership edu official ind _ 2 - ind _ 8
outreg ln _ size private ownership edu official using f: \RD _ probit. txt,
append bdec(4) tdec(4) addstat(Pseudo R2,e(r2 _p)) 3aster
```

对应的输出结果如表 16.5 所示。

表 16.5   Probit 回归模型结果 （五）

	(1)	(2)	(3)	(4)	(5)
	RD _ D	RD _ D	RD _ D	RD _ D	RD _ D
ln _ size	0. 0662	0. 0663	0. 0666	0. 0668	0. 0675
	(11. 8168) ***	(11. 8218) ***	(11. 7992) ***	(11. 8189) ***	(11. 8404) ***
private		−0. 0144	−0. 0144	−0. 0149	−0. 0140
		(0. 4413)	(0. 4385)	(0. 4555)	(0. 4256)
ownership			0. 3589	0. 3566	0. 3508
			(3. 6428) ***	(3. 6193) ***	(3. 5556) ***
edu				0. 0475	0. 0471
				(1. 1582)	(1. 1494)
official					−0. 0469
					(1. 1495)
Observations	1000	1000	1000	1000	1000
Pseudo R2	0. 1263	0. 1264	0. 1365	0. 1375	0. 1385

Absolute value of z statistics in parentheses.

* Significant at 10% ; * * significant at 5% ; * * * significant at 1% .

16. 7   Logit 回归

在 Probit 模型中，$\Pr(y = 1 \mid X) = E(Y = 1 \mid X) = \Phi(X\beta)$ ，其中 $\Phi(\ )$ 是标

准正态分布的分布函数。Logit 模型与 Probit 模型类似，只是将 Φ( ) 换成了 logis-
tic 分布的分布函数，即

$$\Pr(y = 1 \mid X) = E(Y = 1 \mid X) = \frac{e^{X\beta}}{1 + e^{X\beta}} \qquad (16.4)$$

　　为了说明两个分布函数的相似性，我们用程序 16.6 模拟两个分布函数：我
们首先生成一个变量 x，其取值范围为区间（-5，5），然后计算出这些 x 对应
的标准正态分布的分布函数 normal 和 Logistic 分布的分布函数 Logistic，最后在同
一个坐标系中绘制 normal 和 Logistic 相对于 x 的曲线，也就是正态分布和 Logistic
分布在区间（-5，5）上的分布函数。

程序 16.11：模拟正态分布与 Logistic 分布函数之比较

```
clear
set obs 10000
gen x = uniform() * 10 - 5
gen normal = normal(x)
gen logistic = exp(x)/(1 + exp(x))


sort x
twoway line normal logistic x
```

程序输出如图 16.3 所示的图形。

　　图 16.3 说明了两个分布函数的相似性，不同点在于 Logistic 分布具有一定的
厚尾特性。由于两个分布函数的相似性，所以两个模型的估计结果也是类似的。
我们用程序 16.12 估计第二节的模型。

程序 16.12：Logit 模型估计（一）

```
use f:\R&D,clear
tab ind,gen(ind_)
gen ln_size = ln(size)
logit RD_D ln_size ind_2 - ind_10
outreg ln_size using f:\RD_logit.txt, replace bdec(4) tdec(4) addstat
(Pseudo R2,e(r2_p))
logit RD_D ln_size private ind_2 - ind_10
outreg ln_size private using f:\RD_logit.txt, append bdec(4) tdec(4)
addstat(Pseudo R2,e(r2_p))
logit RD_D ln_size private ownership ind_2 - ind_10
outreg ln_size private ownership using f:\RD_logit.txt, append bdec(4)
tdec(4) addstat(Pseudo R2,e(r2_p))
```

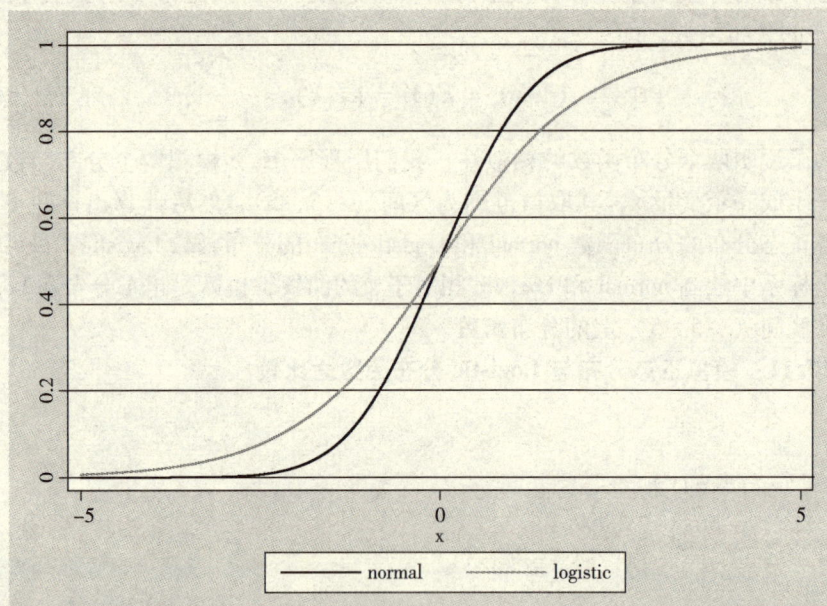

图 16. 3　程序 16. 6 输出结果图

```
logit RD _ D ln _ size private ownership edu ind _ 2 - ind _ 10
outreg ln _ size private ownership edu using f: \RD _ logit. txt, append bdec
(4) tdec(4) addstat(Pseudo R2,e(r2 _ p))
logit RD _ D ln _ size private ownership edu official ind _ 2 - ind _ 10
outreg ln _ size private ownership edu official using f: \RD _ logit. txt, ap-
pend bdec(4) tdec(4) addstat(Pseudo R2,e(r2 _ p))
```

　　估计结果如表 16. 6 所示。

表 16. 6　　　　　　　　　　程序 16. 12 输出结果

	(1)	(2)	(3)	(4)	(5)
	RD _ D	RD _ D	RD _ D	RD _ D	RD _ D
ln _ size	0. 2960	0. 2967	0. 2995	0. 3006	0. 3035
	(11. 1716) * *	(11. 1704) * *	(11. 1500) * *	(11. 1695) * *	(11. 1982) * *
private		− 0. 0732	− 0. 0779	− 0. 0814	− 0. 0760
		(0. 5040)	(0. 5331)	(0. 5570)	(0. 5193)
ownership			1. 5921	1. 5835	1. 5626

	(1)	(2)	(3)	(4)	(5)
			(3.6179)**	(3.5969)**	(3.5447)**
edu				0.2162	0.2158
				(1.1992)	(1.1973)
official					−0.2010
					(1.1115)
Constant	−1.0756	−1.0411	−1.4793	−1.6546	−1.6288
	(4.1481)**	(3.8820)**	(4.9500)**	(4.9580)**	(4.8706)**
Observations	1000	1000	1000	1000	1000
Pseudo R2	0.1260	0.1262	0.1361	0.1372	0.1381

Absolute value of z statistics in parentheses.

* significant at 5%; * * significant at 1%.

　　表16.6 的结果虽然和 Probit 回归结果具有类似的显著程度，但是各个系数差异却很大。由于这些系数不代表边际效应，我们需要把它们转化成边际效应以后才能进行比较。对 Logit 模型，我们可以在 Logit 模型后面用命令 mfx 计算边际效应。对应的程序见程序 16.13。

程序 16.13：Logit 模型估计（二）

```
use f:\R&D,clear
tab ind,gen(ind_)
gen ln_size = ln(size)
logit RD_D ln_size ind_2-ind_10
mfx
outreg ln_size using f:\RD_logit.txt, replace bdec(4) tdec(4) addstat
(Pseudo R2,e(r2_p))
logit RD_D ln_size private ind_2-ind_10
mfx
outreg ln_size private using f:\RD_logit.txt, append bdec(4) tdec(4)
addstat(Pseudo R2,e(r2_p))
logit RD_D ln_size private ownership ind_2-ind_10
mfx
outreg ln_size private ownership using f:\RD_logit.txt, append bdec(4)
tdec(4) addstat(Pseudo R2,e(r2_p))
logit RD_D ln_size private ownership edu ind_2-ind_10
```

```
mfx
outreg ln _ size private ownership edu using f:\RD _ logit.txt, append bdec
(4) tdec(4) addstat(Pseudo R2,e(r2 _ p))
logit RD _ D ln _ size private ownership edu official ind _ 2 - ind _ 10
mfx
outreg ln _ size private ownership edu official using f:\RD _ logit.txt, ap-
pend bdec(4) tdec(4) addstat(Pseudo R2,e(r2 _ p))
```

运行程序 16.13 后，我们将回归的输出结果转化成 MS Word 的表格（见表 16.7）。

表 16.7   Logit mfx 后 outreg 输出结果

	(1)	(2)	(3)	(4)	(5)
	RD _ D	RD _ D	RD _ D	RD _ D	RD _ D
ln _ size	0. 2960	0. 2967	0. 2995	0. 3006	0. 3035
	(11. 1716) ＊＊	(11. 1704) ＊＊	(11. 1500) ＊＊	(11. 1695) ＊＊	(11. 1982) ＊＊
private		− 0. 0732	− 0. 0779	− 0. 0814	− 0. 0760
		(0. 5040)	(0. 5331)	(0. 5570)	(0. 5193)
ownership			1. 5921	1. 5835	1. 5626
			(3. 6179) ＊＊	(3. 5969) ＊＊	(3. 5447) ＊＊
edu				0. 2162	0. 2158
				(1. 1992)	(1. 1973)
official					− 0. 2010
					(1. 1115)
Constant	− 1. 0756	− 1. 0411	− 1. 4793	− 1. 6546	− 1. 6288
	(4. 1481) ＊＊	(3. 8820) ＊＊	(4. 9500) ＊＊	(4. 9580) ＊＊	(4. 8706) ＊＊
Observations	1000	1000	1000	1000	1000
Pseudo R2	0. 1260	0. 1262	0. 1361	0. 1372	0. 1381

Absolute value of z statistics in parentheses.

＊ Significant at 5％；＊＊ significant at 1％.

程序输出的边际效应和 outreg 输出的表格中的系数并不一致。仔细分析屏幕输出，我们发现 outreg 输出的还是原始的 Logit 系数，与表 16.6 完全相同，这说明 outreg 命令不能输出 mfx 的结果，或者说 outreg 程序还有进一步修改的空间。为了得到边际效应的系数，我们使用另一个计算 Logit 边际效应的程序 dlogit2。这是一个用户写的程序，所以你的 Stata 中可能没有这个程序，在命令窗口中输入 findit dlogit2，按照提示安装该程序，然后将上面的程序改写为程序 16.14。

程序 16.14：用 dlogit2 计算 Logit 模型的边际效应

```
use f:\R&D,clear
tab ind,gen(ind_)
gen ln_size = ln(size)
logit RD_D ln_size ind_2-ind_10
local pseudo = e(r2_p)
dlogit2 RD_D ln_size ind_2-ind_10
outreg ln_size using f:\RD_logit.txt, replace bdec(4) tdec(4) addstat
(Pseudo R2,`pseudo')
logit RD_D ln_size private ind_2-ind_10
local pseudo = e(r2_p)
dlogit2 RD_D ln_size private ind_2-ind_10
outreg ln_size private using f:\RD_logit.txt, append bdec(4) tdec(4)
addstat(Pseudo R2, `pseudo')

logit RD_D ln_size private ownership ind_2-ind_10
local pseudo = e(r2_p)
dlogit2 RD_D ln_size private ownership ind_2-ind_10
outreg ln_size private ownership using f:\RD_logit.txt, append bdec(4)
tdec(4) addstat(Pseudo R2, `pseudo')

logit RD_D ln_size private ownership edu ind_2-ind_10
local pseudo = e(r2_p)
dlogit2 RD_D ln_size private ownership edu ind_2-ind_10
outreg ln_size private ownership edu using f:\RD_logit.txt, append bdec
(4) tdec(4) addstat(Pseudo R2, `pseudo')

logit RD_D ln_size private ownership edu official ind_2-ind_10
local pseudo = e(r2_p)
dlogit2 RD_D ln_size private ownership edu official ind_2-ind_10
outreg ln_size private ownership edu official using f:\RD_logit.txt, ap-
pend bdec(4) tdec(4) addstat(Pseudo R2, `pseudo')
```

　　在程序 16.14 中，对每一个 Logit 模型估计都用了 4 行，因为 dlogit 没有给出伪拟合优度，所以我们首先估计一次 Logit 模型，并把拟合优度放在一个名为 pseudo 的局部 local 中，然后直接用 dlogit2 估计边际效应，最后用 outreg 将估计结果输出。注意此时，由于 dlogit2 并没有给出 e(r2_p)，因此我们要修改

addstat()选项，并将第一步 Logit 命令中保留下的 pseudo 添加上去。输出结果如表 16.8 所示。

表 16.8　　　　　　　　用 dlogit2 计算 Logit 模型的边际效应

	(1)	(2)	(3)	(4)	(5)
	RD_D	RD_D	RD_D	RD_D	RD_D
ln_size	0.0675	0.0676	0.0680	0.0682	0.0689
	(11.7081)**	(11.7110)**	(11.7090)**	(11.7372)**	(11.7733)**
private		−0.0167	−0.0177	−0.0185	−0.0173
		(0.5041)	(0.5332)	(0.5572)	(0.5195)
ownership			0.3617	0.3596	0.3547
			(3.6261)**	(3.6049)**	(3.5527)**
edu				0.0491	0.0490
				(1.1997)	(1.1978)
official					−0.0456
					(1.1120)
Constant	−0.2452	−0.2373	−0.3361	−0.3757	−0.3697
	(4.0871)**	(3.8291)**	(4.8739)**	(4.8923)**	(4.8071)**
Observations	1000	1000	1000	1000	1000
Pseudo R2	0.1260	0.1262	0.1361	0.1372	0.1381

Absolute value of z statistics in parentheses.

∗ Significant at 5%；∗∗ significant at 1%.

不难看出，用 Logit 模型计算出的边际效应的结果与表 16.5 中用 Probit 模型计算的结果非常接近。事实上，由于正态分布的分布函数没有解析解，而 Logistic 分布的分布函数有容易计算的解析解，因此，最初的二元选择模型都是 Logit 模型，随着计算机的发展，计算速度越来越快，模型估计对计算速度的依赖性越来越小，Probit 模型才逐渐广泛应用起来。

16.8　顺序选择模型 oprobit（ologit）回归

假定我们要研究企业的专利申请数目与企业特征之间的关系，假定解释变量还是上面的那些因素，包括公司规模、股权结构、激励机制等，这时候我们可以用顺序选择模型 oprobit 或者 ologit。根据本章的数据，执行如下命令：

```
use f:\R&D,clear
```

```
tab ind,gen(ind_)
gen ln_size = ln(size)
tab patent
```

列出专利数量 patent 取值分布如表 16.9 所示。

表 16.9　　　　　　　　　　企业专利申请统计表

patent	Freq.	Percent	Cum.
0	424	42.40	42.40
1	89	8.90	51.30
2	114	11.40	62.70
3	86	8.60	71.30
4	83	8.30	79.60
5	67	6.70	86.30
6	44	4.40	90.70
7	36	3.60	94.30
8	26	2.60	96.90
9	14	1.40	98.30
10	9	0.90	99.20
11	1	0.10	99.30
12	5	0.50	99.80
13	2	0.20	100.00
Total	1000	100.00	

　　我们发现样本中企业的专利数目包括 14 个不同的取值，而且很少企业的专利数目超过 8 个，一般来说，对这样的被解释变量，如果用顺序选择模型，我们往往要将这些取值进一步归类，归并出一些大类。假定我们将企业专利申请的数目分为如下 4 类：

　　(1) 0：没有申请到专利；

　　(2) 1：申请到一个专利；

　　(3) 2：申请到两个专利；

　　(4) 3：申请到多个专利。

　　本节给出一个程序供读者参考，估计结果如表 16.10 所示。[①]

程序 16.15：ordered Logit 模型估计

```
use f:\R&D,clear
```

---

①　如果我们要估计 oprobit 模型，则只需将上面的程序中的 ologit 修改成 oprobit 即可。

```
tab ind,gen(ind_)
gen ln_size = ln(size)
replace patent = 3 if patent >3
tab patent

ologit patent ln_size private ind_2 - ind_10
outreg ln_size private using f:\ologit.txt, append bdec (4) tdec (4)
addstat(Pseudo R2, e(r2_p))
ologit patent ln_size private ownership ind_2 - ind_10
outreg ln_size private ownership using f:\ologit.txt, append bdec (4)
tdec(4) addstat(Pseudo R2, e(r2_p))
ologit patent ln_size private ownership edu ind_2 - ind_10
outreg ln_size private ownership edu using f:\ologit.txt, append bdec(4)
tdec(4) addstat(Pseudo R2, e(r2_p))
ologit patent ln_size private ownership edu official ind_2 - ind_10
outreg ln_size private ownership edu official using f:\ologit.txt, ap-
pend bdec(4) tdec(4) addstat(Pseudo R2, e(r2_p))
```

对应输出的结果如表 16.10 所示。

表 16.10   ologit 的输出结果

	(1)	(2)	(3)	(4)	(5)
	patent	patent	patent	patent	patent
ln_size	0.1409	0.1409	0.1405	0.1404	0.1385
	(7.3980) **	(7.3980) **	(7.3724) **	(7.3633) **	(7.2422) **
private	0.1607	0.1607	0.1619	0.1619	0.1581
	(1.2996)	(1.2996)	(1.3090)	(1.3094)	(1.2773)
ownership			0.2485	0.2495	0.2618
			(0.6668)	(0.6696)	(0.7021)
edu				−0.0226	−0.0235
				(0.1489)	(0.1543)
official					0.1848
					(1.2026)
Observations	1000	1000	1000	1000	1000
Pseudo R2		0.0456	0.0458	0.0458	0.0464

Absolute value of z statistics in parentheses.

* significant at 5%; ** significant at 1%.

第五篇　金融实证
研究方法专题

  本篇包括四章，涉及金融学研究中常用的方法。第17章介绍用蒙特卡洛模拟方法计算期权定价问题。第18章介绍利用中国数据进行的一项相对完备的实证研究过程：分析师跟踪与股票价格的同步性。通过本章的学习，读者能够掌握从数据下载、数据处理到回归分析的全过程。第19章利用分析师评级记录，研究市场对分析师评级的反应，通过这一章的学习，读者能够掌握事件研究的基本方法和计算程序。第20章是对照组研究的编程技巧。这一篇的介绍，限于当前的篇幅，不能尽情展开，即便如此，这些方法对大部分的研究生或本科生撰写毕业论文，应该能起到一定的帮助作用。

第 17 章

期权定价问题

17.1　期权及期权定价模型简介

　　期权又称选择权，是赋予期权购买者在规定期限内按双方约定的价格（简称协议价格，即 striking price）或执行价格（exercise price）购买或出售一定数量的某种金融资产（称为潜在金融资产或标的资产）的权利。

　　按期权购买者的权利划分，期权可分为看涨期权（call option）和看跌期权（put option）。看涨期权赋予购买者购买标的资产的权利，而看跌期权赋予期权购买者出售标的资产的权利。

　　按期权购买者可以执行期权的时限划分，期权可分为欧式期权和美式期权。美式期权可在期权有效期内任何时候执行，欧式期权只能在到期日执行。欧式期权比美式期权容易分析，并且美式期权的一些性质总是可由欧式期权的性质推导出来，因此本章分析的是欧式期权的定价问题。

　　早在 1900 年法国金融专家劳雷斯·巴舍利耶就发表了第一篇关于期权定价的文章。此后，各种经验公式或计量定价模型纷纷面世，但因种种局限难以得到普遍认同。20 世纪 70 年代以来，伴随着期权市场的迅速发展，期权定价理论的研究取得了突破性进展。

　　在国际衍生金融市场的形成发展过程中，期权的合理定价是困扰投资者的一大难题。随着计算机、先进通信技术的应用，复杂期权定价公式的运用成为可能。在过去的 20 年中，投资者通过运用 Black – Scholes 期权定价模型，将这一抽象的数字公式转变成了大量的财富。

　　期权定价是所有金融应用领域数学上最复杂的问题之一。第一个完整的期权定价模型由 Fisher Black 和 Myron Scholes 创立并于 1973 年公之于世。B – S 期权定价模型发表的时间和芝加哥期权交易所正式挂牌交易标准化期权合约几乎是同时。不久，得克萨斯仪器公司就推出了装有根据这一模型计算期权价值程序的计算器。现在，几乎所有从事期权交易的经纪人都持有各家公司出品的此类计算机，利用按照这一模型开发的程序对交易估价。本章将介绍如何运用 Stata 软件编程为 Black – Scholes 期权定价模型求解以及如何运用蒙特卡洛模拟计算期权价格。

17.2　Black – Scholes 期权定价模型

Black – Scholes 期权定价模型（以下简称 B – S 模型）及其假设条件：

1. B – S 模型有 6 个重要的假设：

（1）金融资产价格服从几何布朗运动；

（2）金融资产收益率服从对数正态分布；

（3）在期权有效期内，无风险利率和金融资产收益变量是恒定的；

（4）市场无摩擦，即不存在税收和交易成本；

（5）金融资产在期权有效期内无红利及其他所得；

（6）该期权是欧式期权，即在期权到期前不可实施。

2. B – S 定价公式：

$$c = S_0 N(d_1) - Xe^{-rT} N(d_2)$$

$$p = Xe^{-rT} N(-d_2) - S_0 N(-d_1)$$

$$d_1 = \frac{\ln(S_0/X) + (r + \sigma^2/2)T}{\sigma\sqrt{T}} \tag{17.1}$$

$$d_2 = \frac{\ln(S_0/X) + (r - \sigma^2/2)T}{\sigma\sqrt{T}} = d_1 - \sigma\sqrt{T}$$

其中，c：看涨期权的价格；p：看跌期权的价格；S_0：所交易金融资产现价；T：期权有效期；X：金融资产的交割价格；σ：年度化标准差；r：连续复利计算的无风险利率；$N(\cdot)$：标准正态变量的累计分布函数。

3. 利用 Stata 软件解 B – S 模型。

下面我们用 Stata 编程，利用 B – S 公式分别计算以下看涨期权和看跌期权的价格：

标的金融资产的现价是 42；

期权的执行价格是 40；

期权有效期是半年；

标的金融资产的预期收益率为10%；

标的金融资产的收益波动率为20%。

利用B－S公式计算看涨期权的Stata程序如程序17.1所示。

程序17.1：利用B－S公式计算看涨期权

```
1)clear
2)set mem 400m
3)set obs 1000000
4)local S0 =42
5)local X = 40
6)local T = 0.5
7)local sigma = 0.2
8)local r =0.1
9) * option price derived from Black - Scholes formulas
10)local d1 = (ln(`S0'/`X') + (`r' + `sigma'^2/2) * `T')/(`sigma' * sqrt
(`T'))
11)local d2 = `d1' - `sigma' * sqrt(`T')
12)local c = `S0' * normal(`d1') - `X' * exp(-`r' * `T') * normal(`d2')
13)disp `c'
```

程序17.1注释：

1）清空内存。

2）为Stata分配400兆的内存空间。

3）观测值为1000000个。

4）将标的金融资产的现价记在名为S0的local中。

5）将期权的执行价格存入名为X的local中，以备调用。

6）将期权的有效期存在名为T的local中，以备调用。

7）将标的资产的价格变动率存入sigma中。

8）将标的资产的预期收益记入名为r的local中。

9）以 * 开头的注释行。

10）将按B－S公式计算的d1的值保留在名为d1的local中。

11）将按B－S公式计算的d2的值保留在名为d2的local中。

12）将按B－S公式计算的看涨期权的价格保留在名为c的local中。

13）将看涨期权的价格直接输出到屏幕。

通过运行以上程序，Stata输出的看涨期权价格为4.7594224。

利用 B - S 公式计算看跌期权的 Stata 程序如程序 17.2 所示。

程序 17.2：利用 B - S 公式计算看跌期权

```
1)clear
2)set mem 400m
3)set obs 1000000
4) local S0 =42
5)local X = 40
6)local T = 0.5
7)local sigma = 0.2
8)local r =0.1
* option price derived from Black - Scholes formulas
9)local d1 = (ln(`S0'/`X') + (`r' + `sigma'^2/2) * `T')/(`sigma' * sqrt(`T'))
10)local d2 = `d1' - `sigma' * sqrt(`T')
11)local p = `X' * exp( - `r' * `T') * normal( - `d2') - `S0' * normal( - `d1')
12)disp `p'
```

程序 17.2 注释：

1）清空内存。

2）为 Stata 分配 400 兆的内存空间。

3）观测值为 1000000 个。

4）将标的金融资产的现价记在名为 S0 的 local 中。

5）将期权的执行价格存入名为 X 的 local 中，以备调用。

6）将期权的有效期存在名为 T 的 local 中，以备调用。

7）将标的资产的价格变动率存入 sigma 中。

8）将标的资产的预期收益记入名为 r 的 local 中。

9）将按 B - S 公式计算的 d1 的值保留在名为 d1 的 local 中。

10）将按 B - S 公式计算的 d2 的值保留在名为 d2 的 local 中。

11）将按 B - S 公式计算的看跌期权的价格保留在名为 c 的 local 中。

12）将看跌期权的价格直接输出到屏幕。

通过运行以上程序，Stata 输出的看跌期权价格为 0.80859937。

17.3　用蒙特卡洛模拟计算期权价格

标的金融资产的价格服从几何布朗运动，因此

$$dS = \mu Sdt + \sigma Sdz$$

$$\mathrm{dln}S = (\mu - \frac{\sigma^2}{2})\mathrm{d}t + \sigma\mathrm{d}z$$

$$\ln S_T - \ln S_0 \sim N[(\mu - \frac{\sigma^2}{2})T, \sigma\sqrt{T}]$$

$$\ln S_T \sim N[\ln S_0 + (\mu - \frac{\sigma^2}{2})T, \sigma\sqrt{T}]$$

其中，S_T：T 时刻金融资产的市场价格；S_0：金融资产的现价；μ：金融资产的预期收益；σ：金融资产收益的年度变动率。

例：如果一项金融资产的现价为 40 元，预期收益率为 16%，金融资产收益的年度化标准差为 20%，那么该项金融资产 6 个月后的收益分布可表示为

$$\ln S_T \sim N[\ln 40 + (0.16 - 0.2^2/2) \times 0.5, 0.2\sqrt{0.5}]$$
$$\ln S_T \sim N(3.759, 0.141)$$

因为标的金融资产的价格服从对数正态分布，所以我们就可以通过模拟生成大量的标的资产到期时的市场价格，然后根据每个到期日的资产价格计算期权的价格，最后把到期日的期权价格根据无风险利率折现，就得到了我们所要得到的期权价格。

仍以上述期权为例，用蒙特卡洛模拟计算看涨期权的 Stata 程序如程序 17.3 所示。

程序 17.3：利用蒙特卡洛模拟计算看涨期权

```
1)clear
2)set mem 400m
3)set obs 10000
4)local S0 =42
5)local X = 40
6)local T = 0.5
7)local sigma = 0.2
8)local r =0.1
9)gen ln_ds = (`r'-`sigma'^2/2)*`T'+`sigma'*sqrt(`T')*invnorm
(uniform())
10)gen ST = `S0'*exp(ln_ds)
11)gen CT=max(0, ST-`X')*exp(-`r'*`T')
12)sum CT
13)local CT = r(mean)
14)disp `CT'
```

程序 17.3 注释：

1）清空内存。

2）为 Stata 分配 400 兆的内存空间。

2）观测值为 10000 个。

4）将标的金融资产的现价记在名为 S0 的 local 中。

5）将期权的执行价格存入名为 X 的 local 中，以备调用。

6）将期权的有效期存在名为 T 的 local 中，以备调用。

7）将标的资产的价格变动率存入 sigma 中。

8）将标的资产的预期收益记入名为 r 的 local 中。

9）生成变量 ln_ds，使得 ln_ds 服从均值为 $(\mu - \frac{\sigma^2}{2})T$，标准差为 $\sigma\sqrt{T}$ 正态分布。

10）生成变量 ST，即蒙特卡洛模拟生成的标的资产到期日的市场价格。

11）计算看涨期权的价格 CT。

12）计算 CT 的基本统计特征，包括均值。

13）将 CT 的均值保存在名为 CT 的 local 中。

14）将 CT 的值直接输出到屏幕。

屏幕输出的结果如图 17.1 所示。

```
. sum CT

    Variable |     Obs        Mean    Std. Dev.      Min         Max
    ---------+-------------------------------------------------------
          CT |   10000    4.755608    4.953323         0    32.12777

.
. local CT = r(mean)

. disp `CT'
4.7556077
```

图 17.1 程序 17.3 运行结果

由于每次生成的 ST 值是随机的，所以每次运行程序输出的 CT 值都是不同的，但差别微乎其微。

用蒙特卡洛模拟计算看跌期权的 Stata 程序如程序 17.4 所示。

程序 17.4：利用蒙特卡洛模拟计算看跌期权

```
1)clear
2)set mem 400m
3)set obs 10000
```

```
4)local S0 =42
5)local X = 40
6)local T = 0.5
7)local sigma = 0.2
8)local r =0.1
9)gen ln_ds = (`r'-`sigma'^2/2)*`T'+`sigma'*sqrt(`T')*invnorm(u-
niform())
10)gen ST = `S0'*exp(ln_ds)
11)gen PT =max(`X'-ST,0)*exp(-`r'*`T')
12)sum PT
13)local PT = r(mean)
14) disp `PT'
```

程序 17.4 注释：

1）清空内存。

2）为 Stata 分配 400 兆的内存空间。

3）观测值为 10000 个。

4）将标的金融资产的现价记在名为 S0 的 local 中。

5）将期权的执行价格存入名为 X 的 local 中，以备调用。

6）将期权的有效期存在名为 T 的 local 中，以备调用。

7）将标的资产的价格变动率存入 sigma 中。

8）将标的资产的预期收益记入名为 r 的 local 中。

9）生成变量 ln_ds，使得 ln_ds 服从均值为 $(\mu-\frac{\sigma^2}{2})T$，标准差为 $\sigma\sqrt{T}$ 的

正态分布。

10）生成变量 ST，即蒙特卡洛模拟生成的标的资产到期日的市场价格。

11）计算看跌期权的价格 PT。

12）计算 PT 的基本统计特征，包括均值。

13）将 PT 的均值保存在名为 PT 的 local 中。

14）将 PT 的值直接输出到屏幕。

屏幕输出结果如图 17.4 所示。

由于每次生成的 ST 值是随机的，因此每次运行程序输出的 PT 值都是不同的，但差别微乎其微。

```
. sum PT

    variable |     Obs        Mean    Std. Dev.        Min        Max
    ---------+------------------------------------------------------
          PT |   10000   0.8227868    1.864634          0   14.83737

.
. local PT = r(mean)

. disp `PT'
.82278677
```

图 17.2　程序 17.4 运行结果

17.4　修正的 B-S 期权定价模型

至于金融资产价格的变动性，有些分析师认为是新信息的公布导致了金融资产价格的易变性，另外一些分析师则认为金融资产价格的变动是由交易驱动的，是人们买卖金融资产的行为使得金融资产的价格不断变动。Fama 和 French 对以下两种变动率进行了比较：（1）连续两个交易日以收盘价计算的金融资产收益的变动率；（2）以周五和周一的收盘价计算的金融资产收益的变动率。如果金融资产收益的变动完全是由新信息的公布导致的，那么周五到周一的收益变动率应该是连续两个交易日收益变动率的三倍。通过比较，Fama 发现金融资产周五到周一收益的变动率比连续两个交易日的变动率大 22%，French 则发现周五到周一的收益变动率比连续两个交易日的变动率大 19%。支持信息导致金融资产收益变动的理论的分析师认为，新信息通常在交易日公布，周末几乎没有新信息公布。但从农产品市场分析得出的结论却与之不符。因为农产品的价格很大程度上受天气状况的影响，而有关天气状况的信息量在周末和工作日几乎是相同的，但针对农产品收益的变动率的分析得出了与 Fama 和 French 相类似的结论。这表明，即使是农产品，其价格在交易日的变动率都比在周末的变动率大。

如果用日数据估计变动率，则那些非交易日就应该不予考虑，因此，年度化变动率可以通过以下公式（17.2）用平均交易日变动率计算：

$$Volatility/Annual = Volatility/tradingday \times \sqrt{number\ of\ trading\ days\ per\ annual}$$

$$(17.2)$$

其中，*Volatility/Annual*：年度平均变动率；*Volatility/tradingday*：交易日平均变动率；*number of trading days per annual*：年平均交易天数（一般以 252 天计算）。

French 认为标的资产价格的变动很大程度上是由交易导致的，但是利息是按照借贷的总时间计算的，不区分交易日和非交易日，因此，应该引入两个时间变量 T1 和 T2。T1 是期权有效期内总交易日与年总交易日的比值，T2 是期权有效期内的总天数与每年总天数的比值。

根据 French 的分析，修正的 B－S 期权定价公式如下：

$$c = S_0 N(d_1) - Xe^{-rT_1} N(d_2)$$

$$p = Xe^{-rT_1} N(-d_2) - S_0 N(-d_1)$$

$$d_1 = \frac{\ln(S_0/X) + (rT_1 + \sigma^2 T_2/2)}{\sigma \sqrt{T_2}}$$

$$d_2 = \frac{\ln(S_0/X) + (rT_1 - \sigma^2 T_2/2)}{\sigma \sqrt{T_2}} = d_1 - \sigma \sqrt{T_2} \tag{17.3}$$

有兴趣的读者可以用本章中的例题根据修正过的 B－S 模型编写 Stata 程序，分别计算看涨期权和看跌期权的价格。

第 18 章

股票价格与指数的同步性

18.1 问题概述

股票分析师能否为市场提供有价值的信息，一直是学术界和管理层争论的热点问题，而分析师提供信息的准确性和及时性直接影响着市场的效率和公平。Lang et al.（2004）认为[①]，在发展中国家，由于信息来源不畅通，分析师的信息尤其重要，故被较多分析师跟踪的公司，其股票估值也较高。这一研究没有涉及股票收益同步性的问题，然而关于股票收益同步性的研究却往往发现，在广大的发展中国家，分析师跟踪与股票价格的信息含量负相关。也就是说，较多的分析师跟踪并不意味着这些分析师能够提供有价值的投资信息。

如果市场没有上市公司的基本面信息，所有的信息都来源于整个宏观经济运行，那么不同股票价格的波动也就应该是相同的，所有的股票将是同步跌升。如果市场信息是来自于上市公司的基本面信息，影响每只股票价格波动的因素各不相同，则同步性下降。因为分析师是信息收集和加工的中介，通过分析同步性与分析师人数之间的关系，可以间接推断出分析师是否在收集和加工公司的基本面信息，是否能够提供有效的投资咨询。

Morck et al.（2000）率先提出了同步性的测度问题。对任意公司 i 和财政年度 j，用公司双周收益率 R_{ijt} 对市场双周收益率 R_{mt} 估计如下的 CAPM 模型[②]：

---

① Lang, M., Lins, K., Miller, D., 2004. Concentrated control, analyst following and valuation: do analysts matter most when investors are protected least? *Journal of Accounting Research* 42, 589 – 623.

② 本书用单周收益估计 CAPM 模型。股票价格或者指数收益用星期三收盘价相对于上一个星期三收盘价的变动率来计算。

$$R_{ijt} = \beta_0 + \beta_1 R_{mt} + \varepsilon_{ijt}, (t \text{ 为 } 1 \sim 50) \tag{18.1}$$

如果回归结果的拟合优度是 R^2，那么 R^2 越高，则说明该年度内，该股票的价格走势与市场指数的走势越接近，因此同步性越高。鉴于同步性本身要在后面的回归分析中作为被解释变量，R^2 却是一个介于 0 到 1 之间的数据，有悖于线性回归中关于残差项正态分布的基本假设。因此，Morck et al. (2000) 对 R^2 作如下的 Logistic 变换并定义为同步性（Synchronicity）：

$$\text{Synchronicity} = \ln\left(\frac{R^2}{1 - R^2}\right) \tag{18.2}$$

不难看出，这一变换是一个单调变换，R^2 越高，对应的同步性也越高，只是同步性的取值范围变成了整个实数域。① 本案例计算中国上市股票价格与市场指数的同步性。

18.2　数据说明

本案例使用的数据涉及两个方面：（1）上市公司的日交易数据；（2）有关分析师跟踪的记录。两个数据均来自 Wind 资讯，其中交易数据的下载见第 12 章有关交易数据的下载，分析师跟踪的记录来自 Wind 特别统计中的有关研究报告。通过研究报告栏目我们得到 Excel 文件 e：\ analyst \ analyst _ forecast. exl，数据格式如表 18.1 所示。

表 18.1　　分析师评级数据片段（e：\ analyst \ analyst _ forecast. exl）

代码	名称	机构名称	研究员	投资评级		调整方向	最新评级日期
				评级（最新）	评级（前次）		
600970. SH	中材国际	国信证券	杨昕	2_谨慎推荐	2_谨慎推荐	维持（多）	20071101
600631. SH	百联股份	国泰君安	刘冰	2_谨慎增持	2_谨慎增持	维持（多）	20071101
600028. SH	中国石化	国信证券	李晨	3_中性	1_推荐	调低	20071101

---

① Morck et al. (2000) 使用的另一个同步性测度是利用非参数符号检验（Sign Test）原理，如果一个地区股票同步性较低，那么在一周内，上涨的公司数和下跌的公司数应该一样多，由此给出了检验。我们没有采用这一方法，因为如果宏观经济趋势明显，这一方法很容易高估同步性，而且这一方法更适合估计整个市场的同步性而非个股与市场指数的同步性。

续表

| 代码 | 名称 | 机构名称 | 研究员 | 投资评级 | | 调整方向 | 最新评级日期 |
				评级（最新）	评级（前次）		
000537. SZ	广宇发展	中投证券	李少明	2_推荐	2_推荐	维持（多）	20071101
601328. SH	交通银行	国泰君安	伍永刚	1_增持	1_增持	维持（多）	20071101
601628. SH	中国人寿	国泰君安	伍永刚	1_增持	1_增持	维持（多）	20071101
000002. SZ	万科 A	中信证券	王德勇	1_买入	1_买入	维持（多）	20071101
600067. SH	冠城大通	中信证券	王德勇	1_买入	1_买入	维持（多）	20071101
600028. SH	中国石化	国金证券	刘波	2_买入	2_买入	维持（多）	20071101
600327. SH	大厦股份	海通证券	路颖	2_增持	2_增持	维持（多）	20071101
600525. SH	长园新材	联合证券	杨军	2_增持	2_增持	维持（多）	20071101
600754. SH	锦江股份	国泰君安	陈锡伟	1_增持	1_增持	维持（多）	20071101
600015. SH	华夏银行	国泰君安	伍永刚	3_中性	3_中性	维持（平）	20071101
600806. SH	昆明机床	海通证券	龙华	1_买入	1_买入	维持（多）	20071101
600162. SH	香江控股	中信证券	王德勇	1_买入	1_买入	维持（多）	20071101

通过 Excel 软件将该文件重新编码，将第一行变成（英文、数字和下画线构成的）变量名称，然后保存为文本格式（tab delimited text format），比如，经过这样编码后的数据文件被命名为 e：\ analyst \ analyst _ forecast _ coded. txt，如表 18.2 所示。

表 18.2　编码后的分析师评级数据片段 e：\ analyst \ analyst _ forecast _ coded. txt

stkcd	ib _ name	analyst	new _ forecast	old _ forecast	adjust _ direction	forecast _ date
600970	国信证券	杨昕	2_谨慎推荐	2_谨慎推荐	维持（多）	20071101
600631	国泰君安	刘冰	2_谨慎增持	2_谨慎增持	维持（多）	20071101
600028	国信证券	李晨	3_中性	1_推荐	调低	20071101
000537	中投证券	李少明	2_推荐	2_推荐	维持（多）	20071101
601328	国泰君安	伍永刚	1_增持	1_增持	维持（多）	20071101
601628	国泰君安	伍永刚	1_增持	1_增持	维持（多）	20071101
000002	中信证券	王德勇	1_买入	1_买入	维持（多）	20071101
600067	中信证券	王德勇	1_买入	1_买入	维持（多）	20071101
600028	国金证券	刘波	2_买入	2_买入	维持（多）	20071101
600327	海通证券	路颖	2_增持	2_增持	维持（多）	20071101

stkcd	ib _ name	analyst	new _ forecast	old _ forecast	adjust _ direction	forecast _ date
600525	联合证券	杨军	2 _增持	2 _增持	维持（多）	20071101
600754	国泰君安	陈锡伟	1 _增持	1 _增持	维持（多）	20071101
600015	国泰君安	伍永刚	3 _中性	3 _中性	维持（平）	20071101
600806	海通证券	龙华	1 _买入	1 _买入	维持（多）	20071101
600162	中信证券	王德勇	1 _买入	1 _买入	维持（多）	20071101

18.3　同步性的计算及程序

我们首先计算每一年跟踪每一家上市公司的分析师人数，编程的思想非常简单，首先将分析师评级文件读入内存，然后计算出每一个评级对应的年份，然后将针对同一上市公司、同一年份的、同一个评级机构的姓名相同的分析师剔除掉（比如，中银国际的名为 X 的分析师在同一个年份中对上市公司 Y 有多次评级，我们只认为中银国际有一个分析师 X 对 Y 公司进行了跟踪，而不认为是多个名为 X 的分析师跟踪了该公司，因此只保留一个）。对应的程序如程序 18.1 所示。

程序 18.1：跟踪分析师的人数：e：\ analyst \ analyst _ num. do

```
1)clear

2)set mem 200m

3)insheet using e：\analyst \analyst _ forecast _ coded. txt

4)gen temp = real(substr( new _ forecast, 1,1))

5)drop new _ forecast

6)rename temp new _ forecast

7)gen temp = real(substr( old _ forecast, 1,1))

8)drop old _ forecast

9)rename temp old _ forecast

10)gen year = int(forecast _ date/10000)

11)drop if year ==. | new _ forecast ==.
```

```
12)sort stkcd year ib _ name analyst forecast _ date
13)by stkcd year ib _ name analyst: keep if _ n == 1

14)sort stkcd year
15)by stkcd year: gen analyst _ num = _ N

16)by stkcd year: keep if _ n == 1

17)keep stkcd year analyst _ num

18)sort stkcd year
19)save e:\analyst \analyst _ num, replace
```

程序 18.1 注释:

1) 清空内存。

2) 为 Stata 分配 200M 内存。

3) 读入编码后的分析师评级数据 e：\ analyst \ analyst _ forecast _ coded. txt。

4) new _ forecast 表示最新评级,是一个数字和字符构成的字符串,数字部分取值为 1、2、3、4、5,分别代表强力买进、买进、持有、卖出和强力卖出,正好是数字后面的字符部分的取值,因此,为了处理方便,我们只需要将数字部分提取出来即可。其中用到函数 substr（new _ forecast, 1, 1）,该函数将 new _ forecast 的第一个字符（从第一个字符开始,长度为 1 的子字符串）提取出来,对应的返回值仍然是字符串,虽然是数字构成的,然后我们用 real( ) 函数将这个数字构成的字符串转化为数字,并保存在一个临时变量 temp 中。

5) 删除变量 new _ forecast。

6) 将临时变量 temp 重命名为 new _ forecast。

7) 提取 old _ forecast（上次评级）变量的第一个字符,转化成数字后保存在 temp 变量中。

8) 删除变量 old _ forecast。

9) 将变量 temp 重命名为 old _ forecast 。

10) 根据评级公告日期得到评级发生的年份（因为我们要按年份计算跟踪某一上市公司的分析师人数,所以生成此变量）。

11) 删除评级年份或者最新评级为空值的记录（部分报告由于数据录入的错误,导致评级日期丢失或者最新评级本身并没有按照 1 – 5 五档进行严格区分,这是极个别的情况）。

12）将数据按照 stkcd（股票代码）year（评级年份）ib _ name（评级机构）analyst（分析师名字）和 forecast _ date（评级日期）进行排序。

13）相同的 stkcd year ib _ name analyst，只保留第一个记录。

14）将数据按照 stkcd 和 year 排序。

15）计算同一上市公司、同一年份中分析师的个数，记作 analyst _ num，其中_ N 表示观测值的数目（区别于_ n，观测值的次序）。

16）对每一个公司年份只保留一个记录。

17）只保留公司代码、年份和分析师人数。

18）将数据按照 stkcd 和 year 排序。

19）将数据保存为 Stata 数据文件 e：\ analyst \ analyst _ num. dta。

我们用以下简单的程序（程序 18.2）计算股票价格的同步性。编程的思想是对每一只股票的每一个年份分别估计一个公式（18.1）所示的 CAPM 模型，这样我们就得到对应的拟合优度 R^2，然后，按照公式（18.2）计算股票价格与市场指数的同步性。具体的程序和注释如下：

程序 18.2：计算同步性

```
1)use E：\trade _ 2007 \trade _ 2007, clear
2)drop stknme v25 PC PS PN tsh PE Boustsh Aoustsh tmkcap Bmkcap Amkcap
TVrate Avgpric Chgeper prcchge DNvaltrd DNshrtrd PrevClo
3)gen trddt = date(Trddt, "ymd")
4)drop Trddt
5)format trddt % dCY _ N _ D
6)sort trddt
7)merge trddt using e：\trade _ 2007 \index \sha
8)drop _ m

9)gen dow = dow(trddt)
10)gen year = year(trddt)
11)keep if year ＞2002

12)gen wednesday = (dow ==3)
13)sort stkcd year trddt
14)by stkcd year: gen week = sum(wednesday)

15)sort stkcd year week trddt
16)by stkcd year week: keep if _ n ==_ N
```

```
17)sort stkcd trddt
18)by stkcd: gen ri = Clsprc/Clsprc[_n-1]-1 if stkcd==stkcd[_n-1]
19)by stkcd: gen rm = sha_index/sha_index[_n-1]-1 if stkcd==stkcd
[_n-1]

20)sort stkcd year
21)by stkcd year: keep if _N>=20

22)egen firm = group(stkcd)
23)qui sum firm
24)local FIRM = r(max)

25)capture postclose syncronicity

26)postfile syncronicity stkcd year syn resvar return_sd using e:\ana-
lyst\syncronicity, replace

27)forval i = 1(1) `FIRM' {
28)disp "`i' of `FIRM'"
29)preserve
30)qui keep if firm==`i'
31)local stkcd=stkcd[1]
32)forval year=2003(1) 2007 {
33)qui sum ri if year==`year'
34)if r(N)==0 {
35)disp "zero obs, continue"
36)continue
37)}
38)local return_sd = r(sd)
39)qui capture drop res
40)qui reg ri rm if year==`year'
41)qui predict res if year==`year', r
42)qui sum res if year==`year'
43)local resvar =r(Var)
44)local r_squ = e(r2)
```

```
45)local s = ln(`r_squ'/(1 -`r_squ'))

46)post syncronicity (`stkcd') (`year') (`s') (`resvar') (`return_sd')
47)}

48)restore
49)qui drop if firm == `i'
50)}
51)postclose syncronicity

52)clear
53)use e:\analyst\syncronicity
```

程序 18.2 注释:

1) 读入交易数据 E: \ trade _ 2007 \ trade _ 2007。注意,在作者原始的研究中,这个程序本身是嵌套在另一个主程序 (main. do) 中的,主程序一开始就为 Stata 分配了足够的内存,因此,此时我们不再单独为 Stata 分配内存,如单独运行这一程序片段,由于 2007 年之前的交易数据本身很大,需要用 set memory 命令为 Stata 分配至少 300 兆的内存。

2) 原始的交易数据涉及很多本研究用不上的变量,因此剔除这些变量。

3) 将字符型变量 Trddt (yyyy - mm - dd 格式) 转化成 Stata 的日期格式,并保存在变量 trddt 中。

4) 删除字符型变量 trddt。

5) 改变 Stata 的日期数据 trddt 的显示格式为 "yyyy mm dd"。

6) 将数据按照交易日期 trddt 从小到大排序。

7) 将指数收益数据 e: \ trade _2007 \ index \ sha. dta 按照交易日期 trddt 与前面排序过的交易数据横向合并 (注意,必须保证 e: \ trade _2007 \ index \ sha. dta 的样本已经包含一个变量 Stata 的日期型变量 trddt,而且各个观测值已经按照交易日期 trddt 排序过)。

8) 删除横向合并的标志变量_ merge (该变量因 merge 命令而产生)。

9) 生成变量 dow (day of week,交易日为星期一则对应于 dow =1)。

10) 生成变量 year,代表交易日对应的年份。

11) 删除 2002 年之前的交易记录。

12) 生成哑变量 Wednesday,星期三的交易日对应 Wednesday 等于 1,其他情况取值为 0。

13）将数据按照股票代码，年份和交易日期升序排列。

14）对相同的股票代码和年份，生成交易日期对应的周次（定义为从上周的周三收盘到本周周三收盘），比如某只股票在 2004 年交易的第一个周对应的 week 等于 1，第二周对应的 week 等于 2，依此类推。此处用到函数 sum( )，它将哑变量 Wednesday 在相同股票代码、相同年份中，按照 trddt 的先后顺序进行累加。

15）数据按照 stkcd、year、week、trddt 等重新排序。

16）每一个股票代码、年份和交易周，只保留最后一个结果（周三的交易记录）。

17）将数据按照 stkcd 和 trddt 重新排序。

18）计算股票的周收益率 ri，注意此处我们直接用收盘价来计算周收益率了，一般情况下，这一计算会由于分红和配股等行为而产生误差，但是，Wind 数据库提供的收盘价包含复权的价格，即价格本身已经根据分红配股等行为进行了调整，而不是实际的收盘价，因此我们可以很方便地计算股票的周收益率。

19）类似股票的周收益率，我们计算出对应的市场周收益率 rm。

20）将数据按照 stkcd 和 trddt 重新排序。

21）我们要求每只股票在每一个自然年中至少交易 20 周，否则将其从样本中剔除。

22）以下三行计算此时样本中的股票个数，我们也可以用 codebook 命令来完成该任务，我们首先给股票编码，比如说按照 1 到 1500 编码，并把编码记作 firm。

23）计算有关 firm 变量的基本统计特征，这里的目的是计算最大值。

24）将该最大值记录在一个局部宏 FIRM 中，以便将来循环中调用。

25）我们本来是要打开一个 post 文件，在调试程序中，常常由于该 post 文件已经打开而出错，所以我们用一个 capture 命令，如果 post 文件 syncronicity 已经打开，则将它关掉，否则就忽略该 postclose 命令。

26）定义一个 post 文件 syncronicity，其中该文件包含变量有 stkcd、year、syn、resvar、return _和 sd，分别代表股票代码、年份、同步性、噪声、股票收益率的标准差等，保存在 e：\ analyst \ syncronicity. dta 文件中。

27）对每一只股票进行如下的循环 forval i = 1(1) `FIRM´ {。

28）屏幕输出计数器 i 和总循环次数 `FIRM´，以便用户知道循环进行了多少次。

29）用 preserve 命令预存数据，此后可以对数据进行任何操作，直到程序执行到下一个 restore 命令，Stata 将恢复内存中的数据，达到 preserve 前的状态。

30）只保留公司编码为 firm＝＝`i' 的那些记录。

31）将对应的股票代码，也就是第一条记录对应的股票代码，保存在局部宏 stkcd 中。

32）对 2003 年到 2007 年间的每一个年份进行如下的循环（这是第二层循环）forval year＝2003（1）2007 ｛。

33）对 year 年的记录，计算 ri 变量的基本统计特征，此处主要是为了得到该股票在该年中的交易周数和周收益的标准差。

34）如果交易周数 r（N）＝＝0，则执行如下的程序 ｛。

35）屏幕输出"zero obs，continue"。

36）回到第二层循环的起始阶段。

37）｝。

38）如果 r（N）＝＝0，则定义局部宏 return _ sd ＝ r（sd），即股票周收益的标准差。

39）删除变量 res（如果此变量存在的话）。

40）估计一个 CAMP 模型（仅仅用当前某一只股票某一个年份的数据）。

41）计算对应的残差，记作 res，其中 predict 后面，逗号后的 r 代表 residual，告诉 Stata 该预测是用来预测残差。

42）计算残差项的基本统计量。

43）将残差的方差保存在局部宏 resvar 中。

44）将回归模型的拟合优度 R^2 保存在局部宏 r _ squ 中。

45）计算同步性，并保存在局部宏 s 中。

46）将局部宏 `stkcd'、`year'、`s'、`resvar'、`return _ sd' 按照前面定义的 post 文件 syncronicity 的格式，作为一条观测记录，输出到外部文件中。

47）｝ 结束第二层循环。

48）restore 将数据恢复到 preserve 前的水平。

49）删除股票编码 firm＝＝`i' 的记录，以便内存中数据减少，提高运行速度。

50）｝ 结束第一层循环。

51）关闭 post 数据输出文件 syncronicity。

52）清空内存。

53）调入前面构造的 post 文件 e：\ analyst \ syncronicity. dta。

18.4   完整的程序

以上计算同步性的程序（程序 18.2）是本研究的核心，计算完同步性，我们进一步的工作是研究影响同步性的因素，整个程序如下（程序 18.3），限于篇幅，我们不再一一做注，有兴趣的读者可以研读，需要提示的是，程序中使用了一系列的矩阵命令，将 tabstat 输出的结果保存在矩阵中，方便后来的表格输出，对于这部分，读者需要首先熟悉有关矩阵的处理方法，程序后面部分主要是各种回归模型的估计，我们充分应用了 outreg 将回归结果输出，方便和 Word 文档对接，fmb 是 Fama – McBeath 回归。

程序 18.3：主程序 main. do

```
clear
set more off
set mem 500m

use E:\trade _ 2007 \trade _ 2007
gen trddt = date(Trddt, "ymd")
drop Trddt
format trddt % dCY _ N _ D
gen year = year(trddt)
sort stkcd year trddt
by stkcd year: egen volumn = sum(DNvaltrd)
replace volumn = ln(volumn)
keep stkcd year trddt volumn tmkcap
sort stkcd year trddt
by stkcd year: keep if _ n == _ N
drop trddt
sort stkcd year
iis stkcd
tis year
tsset stkcd year
gen L _ volumn = l. volumn
gen L _ tmkcap = ln(l. tmkcap)
keep stkcd year L _ volumn L _ tmkcap
save e:\trade _ 2007 \annual, replace
```

```
use E:\trade_2007\trade_2007, clear
drop stknme v25 PC PS PN tsh PE Boustsh Aoustsh tmkcap Bmkcap Amkcap TVrate
Avgpric Chgeper prcchge DNvaltrd DNshrtrd PrevClo
gen trddt = date(Trddt, "ymd")
drop Trddt
format trddt %dCY_N_D
sort trddt
merge trddt using e:\trade_2007\index\sha
drop _m

gen dow = dow(trddt)
gen year = year(trddt)
keep if year >2002

gen wednesday = (dow ==3)
sort stkcd year trddt
by stkcd year: gen week = sum(wednesday)

sort stkcd year week trddt
by stkcd year week: keep if _n ==_N

sort stkcd trddt
by stkcd: gen ri = Clsprc/Clsprc[_n -1] -1 if stkcd ==stkcd[_n -1]
by stkcd: gen rm = sha_index/sha_index[_n -1] -1 if stkcd ==stkcd[_n -1]

sort stkcd year
by stkcd year: keep if _N > =20

egen firm = group(stkcd)
qui sum firm
local FIRM = r(max)

capture postclose syncronicity
```

```
postfile syncronicity stkcd year syn resvar return_sd
using e:\analyst\syncronicity, replace

forval i = 1(1) `FIRM' {
    disp "`i' of `FIRM'"
    preserve
    qui keep if firm == `i'
    local stkcd = stkcd[1]
    forval year = 2003(1)2007 {
    qui sum ri if year == `year'
    if r(N) == 0 {
      * disp "zero obs, continue"
      continue
                }
    local return_sd = r(sd)
    qui capture drop res
    qui reg ri rm if year == `year'
    qui predict res if year == `year', r
    qui sum res if year == `year'
    local resvar = r(Var)
    local r_squ = e(r2)
    local s = ln(`r_squ'/(1 - `r_squ'))
    local year = `year'

    post syncronicity (`stkcd') (`year') (`s') (`resvar') (`return_sd')
                }
    restore
    qui drop if firm == `i'
      }
postclose syncronicity


clear
use e:\analyst\syncronicity
sort stkcd year
merge stkcd year using e:\analyst\analyst_num.dta, nokeep
```

```
drop _ m
replace analyst _ num = 0 if analyst _ num ==.
gen analyst _ cov = 0 if analyst _ num ==0
replace analyst _ cov = 1 if analyst _ num ==1
replace analyst _ cov = 2 if analyst _ num > =2

gen analyst = ln (1 + analyst _ num)

sort stkcd year
merge stkcd year using e: \trade _ 2007 \annual. dta, nokeep
drop _ m

sort stkcd year
merge stkcd year using e: \analyst \EP, nokeep
drop _ m

forval year = 2003 (1) 2006 {
    qui sum dEP if year == `year'
    qui replace dEP = dEP - r (mean) if year == `year'
                        }


sort stkcd year
merge stkcd year using e: \analyst \analyst _ control. dta, nokeep

drop _ m

sort stkcd
merge stkcd using e: \申银行业分类 \申银行业分类. dta, nokeep
drop _ m


sort stkcd year
iis stkcd
tis year
tsset stkcd year
```

```
tab year, gen(y)
tab ind, gen(ind)

keep if year >2003

tabstat syn, by(analyst_cov) s(N) save
tabstatmat obs
mat obs = obs'

tabstat syn resvar inst foreign_share core_prov core_city return_sd
L_volumn L_tmkcap, by(analyst_cov) s(mean) save
tabstatmat mean
mat mean = mean'
tabstat syn resvar inst foreign_share core_prov core_city return_sd
L_volumn L_tmkcap, by(analyst_cov) s(sd) save
tabstatmat sd
mat sd = sd'
#delimit ;
mat summary = obs \mean[1,1..4] \sd[1,1..4] \mean[2,1..4] \sd[2,1..4] \
mean[3,1..4] \sd[3,1..4] \mean[4,1..4] \sd[4,1..4]
                               \mean[5,1..4] \sd[5,1..4] \mean[6,1..4] \
sd[6,1..4] \mean[7,1..4] \sd[7,1..4] \mean[8,1..4] \sd[8,1..4]
                               \mean[9,1..4] \sd[9,1..4];

#delimit cr

mat l summary, format(%7.3f)

xtfmb syn analyst L_tmkcap
outreg analyst L_tmkcap using e:\analyst\table\reg_syn.txt, 3aster
bdec(4) tdec(3) replace nonote nol
xtreg syn analyst L_tmkcap y2 y3 y4, fe
outreg analyst L_tmkcap using e:\analyst\table\reg_syn.txt, 3aster bdec(4)
tdec(3) append nonote nol ctitle("FE") addstat(R-square,e(r2_o))
xtreg syn analyst L_tmkcap y2 y3 y4 ind2-ind23
```

```
outreg analyst L_tmkcap using e:\analyst\table\reg_syn.txt, 3aster bdec(4)
tdec(3) append nonote nol ctitle("RE") addstat(R-square,e(r2_o))

xtfmb syn analyst L_tmkcap L_volumn
outreg analyst L_tmkcap L_volumn using e:\analyst\table\reg_syn.txt,
3aster bdec(4) tdec(3) append nonote nol
xtreg syn analyst L_tmkcap L_volumn y2 y3 y4, fe
outreg analyst L_tmkcap L_volumn using e:\analyst\table\reg_syn.txt,
3aster bdec(4) tdec(3) append nonote nol ctitle("FE") addstat(R-square,
e(r2_o))
xtreg syn analyst L_tmkcap L_volumn y2 y3 y4 ind2-ind23
outreg analyst L_tmkcap L_volumn using e:\analyst\table\reg_syn.txt,
3aster bdec(4) tdec(3) append nonote nol ctitle("RE") addstat(R-square,
e(r2_o))

ivreg syn L_tmkcap y2 y3 y4 ind2-ind23 (analyst=resvar inst foreign_
share core_city return_sd)
outreg analyst L_tmkcap using e:\analyst\table\ivreg_syn.txt, 3aster
bdec(4) tdec(3) replace nonote nol ctitle("IV")
xtivreg syn L_tmkcap y2 y3 y4 (analyst=resvar inst foreign_share core_
city return_sd), fe
outreg analyst L_tmkcap using e:\analyst\table\ivreg_syn.txt, 3aster bdec
(4) tdec(3) append nonote nol ctitle("FEIV") addstat(R-square,e(r2_o))
xtivreg syn L_tmkcap y2 y3 y4 ind2-ind23 (analyst=resvar inst foreign_
share core_city return_sd), re
outreg analyst L_tmkcap using e:\analyst\table\ivreg_syn.txt, 3aster bdec
(4) tdec(3) append nonote nol ctitle("REIV") addstat(R-square,e(r2_o))

ivreg syn L_tmkcap L_volumn y2 y3 y4 ind2-ind23 (analyst=resvar inst
foreign_share core_city return_sd)
outreg analyst L_tmkcap L_volumn using e:\analyst\table\ivreg_
syn.txt, 3aster bdec(4) tdec(3) append nonote nol ctitle("IV")
xtivreg syn L_tmkcap L_volumn y2 y3 y4 (analyst=resvar inst foreign_
share core_city return_sd), fe
outreg analyst L_tmkcap L_volumn using e:\analyst\table\ivreg_
syn.txt, 3aster bdec(4) tdec(3) append nonote nol ctitle("FEIV") addstat
```

```
(R - square,e(r2 _o))
xtivreg syn L _tmkcap L _volumn y2 y3 y4 ind2 - ind23 (analyst = resvar inst
foreign _share core _city return _sd), re
outreg analyst L _tmkcap L _volumn using e: \analyst \table \ivreg _
syn. txt, 3aster bdec(4) tdec(3) append nonote nol ctitle("REIV") addstat
(R - square,e(r2 _o))


xtfmb resvar analyst L _tmkcap
outreg analyst L _tmkcap using e: \analyst \table \reg _ resvar. txt, 3aster
bdec(4) tdec(3) replace nonote nol
xtreg resvar analyst L _tmkcap y2 y3 y4, fe
outreg analyst L _tmkcap using e: \analyst \table \reg _ resvar. txt, 3aster bdec
(4) tdec(3) append nonote nol ctitle("FE") addstat(R - square,e(r2 _o))
xtreg resvar analyst L _tmkcap y2 y3 y4 ind2 - ind23
outreg analyst L _tmkcap using e: \analyst \table \reg _ resvar. txt, 3aster bdec
(4) tdec(3) append nonote nol ctitle("RE") addstat(R - square,e(r2 _o))


xtfmb resvar analyst L _tmkcap L _volumn
outreg analyst L _tmkcap L _volumn using e: \analyst \table \reg _ res-
var. txt, 3aster bdec(4) tdec(3) append nonote nol
xtreg resvar analyst L _tmkcap L _volumn y2 y3 y4, fe
outreg analyst L _tmkcap L _volumn using e: \analyst \table \reg _ res-
var. txt, 3aster bdec(4) tdec(3) append nonote nol ctitle("FE") addstat
(R - square,e(r2 _o))
xtreg resvar analyst L _tmkcap L _volumn y2 y3 y4 ind2 - ind23
outreg analyst L _tmkcap L _volumn using e: \analyst \table \reg _ res-
var. txt, 3aster bdec(4) tdec(3) append nonote nol ctitle("RE") addstat
(R - square,e(r2 _o))


ivreg resvar L _tmkcap y2 y3 y4 ind2 - ind23 (analyst = resvar inst
foreign _share core _city return _sd)
outreg analyst L _tmkcap using e: \analyst \table \ivreg _ resvar. txt,
3aster bdec(4) tdec(3) replace nonote nol ctitle("IV")
xtivreg resvar L _tmkcap y2 y3 y4 (analyst = resvar inst foreign _ share
core _city return _sd), fe
outreg analyst L _tmkcap using e: \analyst \table \ivreg _ resvar. txt,
```

```
3aster bdec(4) tdec(3) append nonote nol ctitle("FEIV") addstat(R-
square,e(r2_o))
xtivreg resvar L_tmkcap y2 y3 y4 ind2-ind23 (analyst=resvar inst for-
eign_share core_city return_sd), re
outreg analyst L_tmkcap using e:\analyst\table\ivreg_resvar.txt,
3aster bdec(4) tdec(3) append nonote nol ctitle("REIV") addstat(R-
square,e(r2_o))


ivreg resvar L_tmkcap L_volumn y2 y3 y4 ind2-ind23 (analyst=resvar
inst foreign_share core_city return_sd)
outreg analyst L_tmkcap L_volumn using e:\analyst\table\ivreg_res-
var.txt, 3aster bdec(4) tdec(3) append nonote nol ctitle("IV")
xtivreg resvar L_tmkcap L_volumn y2 y3 y4 (analyst=resvar inst
foreign_share core_city return_sd), fe
outreg analyst L_tmkcap L_volumn using e:\analyst\table\ivreg_res-
var.txt, 3aster bdec(4) tdec(3) append nonote nol ctitle("FEIV") addstat
(R-square,e(r2_o))
xtivreg resvar L_tmkcap L_volumn y2 y3 y4 ind2-ind23 (analyst=resvar
inst foreign_share core_city return_sd), re
outreg analyst L_tmkcap L_volumn using e:\analyst\table\ivreg_res-
var.txt, 3aster bdec(4) tdec(3) append nonote nol ctitle("REIV") addstat
(R-square,e(r2_o))


reg analyst syn L_tmkcap resvar inst foreign_share core_city return_sd
ind2-ind23 y2-y4
outreg syn L_tmkcap resvar inst foreign_share core_city return_sd using
e:\analyst\table\analyst.txt, 3aster bdec(4) tdec(3) replace nonote nol
xtreg analyst syn L_tmkcap resvar inst foreign_share core_city return_
sd y2-y4, fe
outreg syn L_tmkcap resvar inst foreign_share core_city return_sd using
e:\analyst\table\analyst.txt, 3aster bdec(4) tdec(3) append nonote nol
addstat(R-square,e(r2_o))
xtreg analyst syn L_tmkcap resvar inst foreign_share core_city return_
sd ind2-ind23 y2-y4, re
outreg syn L_tmkcap resvar inst foreign_share core_city return_sd using
e:\analyst\table\analyst.txt, 3aster bdec(4) tdec(3) append nonote nol
```

```
addstat(R - square,e(r2 _ o))
ologit analyst _ cov syn L _ tmkcap resvar inst foreign _ share core _ city
return _ sd ind2 - ind23 y2 - y4
outreg syn L _ tmkcap resvar inst foreign _ share core _ city return _ sd using
e:\analyst \table \analyst. txt, 3aster bdec(4) tdec(3) append nonote nol
addstat(R - square,e(r2 _ p))


reg analyst syn L _ tmkcap L _ volumn resvar inst foreign _ share core _ city
return _ sd ind2 - ind23 y2 - y4
outreg syn L _ tmkcap L _ volumn resvar inst foreign _ share core _ city re-
turn _ sd using
e:\analyst \table \analyst. txt, 3aster bdec(4) tdec(3) append nonote nol
xtreg analyst syn L _ tmkcap L _ volumn resvar inst foreign _ share core _
city return _ sd y2 - y4, fe
outreg syn L _ tmkcap L _ volumn resvar inst foreign _ share core _ city re-
turn _ sd using
e:\analyst \table \analyst. txt, 3aster bdec(4) tdec(3) append nonote nol
addstat(R - square,e(r2 _ o))
xtreg analyst syn L _ tmkcap L _ volumn resvar inst foreign _ share core _
city return _ sd ind2 - ind23 y2 - y4, re
outreg syn L _ tmkcap L _ volumn resvar inst foreign _ share core _ city re-
turn _ sd using
e:\analyst \table \analyst. txt, 3aster bdec(4) tdec(3) append nonote nol
addstat(R - square,e(r2 _ o))
ologit analyst _ cov syn L _ tmkcap L _ volumn resvar inst foreign _ share
core _ city return _ sd ind2 - ind23 y2 - y4
outreg syn L _ tmkcap L _ volumn resvar inst foreign _ share core _ city re-
turn _ sd using
e:\analyst \table \analyst. txt, 3aster bdec(4) tdec(3) append nonote nol
addstat(R - square,e(r2 _ p))


keep if analyst _ num ~ =0


reg syn analyst L _ volumn y2 y3 y4 ind2 - ind23
```

```
outreg analyst L_volumn using e:\analyst\table\reg_syn.txt, 3aster
bdec(4) tdec(3) replace nonote nol
xtreg syn analyst L_volumn y2 y3 y4, fe
outreg analyst L_volumn using e:\analyst\table\reg_syn.txt, 3aster bdec(4)
tdec(3) append nonote nol ctitle("FE") addstat(R-square,e(r2_o))
xtreg syn analyst L_volumn y2 y3 y4 ind2-ind23
outreg analyst L_volumn using e:\analyst\table\reg_syn.txt, 3aster bdec(4)
tdec(3) append nonote nol ctitle("RE") addstat(R-square,e(r2_o))

reg syn analyst L_tmkcap y2 y3 y4 ind2-ind23
outreg analyst L_tmkcap using e:\analyst\table\reg_syn.txt, 3aster
bdec(4) tdec(3) append nonote nol
xtreg syn analyst L_tmkcap y2 y3 y4, fe
outreg analyst L_tmkcap using e:\analyst\table\reg_syn.txt, 3aster bdec(4)
tdec(3) append nonote nol ctitle("FE") addstat(R-square,e(r2_o))
xtreg syn analyst L_tmkcap y2 y3 y4 ind2-ind23
outreg analyst L_tmkcap using e:\analyst\table\reg_syn.txt, 3aster bdec(4)
tdec(3) append nonote nol ctitle("RE") addstat(R-square,e(r2_o))

ivreg syn L_volumn y2 y3 y4 ind2-ind23 (analyst=resvar inst foreign_
share core_city return_sd)
outreg analyst L_volumn using e:\analyst\table\ivreg_syn.txt, 3aster
bdec(4) tdec(3) replace nonote nol ctitle("IV")
xtivreg syn L_volumn y2 y3 y4 (analyst=resvar inst foreign_share core_
city return_sd), fe
outreg analyst L_volumn using e:\analyst\table\ivreg_syn.txt, 3aster bdec
(4) tdec(3) append nonote nol ctitle("FEIV") addstat(R-square,e(r2_o))
xtivreg syn L_volumn y2 y3 y4 ind2-ind23 (analyst=resvar inst foreign_
share core_city return_sd), re
outreg analyst L_volumn using e:\analyst\table\ivreg_syn.txt, 3aster bdec
(4) tdec(3) append nonote nol ctitle("REIV") addstat(R-square,e(r2_o))

ivreg syn L_tmkcap y2 y3 y4 ind2-ind23 (analyst=resvar inst foreign_
share core_city return_sd)
outreg analyst L_tmkcap using e:\analyst\table\ivreg_syn.txt, 3aster
bdec(4) tdec(3) append nonote nol ctitle("IV")
```

```
xtivreg syn L_tmkcap y2 y3 y4 (analyst=resvar inst foreign_share core_
city return_sd), fe
outreg analyst L_tmkcap using e:\analyst\table\ivreg_syn.txt, 3aster bdec
(4) tdec(3) append nonote nol ctitle("FEIV") addstat(R-square,e(r2_o))
xtivreg syn L_tmkcap y2 y3 y4 ind2-ind23 (analyst=resvar inst foreign_
share core_city return_sd), re
outreg analyst L_tmkcap using e:\analyst\table\ivreg_syn.txt, 3aster bdec
(4) tdec(3) append nonote nol ctitle("REIV") addstat(R-square,e(r2_o))

reg resvar analyst L_volum y2 y3 y4 ind2-ind23
outreg analyst L_volum using e:\analyst\table\reg_resvar.txt, 3aster
bdec(4) tdec(3) replace nonote nol
xtreg resvar analyst L_volum y2 y3 y4, fe
outreg analyst L_volum using e:\analyst\table\reg_resvar.txt, 3aster bdec
(4) tdec(3) append nonote nol ctitle("FE") addstat(R-square,e(r2_o))
xtreg resvar analyst L_volum y2 y3 y4 ind2-ind23
outreg analyst L_volum using e:\analyst\table\reg_resvar.txt, 3aster bdec
(4) tdec(3) append nonote nol ctitle("RE") addstat(R-square,e(r2_o))

reg resvar analyst L_tmkcap y2 y3 y4 ind2-ind23
outreg analyst L_tmkcap using e:\analyst\table\reg_resvar.txt, 3aster
bdec(4) tdec(3) append nonote nol
xtreg resvar analyst L_tmkcap y2 y3 y4, fe
outreg analyst L_tmkcap using e:\analyst\table\reg_resvar.txt, 3aster bdec
(4) tdec(3) append nonote nol ctitle("FE") addstat(R-square,e(r2_o))
xtreg resvar analyst L_tmkcap y2 y3 y4 ind2-ind23
outreg analyst L_tmkcap using e:\analyst\table\reg_resvar.txt, 3aster bdec
(4) tdec(3) append nonote nol ctitle("RE") addstat(R-square,e(r2_o))

ivreg resvar L_volum y2 y3 y4 ind2-ind23 (analyst=resvar inst foreign_
share core_city return_sd)
outreg analyst L_volum using e:\analyst\table\ivreg_resvar.txt, 3aster
bdec(4) tdec(3) replace nonote nol ctitle("IV")
xtivreg resvar L_volum y2 y3 y4 (analyst=resvar inst foreign_share
core_city return_sd), fe
outreg analyst L_volum using e:\analyst\table\ivreg_resvar.txt, 3aster
```

```
bdec(4) tdec(3) append nonote nol ctitle("FEIV") addstat(R-square,e(r2
_o))
xtivreg resvar L_volumn y2 y3 y4 ind2-ind23 (analyst=resvar inst for-
eign_share core_city return_sd), re
outreg analyst L_volumn using e:\analyst\table\ivreg_resvar.txt,
3aster bdec(4) tdec(3) append nonote nol ctitle("REIV") addstat(R-
square,e(r2_o))
```

```
ivreg resvar L_tmkcap y2 y3 y4 ind2-ind23 (analyst=resvar inst
foreign_share core_city return_sd)
outreg analyst L_tmkcap using e:\analyst\table\ivreg_resvar.txt,
3aster bdec(4) tdec(3) append nonote nol ctitle("IV")
xtivreg resvar L_tmkcap y2 y3 y4 (analyst=resvar inst foreign_share
core_city return_sd), fe
outreg analyst L_tmkcap using e:\analyst\table\ivreg_resvar.txt,
3aster bdec(4) tdec(3) append nonote nol ctitle("FEIV") addstat(R-
square,e(r2_o))
xtivreg resvar L_tmkcap y2 y3 y4 ind2-ind23 (analyst=resvar inst for-
eign_share core_city return_sd), re
outreg analyst L_tmkcap using e:\analyst\table\ivreg_resvar.txt,
3aster bdec(4) tdec(3) append nonote nol ctitle("REIV") addstat(R-
square,e(r2_o))
```

```
reg analyst syn L_volumn resvar inst foreign_share core_city return_sd
ind2-ind23 y2-y4
outreg syn L_volumn resvar inst foreign_share core_city return_sd using
e:\analyst\table\analyst.txt, 3aster bdec(4) tdec(3) replace nonote nol
xtreg analyst syn L_volumn resvar inst foreign_share core_city return_
sd y2-y4, fe
outreg syn L_volumn resvar inst foreign_share core_city return_sd using
e:\analyst\table\analyst.txt, 3aster bdec(4) tdec(3) append nonote nol
addstat(R-square,e(r2_o))
xtreg analyst syn L_volumn resvar inst foreign_share core_city return_
sd ind2-ind23 y2-y4, re
outreg syn L_volumn resvar inst foreign_share core_city return_sd using
e:\analyst\table\analyst.txt, 3aster bdec(4) tdec(3) append nonote nol
```

```
addstat(R-square,e(r2_o))
ologit analyst_cov syn L_volumn resvar inst foreign_share core_city
return_sd ind2-ind23 y2-y4
outreg syn L_volumn resvar inst foreign_share core_city return_sd using
e:\analyst\table\analyst.txt, 3aster bdec(4) tdec(3) append nonote nol
addstat(R-square,e(r2_p))
```

```
reg analyst syn L_tmkcap resvar inst foreign_share core_city return_sd
ind2-ind23 y2-y4
outreg syn L_tmkcap resvar inst foreign_share core_city return_sd using
e:\analyst\table\analyst.txt, 3aster bdec(4) tdec(3) append nonote nol
xtreg analyst syn L_tmkcap resvar inst foreign_share core_city return_
sd y2-y4, fe
outreg syn L_tmkcap resvar inst foreign_share core_city return_sd using
e:\analyst\table\analyst.txt, 3aster bdec(4) tdec(3) append nonote nol
addstat(R-square,e(r2_o))
xtreg analyst syn L_tmkcap resvar inst foreign_share core_city return_
sd ind2-ind23 y2-y4, re
outreg syn L_tmkcap resvar inst foreign_share core_city return_sd using
e:\analyst\table\analyst.txt, 3aster bdec(4) tdec(3) append nonote nol
addstat(R-square,e(r2_o))
ologit analyst_cov syn L_tmkcap resvar inst foreign_share core_city
return_sd ind2-ind23 y2-y4
outreg syn L_tmkcap resvar inst foreign_share core_city return_sd using
e:\analyst\table\analyst.txt, 3aster bdec(4) tdec(3) append nonote nol
addstat(R-square,e(r2_p))
```

```
save e:\analyst\main, replace
```

18.5　模型设定

本文构建如下模型研究同步性和分析师人数之间的关系：

$$Synchronicity = \beta_0 + \beta_1 \log(1 + Analyst) + \beta_2 Volumn_{t-1} + \beta_3 Size_{t-1}$$

$$+ \sum_{y=2005}^{2007} \gamma_y YDM_y + \sum_{i=2}^{23} \eta_i IND_i + \varepsilon \qquad (18.3)$$

其中，YDM 和 IND 分别是年度哑变量和行业哑变量。我们采用申银万国的行业分类标准，将上市公司分为 23 个行业。[①] 如果分析师提供的信息更多地来自于市场宏观经济信息，则同步性上升；反之，如果分析师提供的公司基本面信息多，则同步性降低。但是，仅仅从同步性的高低并不能确定分析师是否提供了公司特有信息。因为其他的因素也可能影响到公司股票价格与市场的同步性。假定分析师提供的信息是噪声信息，这些信息既不同于宏观经济信息，也可能经市场验证后被否定。但是这些信息同样会降低公司的同步性。为此，估计如下的模型 (18.4) 来检验上市公司股票价格的噪声与分析师人数的关系：

$$RES\_VAR = \beta_0 + \beta_1 \log(1 + Analyst) + \beta_2 Volumn_{t-1} + \beta_3 Size_{t-1}$$

$$+ \sum_{y=2005}^{2007} \gamma_y YDM_y + \sum_{i=2}^{23} \eta_i IND_i + \varepsilon \qquad (18.4)$$

其中，由于交易量和公司规模的高相关性，在回归中这两个自变量不同时出现在方程的右边。

正如前面所述，分析师人数与同步性之间有内生关系。为此，按照 Chan 和 Hameed（2006）的方法[②]，构建模型 (18.5) 估计影响分析师人数的因素：

$$\text{Log}(1 + Analyst) = \beta_0 + \beta_1 Synchronicity + \beta_2 Volumn_{t-1} + \beta_3 Size_{t-1}$$

$$+ \beta_4 RES\_VAR + \beta_5 Institution + \beta_6 ForeignShare$$

$$+ \beta_7 MajorCity + \sum_{y=2005}^{2007} \gamma_y YDM_y + \sum_{i=2}^{23} \eta_i IND_i + \varepsilon \quad (18.5)$$

事实上，方程（18.3）或方程（18.4）与方程（18.5）之间构成联立方程关系。因此要想估计这些系数，方程（18.3）或方程（18.4）和方程（18.5）必须能被识别。这需要方程（18.3）或方程（18.4）中包含方程（18.5）中没有的变量。鉴于理论上的困难，Chan 和 Hameed（2006）使用 GMM 方法且仅仅估计了方程（18.3）和方程（18.4）。[③] 本书首先用 OLS 估计以上的三个模型，然后将方程（18.5）中的投资自由度变量作为方程（18.3）和方程（18.4）中分析师人数的工具变量，分别作两阶段最小二乘估计。由于本研究使用了四年的

---

① 具体分类方法参考 Li. Chuntao. , Song, Frank. and Wong, ML, 2008, A Continuous relationship between Audit firm Size and Audit Quality: Evidence from China, *International Journal of Auditing*。

② Chan, K. and A. Hameed, 2006, "Stock Price Synchronicity and Analyst Coverage in Emerging markets", Journal of Financial Economics 80, 115 – 147.

③ 方程（18.5）不能被识别。

面板数据样本，并考察了不同设定条件下的工具变量回归模型，因此较好地控制了内生性问题，但得出的结论与朱红军等（2007）差别较大。[①]

18.6　最小二乘回归结果

表 18.3 给出了对分析师人数模型（模型 18.5）的回归结果。第一列是固定效应回归结果，第二列是我们用随机效应的面板数据模型回归的结果。在这两个模型中，被解释变量都是分析师人数加上 1，然后做自然对数变换，即 Log(1 + analyst)。第三列的模型中，被解释变量取值分别是 0、1 和 2，分别代表没有一个分析师、1 个分析师和多个分析师。前三个模型中，我们用交易量作为解释变量，后面三个模型重复前面三个模型，只是将交易量换成了上市公司前一个会计年度末的总市值。应特别指出的是，在随机效应模型中，由于解释变量 Foreign Share 和 Major City 在四年的样本期中几乎保持不变，因此我们将这两个变量从解释变量中剔除。四个模型均控制了行业因素和年度因素，但是这些变量不是我们关注的重点，限于篇幅因素，未报告这些变量的系数。

表 18.3 最直接的结果是，第一，上市公司的规模越大，或者交易量越大，跟踪这些上市公司的分析师人数越多。第二，机构投资者的存在，会增加分析师的人数，其可能的原因是，机构投资者是证券投资分析报告的直接消费者。第三，外资的存在对分析师人数没有显著的关系。这可能是由于这些公司大都是在香港发行 H 股的公司，由于香港分析师的存在，对国内分析师的需求下降，或者这些公司是发行 B 股的小公司，所以没有引起分析师足够的兴趣。第四，分析师人数与股票收益的标准差负相关，但是与 CAPM 模型误差项的标准差（噪声）表现出一定的不一致性。第五，公司注册地是不是中心城市也对分析师人数没有显著的统计关系，说明旅行成本在分析师的成本函数中的比例很低。在控制了这些因素和行业、年度因素后，我们发现，分析师人数与股价的同步性有显著的正相关关系。这一结果针对不同的模型，不同的控制变量都成立。特别是，除了 ologit 模型以外，这些模型的拟合优度（R^2）都达到了 40% 的水平。[②] 这一结果显示，在后续的关于分析师人数对同步性影响的研究中，控制分析师人数的内生性问题是必要的。虽然如此，我们仍然先进行不考虑内生性的回归分析，然后才处理内生性问题，从而比较考察内生性对同步性的影响。

[①]　朱红军、何贤杰、陶林：《中国的证券分析师能够提高资本市场的效率吗——给予股价同步性和股价信息含量的经验证据》，载《金融研究》，2007（02A）。

[②]　ologit 是采用极大似然估计的非连续选择模型，这一类回归分析的拟合优度与 OLS 回归没有可比性。

表18.3　同步性对分析师人数的影响

	(1) FE	(2) RE	(3) OLogit	(4) FE	(5) RE	(6) OLogit
Synchronicity	0.0401	0.0379	0.1456	0.0471	0.0475	0.1798
	(4.077)***	(4.338)***	(4.699)***	(5.223)***	(5.784)***	(5.791)***
$Volumn_{t-1}$	0.2778	0.3397	0.9415			
	(13.532)***	(28.392)***	(23.199)***			
$Size_{t-1}$				0.8446	0.4675	1.2062
				(29.254)***	(37.669)***	(26.206)***
Noise	-0.0162	0.6529	3.3212	-0.3340	0.1839	0.8088
	(0.049)	(2.216)**	(2.583)***	(1.104)	(0.657)	(0.715)
Institution	0.0243	0.1665	0.9480	-0.0344	0.0623	0.8022
	(0.478)	(0.384)	(5.971)***	(0.731)	(1.579)	(5.008)***
Foreign share		0.1035	0.1697		-0.3600	-0.9534
		(2.753)***	(1.572)		(9.172)***	(7.998)***
Major city		0.0085	0.0092		0.0090	0.0014
		(0.384)	(0.150)		(0.413)	(0.023)
Return std.	-0.1579	-1.0828	-4.5289	0.0658	-0.5337	-1.1064
	(0.481)	(3.788)***	(2.791)***	(0.217)	(1.962)**	(0.976)
Constant	-4.9011	-6.1264		-16.7859	-8.6031	
	(10.607)***	(21.543)***		(27.043)***	(30.354)***	
Year	Yes	Yes	Yes	Yes	Yes	Yes
Industry	Yes	Yes	Yes	Yes	Yes	Yes
Observations	5218	5203	5203	5218	5203	5203
R-squared	0.379	0.405	0.189	0.372	0.457	0.210

*、**和***分别代表10%、5%和1%的显著性水平，括号内为t-统计量。

　　表 18.4 给出模型 (18.3) 的回归结果。被解释变量是同步性,解释变量是分析师人数、公司上一年的交易量、公司规模以及行业和年度虚拟变量。在不考虑内生性影响的情况下,由于我们有 4 年的面板数据,所以我们估计固定效应和随机效应面板数据模型。前两个模型中,我们用公司上一年的交易量作为控制变量,后两个模型中,我们用公司上一年末的市值作为控制变量。

　　不同的回归模型给出了高度一致的结果。我们发现公司规模越大、交易量越大,其股票价格与指数的同步性越高,对应系数全部达到 1% 的显著性水平。在控制了这一因素和行业、年度因素以后,我们发现所有的分析师人数变量系数都显著为正,并且达到了 1% 的显著性水平。一个直观的解释是,中国的证券分析师提供的信息主要是泛市场的信息,而不是公司基本面的信息。当然还不能这么快确定这个结论,因为分析师人数可能是内生的。在稍后的分析中,我们会利用工具变量法,控制内生性,对表 18.4 的结果进行更为深入的研究。

表 18.4　　不考虑内生性情况下分析师人数对同步性影响的回归结果

	(1)	(2)	(3)	(4)
	FE	RE	FE	RE
$\log (1 + Analyst)$	0.1105	0.1017	0.1533	0.1511
	$(4.145)^{***}$	$(4.616)^{***}$	$(5.285)^{***}$	$(6.541)^{***}$
$Volumn_{t-1}$	0.2707	0.1874		
	$(7.917)^{***}$	$(9.780)^{***}$		
$Size_{t-1}$			0.0236	0.0732
			(0.413)	$(3.683)^{***}$
Year dummy	Yes	Yes	Yes	Yes
Industry Dummy		Yes		Yes
Constant	-7.0821	-5.0428	-1.6646	-2.4907
	$(9.462)^{***}$	$(11.605)^{***}$	(1.378)	$(5.743)^{***}$
Observations	5225	5203	5225	5203
$R-squared$	0.371	0.308	0.361	0.297

　　*、**和***分别代表 10%、5% 和 1% 的显著性水平,括号内为 t - 统计量。

　　Chan 和 Hameed (2006) 还讨论了分析师提供的信息包含噪声的可能性。如果分析师提供的信息包含大量关于公司经营的噪音信息,则同样会降低股票价格的同步性。反之,如果分析师提供的信息本身是宏观市场信息,那么关于公司经营状况的噪声就小,从而会提高股票价格的同步性。为了验证分析师是否通过减

小噪声信息提高上市公司的同步性，我们估计模型（18.4），对应的结果见表
18.5。

表18.5　　　　不考虑内生性情况下分析师人数对噪声影响的回归结果

	(1)	(2)	(3)	(4)
	FE	RE	FE	RE
$\log(1+Analyst)$	−0.0009	−0.0009	−0.0021	−0.0015
	(0.794)	(1.011)	(1.673)*	(1.604)
$Volumn_{t-1}$	−0.0029	−0.0028		
	(1.961)**	(3.718)***		
$Size_{t-1}$			0.0029	−0.0014
			(1.214)	(1.904)*
Year dummy	Yes	Yes	Yes	Yes
Industry		Yes		Yes
Constant	0.0763	0.0753	−0.0484	0.0450
	(2.385)**	(4.470)***	(0.946)	(2.744)***
Observations	5230	5208	5230	5208
$R-squared$	0.014	0.021	0.014	0.019

＊、＊＊和＊＊＊分别代表10%、5%和1%的显著性水平，括号内为t−统计量。

　　表18.5的基本信息是，公司规模越大，或者交易量越大，股票周超额收益
率的标准差（噪声）越小。在4个模型中，交易量和公司规模的系数都是负的，
而且有4个系数统计上显著为负。另一个信息是，分析师人数与这一噪声负相
关，但是显著性水平都不高。说明分析师并没有通过降低交易噪声而提高股票收
益的同步性。一个合理的解释是，分析师提供了太多的宏观市场信息，因此，这
一结果与表18.4的结果是一致的。

18.7　工具变量回归

　　因为分析师人数和同步性（或者噪声）具有内生性关系，然而表18.4和表
18.5都没有将这一变量内生化，所以在如下的模型中，我们为分析师人数找到
合适的工具变量，重新估计表18.4和表18.5的模型。按照Chan和Hameed
（2006）的论述，投资自由度可以成为分析师人数的工具变量。鉴于中国特殊的

环境，我们用机构投资者哑变量、外资股所占的比例和上市公司是否在中心城市三个变量作为分析师人数的工具变量。这些结果如表 18.6 和如表 18.7 所示。

表 18.6   分析师人数对同步性作用的工具变量法回归结果

	(1)	(2)	(3)	(4)
	FEIV	REIV	FEIV	REIV
$\log(1 + Analyst)$	5.4000	0.9518	3.5325	0.9468
	(1.051)	(4.252)***	(1.684)*	(6.137)***
$Volumn_{t-1}$	−1.2717	−0.1335		
	(0.847)	(1.557)		
$Size_{t-1}$			−2.8539	−0.2536
			(1.598)	(3.826)***
Year dummy	Yes	Yes	Yes	Yes
Industry		Yes		Yes
Constant	20.6350	0.8707	55.8145	3.4051
	(0.764)	(0.544)	(1.564)	(2.782)***
Observations	5218	5203	5218	5203
$R-squared$	0.031	0.198	0.013	0.207

*、**和***分别代表10%、5%和1%的显著性水平，括号内为 t–统计量。

表 18.6 显示，当我们把分析师人数内生化以后，无论是使用固定效应模型还是随机效应模型，分析师人数对应的系数都是正的。由于固定效应模型相当于在回归中增加了1300多个解释变量，导致回归的自由度下降，因此系数的显著性也有下降。[①] 即便如此，模型（18.3）的系数依然达到了10%的显著性水平。综合表18.6，我们得不到分析师降低上市公司股价同步性的结论，相反，我们得出的主要结论是我国分析师增强了股票价格的同步性。

表 18.5 表明这些同步性来源于分析师降低噪声的证据不足，但是当时我们回归分析存在没有考察分析师人数内生性的局限性。表 18.7 按照表 18.6 的方法，用工具变量法控制内生性以后，进一步研究分析师对市场噪声的作用。

---

① 固定效应模型相当于给每一个公司一个哑变量，如果面板数据中有 n 个公司，则相当于在回归中引入 n–1 个哑变量，所以回归分析的自由度下降 n–1。

表18.7　　　　　　　　　　分析师人数对噪声的工具变量法回归结果

	(1)	(2)	(3)	(4)
	FEIV	REIV	FEIV	REIV
analyst	-3.2136	-0.0729	-2.1930	-0.0541
	(1.038)	(6.048)***	(1.892)*	(7.602)***
L_volumn	0.9362	0.0242		
	(1.031)	(5.231)***		
L_tmkcap			1.8606	0.0203
			(1.889)*	(6.647)***
Constant	-16.8143	-0.4214	-37.1504	-0.3487
	(1.029)	(4.874)***	(1.888)*	(6.169)***
Observations	5223	5208	5223	5208
R-square	0.004	0.01	0.002	0.002

*、**和***分别代表10%、5%和1%的显著性水平，括号内为 t - 统计量。

　　控制了内生性以后，分析师人数与噪声的关系仍然为负，且显著性水平上升。4 个模型中有 3 个达到了统计上的显著。说明我国的证券分析师同样能消除市场噪声。即便分析师提供的信息都是宏观市场信息，而不是公司基本面信息，分析师同样可以降低公司股票收益的噪声，因为如果股票的价格都是市场宏观信息推动的，所有公司的股票收益将越来越和市场指数同步，从而噪声消失。

第 19 章

事件研究方法

19.1 数据准备：分析师评级历史记录

事件研究的关键是找到一个有趣的值得研究的事件。鉴于分析师在投资市场的影响力，对分析师的行为的研究一直是发达国家金融研究的重点问题。由于过去数据方面的局限性，我国对这一问题的研究还比较少。本章利用分析师评级的历史数据，简要介绍如何进行事件研究。与上一章类似，本书的数据来源主要是万德数据库。首先下载到过去几年分析师评级调整的记录。撰写本章时，万德数据库总共收录了从 2004 年 4 月到 2007 年 11 月的将近 12000 条分析师评级数据。每一条数据包括 34 项指标，该表的前 8 列是我们特别关注的指标，如表 19.1 所示。

表 19.1　　　　　　　Wind 资讯提供的分析师评级记录原始数据格式

代码	名称	机构名称	研究员	投资评级		调整方向	最新评级日期
				评级（最新）	评级（前次）		
600970.SH	中材国际	国信证券	杨昕	2_谨慎推荐	2_谨慎推荐	维持（多）	20071101
600631.SH	百联股份	国泰君安	刘冰	2_谨慎增持	2_谨慎增持	维持（多）	20071101
600028.SH	中国石化	国信证券	李晨	3_中性	1_推荐	调低	20071101
000537.SZ	广宇发展	中投证券	李少明	2_推荐	2_推荐	维持（多）	20071101
601328.SH	交通银行	国泰君安	伍永刚	1_增持	1_增持	维持（多）	20071101
601628.SH	中国人寿	国泰君安	伍永刚	1_增持	1_增持	维持（多）	20071101
000002.SZ	万科 A	中信证券	王德勇	1_买入	1_买入	维持（多）	20071101
600067.SH	冠城大通	中信证券	王德勇	1_买入	1_买入	维持（多）	20071101

代码	名称	机构名称	研究员	投资评级		调整方向	最新评级日期
				评级（最新）	评级（前次）		
600028.SH	中国石化	国金证券	刘波	2_买入	2_买入	维持（多）	20071101
600327.SH	大厦股份	海通证券	路颖	2_增持	2_增持	维持（多）	20071101
600525.SH	长园新材	联合证券	杨军	2_增持	2_增持	维持（多）	20071101
600754.SH	锦江股份	国泰君安	陈锡伟	1_增持	1_增持	维持（多）	20071101
600015.SH	华夏银行	国泰君安	伍永刚	3_中性	3_中性	维持（平）	20071101
600806.SH	昆明机床	海通证券	龙华	1_买入	1_买入	维持（多）	20071101
600162.SH	香江控股	中信证券	王德勇	1_买入	1_买入	维持（多）	20071101
600970.SH	中材国际	海通证券	江孔亮	1_买入	2_增持	调高	20071031
600360.SH	华微电子	西南证券	窦昊明	2_增持	2_持有	维持（多）	20071031
600017.SH	日照港	西南证券	宋少波	2_持有	4_卖出	调高	20071031
000066.SZ	长城电脑	海通证券	陈美风	1_买入	1_买入	维持（多）	20071031
600660.SH	福耀玻璃	中投证券	陈光明	2_推荐	3_观望	调高	20071031
000800.SZ	一汽轿车	中投证券	陈光明	3_中性	2_推荐	调低	20071031
000021.SZ	长城开发	华泰证券	孙华	1_买入	1_买入	维持（多）	20071031
000987.SZ	广州友谊	华泰证券	董宏宇	2_推荐	3_观望	调高	20071031
600236.SH	桂冠电力	华泰证券	张仲华	2_推荐	2_推荐	维持（多）	20071031
000630.SZ	铜陵有色	中银国际	乐宇坤	3_同步大市	3_同步大市	维持（平）	20071031
600871.SH	S仪化	中银国际	倪晓曼	4_落后大市	4_落后大市	维持（空）	20071031
000635.SZ	英力特	广发证券	曹新	1_买入	—	新增	20071031
……	……	……	……	……	……		……
……	……	……	……	……	……		……
000428.SZ	华天酒店	招商证券	苏平	3_中性	—	新增	20040423

数据来源：Wind资讯。

　　我们研究的重点是市场对分析师评级的反应，为了达到这个目的，我们不能仅仅抽取这张表中的一两个事件进行研究，因为我们不知道这有限的几个事件是否能代表整体，是否能代表我们表格中的近12000个事件的整体情况。或许他们正好是比较特殊的几个奇异事件。为了有足够的代表性，我们可以从这些事件中随机地抽取一个样本，但是，随机抽样依赖于随机取样的方法，每次试验也会由于随机数产生的随机性而导致结果不同。为此，一般的事件研究都从总体样本出发，为每一个事件计算一次市场反应，最后通过统计的方法，检验市场反应的统计规律性。对于本章的研究，我们的初始样本是一个包含近 12000 个事件的事件集合。每一个事件都包含以下的因素：

（1）哪一天的事件？这里即分析师评级的发布日期。这一日期至关重要，因为针对不同的事件，事件日期往往不相同。事件研究的关键是针对事件个体，确定事件日期，然后确定估计窗口和事件窗口。我们会在后面详细介绍。

（2）对谁的事件？即针对哪一只股票的评级。

（3）谁作出的评级？这个问题有两个答案，其一是评级的机构是哪一家投资银行，其二是给出评级的具体分析师是哪一个人。将来的研究还可能涉及评级机构是否是具有很高的市场声望的投资银行，分析师本身是否有很高的资历，他的年龄、性别、学历、经验以及过去分析预测的准确度等因素。作为一个简单的介绍案例，本章将不涉及这些因素，但是有兴趣的读者，完全可以在本章介绍的基础上，深入研究市场反应与分析师、投资银行特征的关系。

（4）事件的内涵是什么。针对本章的研究，这一问题对应的就是评级的内容，比如是买入还是卖出。深入的研究可能涉及上市公司的预测利润，预测市盈率以及对某些大事件的判断。作为介绍，我们这里仅仅关注评级五项分类，即强力买入、买入、持有、卖出和强力卖出，以及本次评级相对于上一次评级的调整方向，即调高、持平还是调低。

针对这样一个事件集合，我们有必要对其进行必要的处理。首先，在表格 19.1 的最下方，出现了"数据来源：Wind 资讯"的标志，该标志不是我们需要的事件，因此必须去掉，同时我们呼吁万德公司在将来的版本中去掉这一条记录，以方便研究人员的统计分析。

其次，原始文件前 8 列之后的所有列，都是我们不需要的，因此要删掉。而且，第一行也没有给我们提供任何有效信息，因此也应删掉。这样我们就得到表 19.2 所示的表格。

表 19.2　　　　　　　　删除无关信息后的分析师评级记录

代码	名称	机构名称	研究员	评级（最新）	评级（前次）	调整方向	最新评级日期
600970. SH	中材国际	国信证券	杨昕	2_谨慎推荐	2_谨慎推荐	维持（多）	20071101
600631. SH	百联股份	国泰君安	刘冰	2_谨慎增持	2_谨慎增持	维持（多）	20071101
600028. SH	中国石化	国信证券	李晨	3_中性	1_推荐	调低	20071101
000537. SZ	广宇发展	中投证券	李少明	2_推荐	2_推荐	维持（多）	20071101
601328. SH	交通银行	国泰君安	伍永刚	1_增持	1_增持	维持（多）	20071101

续表

代码	名称	机构名称	研究员	评级（最新）	评级（前次）	调整方向	最新评级日期
601628.SH	中国人寿	国泰君安	伍永刚	1_增持	1_增持	维持（多）	20071101
000002.SZ	万科A	中信证券	王德勇	1_买入	1_买入	维持（多）	20071101
600067.SH	冠城大通	中信证券	王德勇	1_买入	1_买入	维持（多）	20071101
600028.SH	中国石化	国金证券	刘波	2_买入	2_买入	维持（多）	20071101
600327.SH	大厦股份	海通证券	路颖	2_增持	2_增持	维持（多）	20071101
600525.SH	长园新材	联合证券	杨军	2_增持	2_增持	维持（多）	20071101
600754.SH	锦江股份	国泰君安	陈锡伟	1_增持	1_增持	维持（多）	20071101
600015.SH	华夏银行	国泰君安	伍永刚	3_中性	3_中性	维持（平）	20071101
600806.SH	昆明机床	海通证券	龙华	1_买入	1_买入	维持（多）	20071101
600162.SH	香江控股	中信证券	王德勇	1_买入	1_买入	维持（多）	20071101
600970.SH	中材国际	海通证券	江孔亮	1_买入	2_增持	调高	20071031
600360.SH	华微电子	西南证券	窦昊明	2_增持	2_持有	维持（多）	20071031
600017.SH	日照港	西南证券	宋少波	2_持有	4_卖出	调高	20071031
000066.SZ	长城电脑	海通证券	陈美凤	1_买入	1_买入	维持（多）	20071031
600660.SH	福耀玻璃	中投证券	陈光明	2_推荐	3_观望	调高	20071031
000800.SZ	一汽轿车	中投证券	陈光明	3_中性	2_推荐	调低	20071031
000021.SZ	长城开发	华泰证券	孙华	1_买入	1_买入	维持（多）	20071031
000987.SZ	广州友谊	华泰证券	董宏宇	2_推荐	3_观望	调高	20071031
600236.SH	桂冠电力	华泰证券	张仲华	2_推荐	2_推荐	维持（多）	20071031
000630.SZ	铜陵有色	中银国际	乐宇坤	3_同步大市	3_同步大市	维持（平）	20071031
600871.SH	S仪化	中银国际	倪晓曼	4_落后大市	4_落后大市	维持（空）	20071031
000635.SZ	英力特	广发证券	曹新	1_买入	—	新增	20071031
……	……	……	……	……	……	……	……
……	……	……	……	……	……	……	……
000428.SZ	华天酒店	招商证券	苏平	3_中性	—	新增	20040423

　　注意，在以上表格的第一列中，股票代码是6位数字加上.SZ或者.SH的后缀，从上一章的研究中我们知道，交易数据中的股票代码没有这些后缀，为了以后程序设计的方便，我们也可以在Excel中首先去掉这些后缀，但是本书的作者不主张这么做。我们建议读者用程序实现这一过程。因为Stata不能读入Excel文件，所以我们首先将以上的表格保存为制表符分割开的txt文件。文件名为

f：\ analyst \ forecast _ event. txt。我们可以用程序 19. 1 处理以上的文件。

程序 19. 1：分析师评级文件编码程序（一）

```
1)clear
2)set more off

3)insheet using f:\analyst \analyst _event.txt, clear

4)gen stkcd = real(substr(v1,1,6))
5)rename v3 ibank
6)rename v4 analyst
7)gen rating = real(substr(v5, 1,1))
8)gen pre _ rating = real(substr(v6, 1,1))

9)gen int year = int(v8/10000)
10)gen int month = int((v8 - year *10000)/100)
11)gen int day = v8 -10000 * year -100 * month

12)gen Trddt = mdy(month, day,year)
13)drop month day year v2 v5 v6 v7 v8

14)sort stkcd Trddt
15)save f:\analyst \analyst _event, replace
```

程序 19. 1 注释：

1）清空内存。

2）关闭屏幕输出等待。

3）用 insheet using 读入文本文件 f：\ analyst \ analyst _ event. txt。

4）由于文本文件 f：\ analyst \ analyst _ event. txt 的第一行不是英文字母和数字组成的变量名，所以 Stata 为各个变量分别命名为 v1 – v8，并将第一行的中文字符作为变量的标签，保存在数据文件中。我们用嵌套函数 real(substr(v1，1，6)) 将变量 v1 的前 6 个数字型字符作为股票代码提取出来，并赋值给变量 stkcd。

5）将变量 v3 重新命名为 ibank。

6）将变量 v4 重新命名为 analyst。

7）用嵌套函数 real(substr(v5，1，1) 将变量 v5 的第一个数字型字符作为股票评级代码提取出来，并赋值给变量 rating)。

8）用嵌套函数 real（substr（v6，1，1））将变量 v6 的第一个数字型字符作为股票评级代码提取出来，并赋值给变量 pre_rating。

9）按照 v8 的取值，计算评级日期对应的年。

10）按照 v8 的取值，计算评级日期对应的月。

11）按照 v8 的取值，计算评级日期对应的日。

12）将年月日转化成 Stata 的日期格式，记作 Trddt。

13）删除无用变量 month、day、year、v2、v5、v6、v7、v8。

14）按照 stkcd Trddt 排序。

15）将编码过的评级记录文件保存到 f:\ analyst \ analyst_event. dta。

19.2 累积超额收益率（CAR）的计算

在事件研究中，我们需要对每一个事件，计算一个累积超额收益（CAR）。超额是相对于正常收益而言的。研究者一般使用市场指数收益或者基于市场模型（CAPM 模型或者 Fama – French 三因素模型）的预测收益作为正常收益。如果使用市场指数收益作为正常收益，那么超额收益就是股票收益和指数收益的差额，利用这种方法计算超额收益的方法叫做幼稚模型（Naive Model）。如果使用 CAPM 模型或者 Fama – French 模型，则我们首先需要确定一个估计区间，即假定在某一时间段，没有任何其他能对公司价值产生重大影响的事件发生，公司股票价格的波动，应该和市场指数等因素存在某种稳定的线性关系，比如：

$$R_{it} = \beta_0 + \beta_1 R_{mt} + \varepsilon_{it} \qquad (19.1)$$

其中，R_{it} 和 R_{mt} 分别是公司股票收益和市场指数收益。估计区间，或者估计窗口（Estimation Window），通常是我们研究的事件之前的某一足够长的区间。[①] 确定了估计窗口后，我们还要确定一个事件窗口，即估算超额收益率的窗口。如果市场有效，每一个消息或者事件都会马上被市场消化吸收，并体现到股票价格上，如果是这样，用来估算超额收益的事件窗口将是事件披露的那一时点。当然，市场有效性本身只是一个趋近最优的过程，研究者用事件研究的办法研究金融市场，往往也为了直接或者间接地检验有效市场假说，因此，不能将自己的模型建立在市场有效的基础上。因此，研究者往往首先假定市场无效。假定市场并非完全有效，信息的传递和消化需要时间，而且某些信息可能会被提前泄露，因此，事件窗口往往是包含事件发生日在内的一个时间区间。为了控制消息提前泄露的

---

① 某些关于 IPO 的研究，往往用事件后的某一个区间作为估计窗口。

影响，事件窗口往往从事件前某日开始，但是与估计窗口没有交叉，图 19.1 是事件研究的示意图。

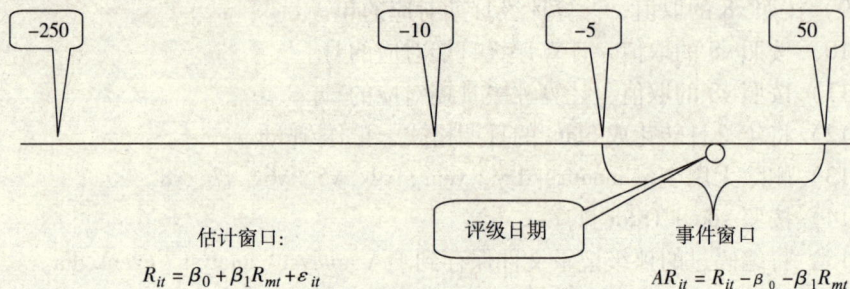

估计窗口：
$$R_{it} = \beta_0 + \beta_1 R_{mt} + \varepsilon_{it}$$

$$AR_{it} = R_{it} - \beta_0 - \beta_1 R_{mt}$$

图 19.1　事件研究的示意图

通过在估计窗口估计市场模型，得到两个模型参数，基于这个模型，在事件窗口计算超额收益。最后，在事件窗口中，将超额收益累加，得到累积超额收益。根据以上的分析，我们可以看到，如果用市场模型，那么对于每一个事件，我们需要估计一个线性回归模型，而且这些模型，针对不同的股票，估计的时间段可能彼此不同。以本章的事件为例，我们要研究股票市场对分析师评级的反应，针对 1500 多家上市公司，我们有一万多个事件，因此要估计一万多次线性回归和一万多次回归预测。虽然工作量很大，但是如果我们用 Stata 的循环功能，则可以很方便地完成这一任务。

由于需要对每一个事件进行一次循环，因此在循环之前，我们首先将这些事件信息保存在一个矩阵内。然而要保存 12000 条信息，需要一个 12000 行的矩阵，必然需要占用很大的内存空间。为此，我们在程序设计中，将这些信息分别保存在 12 个矩阵中。我们为此在程序 19.1 的基础上，增加了将事件保留在矩阵中的功能，读者可以比较程序 19.2 和程序 19.1 的区别，并思考一下为什么这么做。

程序 19.2：分析师评级文件编码程序（二）

```
clear
set mem 600m
set more off
set matsize 1000

insheet using f:\analyst\analyst_event.txt, clear
```

```
gen stkcd = real(substr(v1,1,6))
rename v3 ibank
rename v4 analyst
gen rating = real(substr(v5, 1, 1))
gen pre_rating = real(substr(v6, 1, 1))

gen int year = int(v8/10000)
gen int month = int((v8 - year * 10000)/100)
gen int day = v8 - 10000 * year - 100 * month

gen Trddt = mdy(month, day, year)
drop month day year v2 v5 v6 v7 v8

sort stkcd Trddt
gen event0 = _n

sort event0
save f:\analyst\analyst_event, replace

forval i = 1(1) 12 {
  mkmat stkcd rating pre_rating Trddt event0 if _n < =1000, mat(event`i')
  drop if _n < =1000
                 }


drop_all
```

与上一个程序相比，我们首先为 Stata 分配了 600 兆的内存，原因是我们需要 Stata 存储较大的矩阵，这需要占用较大的内存，然后我们用 set matsize 1000，告诉 Stata 可以存储的是 1000 行 1000 列的矩阵。最后，我们在此程序中增加了最后的循环语句，用来将分析师评级记录保存在 12 个矩阵中，分别是 event1 - event12，其中 event1 - event11 都是 1000 行 5 列，而矩阵 event12 是 588 行 5 列。

在事件列表中，有些信息，比如分析师的名字和分析师所在的机构，也提供了有价值的信息，也可能在将来的研究中用到，但是这些信息是字符串信息，而 Stata 的矩阵还不允许字符型元素，因此，这些信息不能保存在矩阵中。但是将来计算可能会用到这些信息，为此，我们为每一个事件制定一个代码，这个代码是 event0，从 1 到 11588，每一个数字唯一的识别一个事件。我们把编制了代码以后的数据，按照代码 event0 排序后，存入文件 f：\ analyst \ analyst _ event. dta，然后将这一代码连同另外两个主要信息 stkcd 和 trddt 保存在矩阵event1 - event12 中。将这些信息保存入矩阵中以后，我们用 drop _ all 删除内存中的数据变量，注意，此时内存中的矩阵并没有被删除，因此在后续的程序中仍然可以被调用。

　　基于股市的事件研究，往往因为涉及几乎所有股票的日交易数据，数据量庞大，给将来的运算带来很多不便（事件本身占用很大的内存，从而导致运算速度下降），以本章分析师评级的市场反应为例，几乎涉及沪深两市所有股票，所以在研究中必然要调入一个巨大的交易数据库，占用大量的内存，这也使计算机运行非常缓慢。如果我们每次调入的数据比较小，则可以提高运行速度。为此我们将股票日交易数据按照 12 个矩阵所涉及的股票代码分为 12 个文件保存，以备将来调用，以上过程涉及的程序，连同前面生成 12 个事件矩阵的程序，如程序 19.3 所示。

程序 19.3：分析师评级文件编码程序（三）

```
clear
set mem 600m
set more off
set matsize 1000


insheet using f:\analyst\analyst _ event. txt, clear


gen stkcd = real(substr(v1,1,6))
rename v3 ibank
rename v4 analyst
gen rating = real(substr(v5, 1,1))
gen pre _ rating = real(substr(v6, 1,1))


gen int year  = int(v8/10000)
gen int month = int((v8 - year * 10000)/100)
gen int day = v8 - 10000 * year - 100 * month


gen Trddt = mdy(month, day, year)
drop month day year v2 v5 v6 v7 v8


sort stkcd Trddt
```

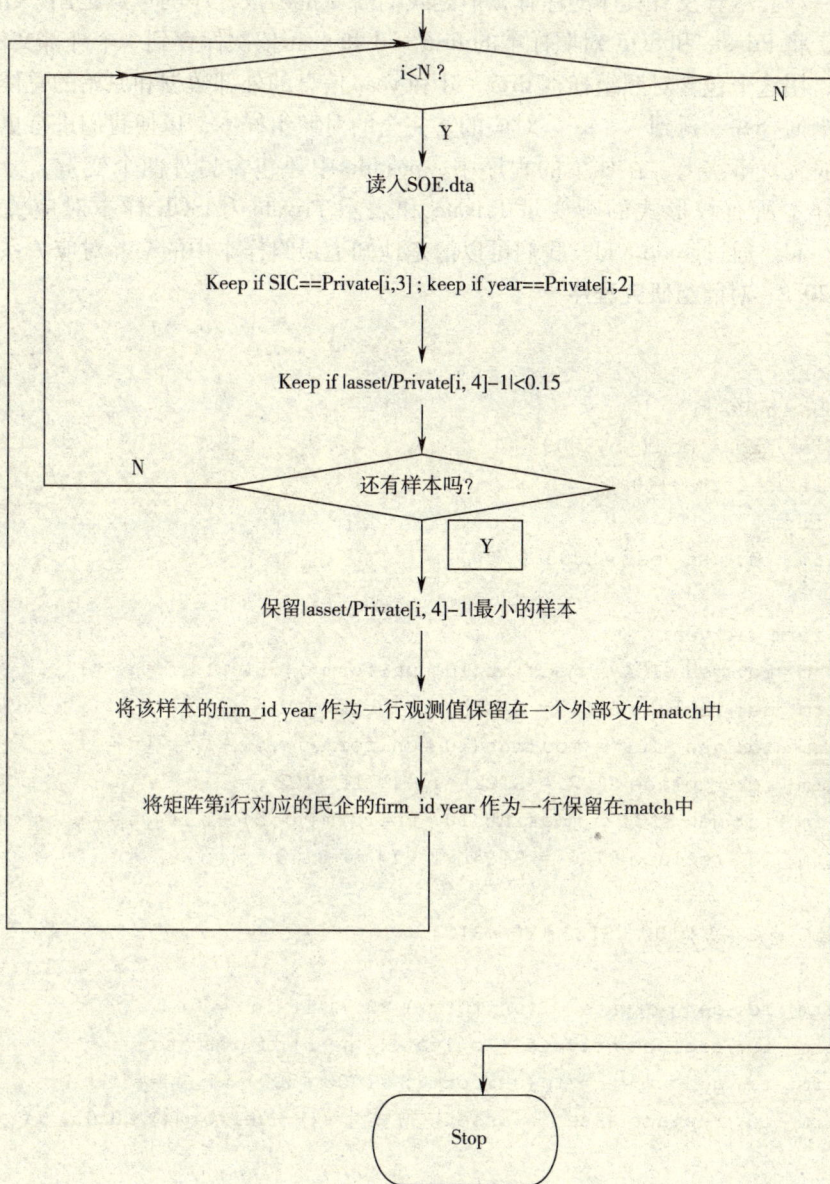

图 20.1　对照组研究流程图

　　根据这一流程图的思想，我们设计出了对应的 Stata 程序，连同前面的数据生成过程一起，列于程序 20.2 中。由于有上面流程图的说明，我们不再给出具

```
gen event0 = _n

sort event0
save f:\analyst\analyst_event, replace

forval i = 1(1) 12 {
   mkmat stkcd Trddt event0 if _n < =1000, mat (event`i')
   drop if _n < =1000
                     }


drop _all

use f:\analyst\trade\trade_2007
drop if real(substr(Trddt,1,4)) <2003
forval i = 1(1) 11 {
      preserve
      keep if stkcd > = scalar(event`i'[1,1]) & stkcd < = scalar(event`i'
[1000,1])
      save f:\analyst\trade_`i', replace
      restore
             }
   keep if stkcd > = scalar(event12[1,1]) & stkcd < = scalar(event12[588,
1])
   save f:\analyst\trade\trade_12, replace
```

由于我们的分析师评级事件都发生在 2004 年以后，如果选取的估计窗口是事件前 200 天到事件前 10 天，2003 年以后的数据才有可能被用到，因此，读入数据后，我们首先删除了不可能用到的 2003 年以前的数据。注意，此时我们的交易日期 Trddt，对于 Stata 软件来说，仍然是 yyyy－mm－dd 格式的字符型数据，substr（Trddt，1，4）提取了这一字符串的前 4 位字符（从第一个字符开始，长度为 4），然后我们用 real( )函数将这一由数字组成的"子"字符串转化成数字，也就是数字意义上的年份了。

随后是一个 11 个回合的循环，计数器 i 从 1 到 11，步长为 1。对第 i 次循环，我们首先将 2003 年以后的交易数据用 preserve 命令保存在一个临时内存空间中，这样保存的文件，无论 preserve 以后我们对文件进行过什么操作，都可以随时通过 restore 命令将 preserve 前的文件恢复到内存中。本程序 preserve 以后，我们仅仅保留介于矩阵 event i 首行和末行股票代码之间的股票的交易数据，然后保存在文件 f：\ analyst \ trade _ i. dta 中。随后用 restore 恢复数据文件到 preserve 之前的状态（2003 年以后的交易数据）。我们知道 event1 – event11 都是 1000 行 4 列的矩阵，然而 event12 没有这么多行，事实上只有 588 行，为了控制程序的复杂性，我们没有通过计算机寻找程序的行数，而是假定我们已经知道这个矩阵有 588 行，并在循环以外，单独为其生成一个交易数据 f：\ analyst \ trade _ 12. dta。

有了这些准备工作以后，我们就可以通过循环对每一个事件估计对应的 CAPM 模型并在事件窗口中估计超额收益或者累积超额收益。整个程序连同注释如程序 18.4 所示（此处我们没有单独给出程序注释，其实程序 19.4 的注释方式是更加广泛应用的注释方式）。

程序 19.4：分析师评级的事件研究

```
clear
set mem 600m
set more off
set matsize 1000

insheet using f:\analyst\analyst_event.txt, clear

gen stkcd = real(substr(v1,1,6))
rename v3 ibank
rename v4 analyst
gen rating = real(substr(v5, 1,1))
gen pre_rating = real(substr(v6, 1,1))

gen int year = int(v8/10000)
gen int month = int((v8 - year*10000)/100)
gen int day = v8 -10000*year -100*month

gen Trddt = mdy(month, day,year)
drop month day year v2 v5 v6 v7 v8

sort stkcd Trddt
gen event0 = _n
```

```
sort event0
save f:\analyst\analyst_event, replace


forval i = 1(1) 12 {
  mkmat stkcd Trddt event0 if _n < =1000, mat(event`i')
  drop if _n < =1000
                          }


drop _all

use f:\analyst\trade\trade_2007
drop if real(substr(Trddt,1,4)) <2003
forval i = 1(1) 11 {
     preserve
     keep if stkcd > = scalar(event`i'[1,1]) & stkcd < = scalar(event`i'
[1000,1])
     save f:\analyst\trade_`i', replace
     restore
                          }
  keep if stkcd > = scalar(event12[1,1]) & stkcd < = scalar(event12[588,
1])
  save f:\analyst\trade\trade_12, replace


forval m = 1(1) 12 {
* 针对每一个事件矩阵
  local NUM =1000
   if `m' ==12 {
    local NUM =588
              }
*确定矩阵的行数是1000或者588

  use f:\analyst\trade\trade_`m', clear
*读入对应于这个矩阵的交易数据
  gen temp = date(Trddt, "YMD")
  drop Trddt
```

```
  rename temp Trddt
```
*将交易数据的日期修改成 Stata 标准的日期型数据
```
  sort Trddt
  merge Trddt using f:\analyst\trade\sh_index, nokeep
  drop_m
```
/*按照交易日期,将该数据与上证指数合并,注意,此处的上证指数日期已经被修改成 Stata
的日期格式。*/
```
  keep stkcd Trddt prcchgeper return
```
*交易数据里面有一个日个股涨跌幅 prcchgeper,以% 为单位
*指数日涨跌幅 return,如果指数上涨 3% ,则 return =0.03
*估计 CAPM 模型需要这两个数据
```
  replace prcchgeper =. if prcchgeper >10.2
  replace prcchgeper =. if prcchgeper < -10.2
  replace prcchgeper = prcchgeper/100
```
/*如果个股日涨跌幅超过10% ,则表明这一天没有涨跌幅限制,可能是有特殊的事件,因此去
掉该样本*/

```
  forval i = 1(1) `NUM'{
```
*前一个循环是针对12 个事件组矩阵循环,这个循环嵌套于第一个循环中
*针对每一个事件组矩阵中的 1000 个或者 588 个事件,分别循环一次
*如果`m'取 1 到 11 的整数,则`NUM' =1000,否则 =588
```
    disp `m'" "`i'
```
*为了监控程序的运行进程,程序运行中列出`m' 和 `i'
```
    qui drop if stkcd < scalar(event`m'[`i',1])
```
*删除股票代码小于当前事件股票代码的记录,释放一部分内存空间,有利于提高运行速度
```
    qui outsheet using f:\analyst\event\before_event_`i'.txt if
stkcd == scalar(event`m'[`i',1]) & Trddt > = scalar(event`m'[`i',2]) -
200 & Trddt < scalar(event`m'[`i',2]), replace
```
*注意这里只有一句话,在命令文件编辑器中,以上的三行其实是一行交易记录保存在一个
*这里将事件发生日前 200 天以内,股票代码是事件对应的股票代码的所有
*名为 f:\analyst\event\before_event_`i'.txt 的文件中
*其中 event`m'[`i',1]代表第`m'个事件矩阵第`i'行第一列的元素
*也就是第 1000 *(m-1) +i 个事件对应的股票代码
*因为该数据来自于矩阵,是矩阵的一个元素,因此也被看做是一个一行一列的矩阵
*我们用 scalar()函数将这个矩阵转化成一个数字,即股票代码
```
    qui outsheet using f:\analyst\event\after_event_`i'.txt if
```

```
stkcd==scalar(event`m'[`i',1]) & Trddt <=scalar(event`m'[`i',2])+200 &
Trddt >=scalar(event`m'[`i',2]), replace
```
*将事件发生后 200 天的交易数据保存在文件 f:\analyst\event\after_event_`i'.txt 中

*注意,包含事件发生日的数据

*这一处理的好处在于,并非每一个事件都在交易日公布

*非交易日的事件等同于下一个交易日的事件

　　　　　　　　　　　　}

*结束嵌套的循环
```
   drop_all
```
*清除内存中的数据,但是并没有清除 local 和 matrix


```
   forval i = 1(1) `NUM' {
```
*嵌套与第一步循环中的第二个循环,目的是将前面生成的所有 txt 文件转化成 Stata 格式

*并把没用的 txt 文件删除

*其实读者不必删除这些文件,因为删除文件花费时间
```
     insheet using f:\analyst\event\before_event_`i'.txt, clear
     save f:\analyst\event\before_event_`i', replace
     insheet using f:\analyst\event\after_event_`i'.txt, clear
     save f:\analyst\event\after_event_`i', replace
     erase f:\analyst\event\before_event_`i'.txt
     erase f:\analyst\event\after_event_`i'.txt
```

　　　　　　　　　　　}

*结束第二个嵌套循环

```
  drop_all
```
*清除内存中的数据,但是并没有清除 local 和 matrix

```
  local j = 0
```
*设计一个计数器 j

*并非每一个原始事件都会对应一个累积超额收益率

*某些评级对应的股票,在评级前 200 天内可能没有足够的交易日期样本

*一次不能用来估计一个可靠的 CAPM 模型,因此我们将把这些事件样本删除

*在回归分析中,我们要求评级前 200 天内至少要有 40 个交易日

```
forval i = 1(1) `NUM' {
```
* 开始第三个嵌套循环

```
    use f:\analyst\event\before_event_`i', clear
```
　* 读入事件日前 200 天的交易数据
```
    gen reg_sample = 1 if _n < _N - 10
```
　* 将事件前 200 天到事件前 10 天作为估计窗口
```
    sum prcchgeper if reg_sample
```
```
    local reg_sample = r(N)
```
```
    if `reg_sample' < 40 {
```
```
      continue
        }
```
* 如果在估计窗口中,样本观测数低于 40,则直接跳转到本嵌套循环的结尾处
* 继续第 i + 1 事件的循环,否则将该事件后 200 天的数据纵向接在以上数据之后
```
    append using f:\analyst\event\after_event_`i'
```
```
    reg prcchgeper return if reg_sample == 1
```
　* 在估计窗口中估计 CAPM 模型
```
    predict abn_return if trddt >= scalar(event`m'[`i',2]) - 5, r
```
　* 事件前 5 天到事件后 200 天作为事件窗口,在事件窗口中根据估计窗口的 CAPM 模型
　* 估计模型的预测残差,作为事件窗口每一个交易日的超额收益
　* 即实际收益与模型预测收益的差额
```
    keep if abn_return ~ =.
```
　* 只保留有预测收益的事件窗口数据
```
    keep if _n <= 56
```
　* 只保留事件窗口中前 56 个交易日的数据
```
    if _N < 30 {
```
```
      continue
          }
```
* 如果在这 206 个日历日期中,只有少于 30 个交易日,则循环跳转到该循环末尾
* 继续下一个事件
* 否则将计数器增加 1
* 即事件日前 200 天内要保证有 40 个交易日,事件后 200 天至少要有 30 个交易日
* 这一规定具有任意性,读者可以根据自己的具体问题,具体设定
```
    local j = `j' + 1
```
```
    keep stkcd trddt abn_return
```
　* 保留股票代码、交易日期和对应的超额收益

```
    gen event = `j'
     *为该事件编码为事件 j
    gen event0 = scalar(event`m'[`i',3])
     *从矩阵 event`m'中取出最初的事件编码
     *以便将来通过文件合并,得到事件对应的其他信息
     *比如评级机构是哪一家投资银行、分析师的姓名等
    sort trddt
    gen time = _n-5
     *生成相对于事件日期的事件变量 time
     *严格意义上,由于日历日期和交易日的非一致性,以上的时间定义并不严谨
    save f:\analyst\event\event_`j', replace
     *保存该事件于文件 f:\analyst\event\event_`j'.dta
    erase f:\analyst\event\before_event_`i'.dta
    erase f:\analyst\event\after_event_`i'.dta
                    }

drop_all
use f:\analyst\event\event_1
forval i = 2(1) `j' {
 append using f:\analyst\event\event_`i'
                }
*这一嵌套循环将上面生成的、存储着各有效事件事件窗口超额收益率的文件纵向合并起来


sort event time
save f:\analyst\event_set`m', replace
*将合并后的文件按照事件代码和相对日期 time 排序后
*存储在文件 f:\analyst\event_set`m'.dta 中


            }
*结束第一个嵌套循环
*最终生成 12 个文件,分别是 f:\analyst\event_set1 - f:\analyst\event_
set12

clear
set more off
```

```
use f:\analyst\event_set1.dta, clear
#delimit ; /*将换行符由缺省状态的回车键转变成分号*/

foreach file in event_set2.dta /* 用循环将 12 个 event_set 数据纵向连接起
来*/
                event_set3.dta
                event_set4.dta
                event_set5.dta
                event_set6.dta
                event_set7.dta
                event_set8.dta
                event_set9.dta
                event_set10.dta
                event_set11.dta
                event_set12.dta {;
        sum event;
        local i = r(max);
        gen temp = event ;
        append using f:\analyst\\`file'; /*将文件纵向连接的命令*/
        replace temp = event + `i' if temp ==.;
        drop event;
        rename temp event;
                };
#delimit cr


sort event0
merge event0 using f:\analyst\analyst_event, nokeep /*找回有关的字符信
息*/
drop _m /*比如有关的分析师所在机构名称*/



sort event time
by event: gen CAR = sum(abn_return) /*计算累积超额收益率*/
sort time
by time: egen CAR_mean = mean(CAR) /*计算 CAR 的均值*/
```

```
by time: egen CAR _ mean _ 1 = mean(CAR) if rating ==1 / * 对强力买入评级计算
CAR 的均值 * /
by time: egen CAR _ mean _ 2 = mean(CAR) if rating ==2 / * 对买入评级计算 CAR
的均值 * /
by time: egen CAR _ mean _ 3 = mean(CAR) if rating ==3 / * 对持有评级计算 CAR
的均值 * /
by time: egen CAR _ mean _ 4 = mean(CAR) if rating ==4 / * 对卖出评级计算 CAR
的均值 * /
by time: egen CAR _ mean _ 5 = mean(CAR) if rating ==5 / * 对强力卖出评级计算
CAR 的均值 * /

twoway line CAR _ mean time                         / * 绘制 CAR 均值的走
势图 * /
twoway line CAR _ mean _ 1 time
twoway line CAR _ mean _ 2 time
twoway line CAR _ mean _ 3 time
twoway line CAR _ mean _ 4 time
twoway line CAR _ mean _ 5 time

sort event time
save f: \analyst \CAR, replace
```

第 20 章

对照组研究方法

20.1 方法概述

对照组研究方法是金融学中常用的研究方法之一，比如说我们研究不同程度的股权结构对企业研发投资的影响，我们关心的主要变量是股权结构（比如民营企业和国有企业），对企业研发程度的作用，一般来说我们可以估计以下的模型（Tobit 模型或 Probit 模型，由数据特征决定）：

$$R\&D = \beta_0 + \beta_1 \text{Private} + \gamma X + \varepsilon \qquad (20.1)$$

其中，X 是其他可能影响研发决策的因素，当然，影响企业研发决策的因素有很多，包括一个地方对知识产权的保护程度，研发基础设施的多少，科研人员的多少，企业本身的盈利能力，市场竞争程度、当地的文化、社会传统观念，以及气候、环境和其他国家的研发进展情况等。当然 X 可能包含大部分的因素，但是不可能控制影响研发的所有因素。另外假定我们的重点是研究公司的所有制结构是否影响研发，我们有两种方法：

第一，收集足够多的企业研发和影响因素的样本数据，控制足够多的影响研发的因素，并制作为一个哑元解释变量，估计公式 20.1 的模型。

这种研究方法的缺陷在于：

（1）必须有一个容量较大的样本，否则不可能控制足够多的影响因素。但是实证研究中，我们的数据往往是有限的，而且样本中某一类型的企业（比如国有企业）往往占绝对的优势，这样我们的估计有可能会因为样本中国有企业太多而导致估计系数被样本容量较大的那一组所操纵。

（2）所有因素必须是可测的，以研发影响因素为例，我们需要将影响研发的各种因素，比如对当地的企业文化、宗教信仰、环境气候等各种因素进行量化，这当然是很困难的。

第二，对照组方法。为了克服以上的缺陷，实证研究中，研究者往往会模仿生物学研究中的对照组方法。以研究不同所有制企业在研发投资上的决策行为为例，研究者可以为每一个私营企业寻找一个类似的国有企业作为对照，假定两个企业在企业规模、行业和所处地域等因素上非常相似，唯一的区别在于所有制形式，则可以将对照组国有企业看做是私营企业的一个参照系（相当于排除了其他一切不可观测的、影响研发的因素），只要比较两组企业在研发投资上的区别就能够非常直观地观测到所有制形式对研发决策的影响。在微观金融研究中，对照组方法的关键在于找到合适的对照样本，然而"合适"本身是一个非常模糊的概念，关于公司行为的实证研究中，研究者往往根据企业的规模、行业或者Fama - French 的三个指标来选择对照样本。

20.2　规模相近

假定我们有一个关于公司研发行为的数据样本，包含一部分国有企业和一部分民营企业，我们的目标是比较两种企业在研发投入上的不同之处，假定我们按照行业（Industry）相同、规模（Asset）接近的原则为每一个民营企业寻找一个对照组国企样本，假定我们规定一个规模接近的原则是总资产相差不超过 10%，那么部分企业可能会拥有多个对照样本，而其他企业可能会一个对照样本也没有。对照组的实证研究往往采用一对一的对照样本方法，即为每一个企业找到一个对照样本，这时候需要我们引进另一个原则，比如说"最近邻居法"（Nearest Neighbor），也就是说，当行业相同的时候，我们要求对照样本的规模不仅落在 ±10% 的范围内，而且需要对照样本间的规模越接近越好，这就意味着对每一个民营企业，我们需要进行一次最优化，从行业相同的国有企业中寻找规模比例最接近 1 的一家公司作为对照样本。

20.3　行业相同

对照组实证研究的第二个问题是何谓行业相同。美国标准产业分类代码为每一行业公司提供了一个 4 位数字的代码，标准产业分类（SIC）代码由 4 位数字组成，这是美国政府为了对商业机构确定其主营业务而建立的，方便收集、描述和分析数据，而且为了加强统一性和可比性，由联邦政府的各个机构包括国家机构和私人组织提供统计数据，分类涵盖所有经济行为，包括农业、林业、渔业、狩猎和捕杀、采矿、施工、制造业、运输、通信、电力、天然气、公共行政和卫生服务等各个行业。用 SIC 代码识别一个行业，需要从第一位数字开始。一般来说，在四位 SIC 代码中，前两位数字是识别主要行业，第三位数字确定产业类别，第四位表示具体产业，比如：3 代表制造业，36 代表电子和其他电子设备这一行业大类，367 则是进一步细分的电子零件和配件行业，到了第四位，分类进一步细化到 3672 所代表的印刷电路板行业，表 20.1 列出了涉及金融行业的 SIC 代码，供读者参考。

表 20.1　　　　　　　　　金融行业细分与 SIC 代码

SIC 代码	行业细分
6021	NATIONAL COMMERCIAL BANKS
6022	STATE COMMERCIAL BANKS
6029	COMMERCIAL BANKS, NEC
6035	SAVINGS INSTITUTION, FEDERALLY CHARTERED
6036	SAVINGS INSTITUTIONS, NOT FEDERALLY CHARTERED
6099	FUNCTIONS RELATED TO DEPOSITORY BANKING, NEC
6111	FEDERAL & FEDERALLY – SPONSORED CREDIT AGENCIES
6141	PERSONAL CREDIT INSTITUTIONS
6153	SHORT – TERM BUSINESS CREDIT INSTITUTIONS
6159	MISCELLANEOUS BUSINESS CREDIT INSTITUTION
6162	MORTGAGE BANKERS & LOAN CORRESPONDENTS
6163	LOAN BROKERS
6172	FINANCE LESSORS
6189	ASSET – BACKED SECURITIES
6199	FINANCE SERVICES
6200	SECURITY & COMMODITY BROKERS, DEALERS, EXCHANGES & SERVICES
6211	SECURITY BROKERS, DEALERS & FLOTATION COMPANIES
6221	COMMODITY CONTRACTS BROKERS & DEALERS
6282	INVESTMENT ADVICE
6311	LIFE INSURANCE
6321	ACCIDENT & HEALTH INSURANCE
6324	HOSPITAL & MEDICAL SERVICE PLANS
6331	FIRE, MARINE & CASUALTY INSURANCE

续表

SIC 代码	行业细分
6351	SURETY INSURANCE
6361	TITLE INSURANCE
6399	INSURANCE CARRIERS, NEC
6411	INSURANCE AGENTS, BROKERS & SERVICE
6500	REAL ESTATE
6510	REAL ESTATE OPERATORS (NO DEVELOPERS) & LESSORS
6512	OPERATORS OF NONRESIDENTIAL BUILDINGS
6513	OPERATORS OF APARTMENT BUILDINGS
6519	LESSORS OF REAL PROPERTY, NEC
6531	REAL ESTATE AGENTS & MANAGERS (FOR OTHERS)
6532	REAL ESTATE DEALERS (FOR THEIR OWN ACCOUNT)
6552	LAND SUBDIVIDERS & DEVELOPERS (NO CEMETERIES)
6770	BLANK CHECKS
6792	OIL ROYALTY TRADERS
6794	PATENT OWNERS & LESSORS
6795	MINERAL ROYALTY TRADERS
6798	REAL ESTATE INVESTMENT TRUSTS
6799	INVESTORS, NEC

从表 20.1 所列出的行业分类来看，所谓行业相同，也没有一个严格的定义，我们可以将行业相同定义为行业大类相同（比如 SIC 代码的前两位数字相同），或者细分行业相同（比如 SIC 代码的前 3 位数字相同），但是一般来说，我们都不会将行业相同定义为 SIC 代码的 4 位数字全部相同，因为如果行业太细分的话，大部分样本都找不到对照组（除非你用国家统计局的超大样本数据），何况我们常常仅对上市公司进行研究。就美国而言，上市公司也只有 2000 多家，不可能涵盖所有的细分行业。如果你的研究涉及美国的数据，行业分类用 SIC，如果需要按照行业相同的原则做对照组研究，精确到前两位 SIC 代码就可以了，当然，最多能做到 SIC 的前 3 位。

20.4　数据模拟

为了介绍对照组研究的方法，我们首先模拟出一组数据。我们假定一个公司的研发投资密度 R&D（研发投资额/销售总额）不仅受到公司所有制形式、行业、公司规模和 CEO 的激励机制等因素影响之外，还受到其余两个因素的影响，这两个因素分别和行业、规模相关，将来不可观测，只是用来生成数据。该数据的基本特征如下：

1）涉及 3000 家公司过去 5 年的数据，但是，并非每一家公司都有 5 年的数据，因为某些公司可能刚刚上市，所以这是一个不平衡的面板数据。

2）这些公司中有大约 30% 是民营企业，其余 70% 是国有企业。

3）涉及大约 125 个行业（我们定义一个三位数字的 $SIC\lambda_1\lambda_2\lambda_3$ 代码，每位数字只能取值为 1、2、3、4 和 5）。

4）假定公司研发投资行为由以下的模型决定（真实模型，研究者将来观察不到这一模型）：

$$R\&D_{it}^* = -2 + 0.5\lambda_1 + 0.1\lambda_2 + 0.03\lambda_3 + 0.01year$$
$$+ 0.58\text{Private} + 0.9incentive + 0.03 * asset$$
$$- 0.06 * debt + \sum_{i=1}^{2} \gamma_i x_{it} + \varepsilon_{it} \qquad (20.2)$$

$$R\&D_{it} = \min(\max(R\&D_{it}^*, 0), 2) \qquad (20.3)$$

其中，公式（20.2）定义一个潜变量（Latent Variable）$R\&D_{it}^*$，这是一个不可观测的数据，企业根据公式（20.2）的模型决定其研发投入，但是研发投资密度（R&D/sales）不能为负值，我们同时假定它也不能超过 2，如果公式（20.2）给出的结果是负值，则截断为 0，如果 $R\&D_{it}^*$ 超过 2，则公司的实际研发投资密度取值为 2，这就是公式（20.3）给出的结果。

我们可以用程序 20.1 来模拟该数据。

程序 20.1：数据模拟程序

```
1）clear
2）set more off
3）set obs 15000
4）gen firm_id = mod(_n,3000) +1
5）drop if uniform() <0.1
6）sort firm_id
```

```
7)by firm_id: gen year =2005 -_n

8)sort firm_id year
9)by firm_id: gen SIC1 = mod(int(10*uniform()),5) +1 if _n ==1
10)by firm_id: replace SIC1 = SIC1[_n-1] if SIC1 ==.
11)by firm_id: gen SIC2 = mod(int(10*uniform()),5) +1 if _n ==1
12)by firm_id: replace SIC2 = SIC2[_n-1] if SIC2 ==.
13)by firm_id: gen SIC3 = mod(int(10*uniform()),5) +1 if _n ==1
14)by firm_id: replace SIC3 = SIC3[_n-1] if SIC3 ==.

15)gen SIC = SIC1*100 +SIC2*10 +SIC3

16)by firm_id: gen private = (uniform() >0.7) if _n ==1
17)by firm_id: replace private = private[_n-1] if private ==.
18)by firm_id: gen asset = ln(uniform() *1000 +500) if _n ==1
19)by firm_id: replace asset = asset[_n-1] * (1 +uniform() *0.05) if as-
set ==.
20)gen debt = ln(asset * uniform() *0.5)

21)by firm_id: gen incentive = uniform() *0.3 if _n ==1
22)by firm_id: replace incentive = incentive[_n-1] * (1 + (uniform()
-0.5) *0.1) if incentive ==.

23)gen x1 =uniform() *asset -asset/2
24)gen x2 =uniform() *SIC1

25)gen RD_s = -2 +0.5*SIC1 +0.1*SIC2 +0.03*SIC3 +0.01*(year -2000)
26)replace RD_s = RD_s +0.03*asset -0.06*debt +0.58*private +0.9*
incentive
27)replace RD_s =RD_s +0.1*x1 +0.2*x2 +invnorm(uniform()) *3

28)gen RD = min(max(RD_s, 0),2)

29)keep firm_id year RD private incentive asset debt SIC
30)tobit RD private asset debt incentive, ul(2) ll(0)
```

```
31）gen SIC12 = real(substr(string(SIC),1,2))


32）sort firm _ id year
```

33）save f:\match\sample, replace

程序 20.1 的注释如下：

1）清空分配给 Stata 的内存中的数据。

2）允许屏幕滚动输出。

3）设置样本容量为 15000。

4）生成公司代码 firm _ id，这里我们用 mod( )函数，使得公司代码取值范围为 1 到 3000。

5）随机删除 10% 的样本（这样做是为了样本不再是一个平衡的面板数据）。

6）按照公司代码 firm _ id，将样本排序。

7）对每一个公司代码不同的观测样本，生成年份数据，这里我们用 2005 - _ n，说明如果某些公司存在数据缺失，只能是在早期年份缺失（比如说尚未上市），这样更加符合实际情况。

8）将数据按照公司代码（firm _ id）和年份（year）排序。

9）生成每一家公司第一个观测年份的 SIC 代码的第一位数字 SIC1，该数字取值范围为 1 到 5。注意此处的嵌套函数，uniform( )生成一个（0，1）的均匀分布，乘以 10 以后变成（0，10）的均匀分布，用 int( )该浮点数取整，取值范围变成 0 到 9 的整数，然后用 mod（ ）函数将数据转化成 0 到 4 的整数，然后加上 1，变成 1 到 5 的自然数。

10）上一个命令只为每一公司的第一个年份构造了 SIC1，其他年份对应的 SIC1 还是空值，本命令将第一年的 SIC1 赋值给后续年份的空值 SIC1。注意，SIC1［_ n - 1］代表上一个 SIC1 的取值，赋值的过程如下：假定已经有了某公司 2000 年的 SIC1，Stata 将这一数据赋给 2001 年同一公司的 SIC1，然后我们就有了 2001 年该公司的 SIC1，进一步可以为 2002 年的 SIC1 赋值了，依此类推，直到最后一个空值结束。因此，这一命令事实上是一个循环执行的命令。

11）生成每一家公司第一个观测年份的 SIC 代码的第二位数字 SIC2。

12）将第一年的 SIC2 赋值给后续年份的空值 SIC2。

13）生成每一家公司第一个观测年份的 SIC 代码的第三位数字 SIC3。

14）将第一年的 SIC3 赋值给后续年份的空值 SIC3。

15）将三位 SIC 代码合成为 SIC 代码。

16）将大约 30% 的公司设定为私营企业。

17）结合上一行命令，我们假定公司的所有权形式在研究期间保持不变。

18）生成总资产变量。

19）我们假设每个公司的总资产不存在剧烈波动，因此，第二年的总资产是第一年总资产的一个微小调整。

20）生成总负债变量。

21）生成每家公司的 CEO 激励股权比例。

22）我们允许激励股权比例在不同年份间有一定的变化，但是这种变化是在去年激励水平的基础上少量的增减。

23）生成变量 x1，该变量和 asset 有一定的关系。

24）生成变量 x2，该变量和行业有一定的关系。

25）生成潜变量 RD＿s，我们用三行命令来生成该变量，本行给出 RD＿s 和行业的关系，而且 RD＿s 随着年份的增加有增长的趋势。注意 SIC 三个数字的系数，分别是 0.5、0.1 和 0.03，说明行业对 RD＿s 的影响，主要来源于行业大类，细分行业对 RD＿s 的影响变小。

26）将 RD＿s 进一步和公司的规模、债务状况、所有制结构和激励机制联系起来。

27）最后增加另外两个因素和残差项，构造出潜变量 RD＿s。

28）将 RD＿s 在 0 和 2 处截尾，定义 RD。

29）删除部分中间变量和不可观测的因素 x1、x2。

30）估计一个 Tobit 回归模型。

31）从 SIC 中提出前两位数字，作为将来要用的行业大类。

32）将样本按照 firm＿id 和 year 排序。

33）将数据保存为 f：\ match \ sample. dta。

运行上面的程序，第 30 行估计了一个 Tobit 模型，其执行结果如表 20.2 所示（请读者注意，由于随机数生成的不确定性，你的运行结果可能与下面的结果有出入，如果我们在程序开始的时候用 set seed #设置随机数生成器的种子值，则可以保证每次程序运行的结果完全相同）：

表 20.2　　　　　　　　　　　　Tobit 估计结果

Tobit regression	Number of obs = 13493
LR chi2（4）=83. 94	
Prob ＞ chi2 = 0. 0000	
Log likelihood ＝ － 16808. 164	Pseudo R2 = 0. 0025

（续表）

RD	Coef.	Std. Err.	t	P > t	95% Conf. Interval	
private	0. 5610546	0. 068872	8. 15	0. 000	0. 4260559	0. 6960533
asset	0. 0446052	0. 0322875	1. 38	0. 167	− 0. 0186828	0. 1078931
debt	− 0. 0963242	0. 0310147	− 3. 11	0. 002	− 0. 1571175	− 0. 035531
incentive	0. 9877172	0. 3581849	2. 76	0. 006	0. 2856247	1. 68981
_ cons	0. 1374663	0. 2006228	0. 69	0. 493	− 0. 2557825	0. 5307151
/sigma	3. 148011	0. 0488489			3. 05226	3. 243762

从上面的估计结果看，除了常数项与真实模型常数项（取值为 2）的差距较大以外，其他的变量系数都比较接近我们最初设定的系数，比如 Private 的系数是 0.56，接近真实模型的 0.58，incentive 的系数估计值是 0.98，接近真实值 0.9，残差项的标准差是 3.148，也非常接近真实值 3.0。当然我们也不能根据一次估计的结果就说 Tobit 模型能较好地还原真实的模型，因为一次蒙特卡洛试验的结果可能代表一种非常偶然的现象，所以如果要用以上的数据生成方法，通过蒙特卡洛试验来检验 Tobit 模型估计的准确性，通常要进行数百万次的试验。这当然不是本章的重点，我们只是用这么一个例子来说明关于研发投资的研究，由于数据的截断特性，需要我们用 Tobit 模型来估计。当然了，这里用到的数据是一个面板数据，我们可以用更加复杂的模型，比如面板数据的 Tobit（参考 xt-tobit）来估计，我们还可以在模型中引入行业虚拟变量，从而得到更加准确的估计。

20.5　对照组研究编程方法

抛开模型估计的准确性不谈，我们可以用这个数据向读者展示用对照组进行比较的 Stata 编程技巧。在程序中，我们首先将样本按照所有制形式分为国有企业和民营企业两个子样本，然后将民营企业的样本存储到一个矩阵中，再循环调用矩阵中的每一个民营企业样本的特征，包括行业、年份和规模，然后调入国有企业样本，保留和该轮循环中行业、年份相同的企业，找到规模最接近的一个国有企业作为对照样本，将两个企业的公司代码、年份输出到一个外部文件中，最后根据这一信息，和整个样本进行纵向合并，即得到一个对照样本组。程序的构思如图 20.1 所示。

体的注释。尽管没有具体的注释，但是我们需要指出该程序的重点是用一组 post 命令，将 Private 和 SOE 对照样本的 firm_id 和 year 依次保存到一个外部文件中，最后，用这个包含对照组样本 firm_id 和 year 信息的外部数据和原始的总体样本进行纵向合并，得到一个一一对应的、完全的对照组样本，以便我们进行更加深入的研究。事实上，在如下的程序中，postfile 中还包含另外两个变量，分别是表示样本所有权形式的哑变量 Private 和表示 Private 和 SOE 样本对应关系的 group_id。通过group_id，我们可以清楚地知道最终样本中的一一对应关系。

程序 20.2：对照组研究程序

```
clear
set more off
set obs 15000
gen firm_id = mod(_n,3000) +1
drop if uniform() <0.1
sort firm_id
by firm_id: gen year =2005 -_n


sort firm_id year
by firm_id: gen SIC1 = mod(int(10*uniform()),5) +1 if _n ==1
by firm_id: replace SIC1 = SIC1[_n -1] if SIC1 ==.
by firm_id: gen SIC2 = mod(int(10*uniform()),5) +1 if _n ==1
by firm_id: replace SIC2 = SIC2[_n -1] if SIC2 ==.
by firm_id: gen SIC3 = mod(int(10*uniform()),5) +1 if _n ==1
by firm_id: replace SIC3 = SIC3[_n -1] if SIC3 ==.


gen SIC = SIC1 *100 +SIC2 *10 +SIC3


by firm_id: gen private = (uniform() >0.7) if _n ==1
by firm_id: replace private = private[_n -1] if private ==.
by firm_id: gen asset = ln(uniform()*1000 +500) if _n ==1
by firm_id: replace asset = asset[_n -1] * (1 +uniform() * 0.05) if asset
==.


by firm_id: gen incentive = uniform()*0.3 if _n ==1
by firm_id: replace incentive = incentive[_n -1] * (1 + (uniform() - 0.5)
*0.1) if incentive ==.
```

```
gen x1 = uniform() * asset - asset/2
gen x2 = uniform() * SIC1
gen RD _ s = -2 + 0.5 * SIC1 + 0.1 * SIC2 + 0.03 * SIC3 + 0.01 * (year - 2000)
replace RD _ s = RD _ s + 0.03 * asset - 0.06 * debt + 0.58 * private + 0.9 * incentive
replace RD _ s = RD _ s + 0.1 * x1 + 0.2 * x2 + invnorm(uniform()) * 3

gen RD = min(max(RD _ s, 0),2)

keep firm _ id year RD private incentive asset debt SIC

tobit RD private asset debt incentive, ul(2) ll(0)

gen SIC12 = real(substr(string(SIC),1,2))

sort firm _ id year
save f:\match\sample, replace


preserve
keep if private
save f:\match\private, replace
restore

keep if ~private
save f:\match\SOE, replace

clear
set mem 500m
set matsize 5000

use f:\match\private
local N = _ N

mkmat firm _ id year SIC12 private asset debt, mat(private)

capture postclose match
```

```
postfile match firm_id year private match_group using f:\match\mymatch,
replace

forval i = 1(1) `N' {
    di "`i' of `N' loops completed"
    drop_all
    use f:\match\SOE
    qui keep if year == scalar(private[`i',2])
    qui keep if SIC12 == scalar(private[`i',3])
    gen asset_ratio = abs(asset/scalar(private[`i',5]) -1)
    qui keep if asset_ratio < 0.15

    if _N < 1 {
        continue
            }
    sort asset_ratio firm_id
    qui keep if _n == 1
    local firm_id1 = scalar(private[`i',1])
    local year1 = scalar(private[`i',2])
    local firm_id2 = firm_id[1]
    local year2 = year[1]
    post match (`firm_id1') (`year1') (1) (`i')
    post match (`firm_id2') (`year1') (0) (`i')
        }
postclose match

use f:\match\mymatch, clear
sort firm_id year
merge firm_id year using f:\match\sample, nokeep
drop_m

sort match_group firm_id year
list match_group firm_id year SIC asset debt
```

程序执行结果如表20.3所示，我们列出了得到的部分对照组样本，不难看出，对每一个对照组（相同的 match_group），两行样本具有相同的行业（行业前两位数字相同），相同的年份和差别不大的公司规模（asset）。

表 20.3　　　　　　　　　　　　对照组样本示例

match_group	firm_id	year	SIC	asset	debt
1	3	2001	254	7. 252007	0. 7415884
1	2096	2001	252	7. 24646	− 0. 3911271
2	3	2002	254	7. 505406	0. 0769453
2	1527	2002	251	7. 500052	1. 313995
3	3	2003	254	7. 805727	1. 1986
3	228	2003	254	7. 810179	− 0. 1286383
4	3	2004	254	8. 161286	1. 141613
4	1042	2004	251	8. 130097	1. 116143
5	12	2002	331	7. 186926	− 2. 424445
5	2463	2002	332	7. 178184	0. 8057537
6	12	2003	331	7. 200988	0. 9336543
6	2635	2003	331	7. 199377	1. 280045
7	12	2004	331	7. 474243	0. 715046
7	219	2004	332	7. 45497	0. 5618775
8	15	2001	451	6. 710963	0. 9137529
8	267	2001	455	6. 710964	− 0. 2300595
9	15	2002	451	6. 918455	0. 1448909
9	1790	2002	451	6. 914066	1. 03455
10	15	2003	451	6. 985908	0. 6352795
10	658	2003	453	7. 014006	1. 043407
……	……	……	……	……	……
……	……	……	……	……	……
4172	205	2001	133	7. 212438	− 0. 8076715
4172	2999	2001	133	7. 20907	0. 812276
4173	534	2002	135	7. 478949	0. 8935087
4173	2999	2002	133	7. 483717	0. 8796385
4174	710	2003	132	7. 495561	− 1. 054161
4174	2999	2003	133	7. 49069	− 0. 0377611
4175	223	2004	133	7. 530029	− 1. 449331
4175	2999	2004	133	7. 524468	− 1. 066504

目前尚没有一个可以被用户调用的、通用的对照组研究 Stata 程序，但是读者可以仿照以上的程序，根据自己数据的特点，编制自己的对照组研究程序。当然，也许你的对照组研究中，涉及多个连续型指标的比较（以上的程序中，只涉及公司规模一个连续型指标），这种情况下，需要用户定义一个新的最接近（nearest neighbor）的标准。如果有两个连续型指标，而且两个指标的数量级类似，而且在比较中的权重相仿，我们可以用欧式空间距离作为最接近的尺度。当然，往往两个连续型指标的数量级差别较大，此时我们需要将两个指标正规化处理。程序 20.3 进一步要求在寻找对照组的时候，考虑两者的负债率，即不仅规模相似，而且杠杆率相似。假定负债率和规模在选择对照组中的权重相同，我们设计了程序 20.3。

程序 20.3：两个连续型指标的对照组研究

```
clear
set more off
set obs 15000
gen firm_id = mod(_n,3000) +1
drop if uniform() <0.1
sort firm_id
by firm_id: gen year =2005 -_n

sort firm_id year
by firm_id: gen SIC1 = mod(int(10 * uniform()),5) +1 if _n ==1
by firm_id: replace SIC1 = SIC1[_n -1] if SIC1 ==.
by firm_id: gen SIC2 = mod(int(10 * uniform()),5) +1 if _n ==1
by firm_id: replace SIC2 = SIC2[_n -1] if SIC2 ==.
by firm_id: gen SIC3 = mod(int(10 * uniform()),5) +1 if _n ==1
by firm_id: replace SIC3 = SIC3[_n -1] if SIC3 ==.

gen SIC = SIC1 *100 +SIC2 *10 +SIC3

by firm_id: gen private = (uniform() >0.7) if _n ==1
by firm_id: replace private = private[_n -1] if private ==.
by firm_id: gen asset = ln(uniform() *1000 +500) if _n ==1
by firm_id: replace asset = asset[_n -1] * (1 +uniform() *0.05) if asset ==.
gen debt = ln(asset * uniform() *0.5)
```

```
by firm_id: gen incentive = uniform()*0.3 if _n ==1
by firm_id: replace incentive = incentive[_n-1] * (1 + (uniform()
-0.5)*0.1) if incentive ==.

gen x1 =uniform()*asset -asset/2
gen x2 =uniform()*SIC1

gen RD_s = -2 +0.5*SIC1 +0.1*SIC2 +0.03*SIC3 +0.01*(year -2000)
replace RD_s = RD_s +0.03*asset -0.06*debt +0.58*private +0.9*in-
centive
replace RD_s =RD_s +0.1*x1 +0.2*x2 +invnorm(uniform())*3

gen RD = min(max(RD_s, 0),2)

keep firm_id year RD private incentive asset debt SIC

tobit RD private asset debt incentive, ul(2) ll(0)

gen SIC12 =real(substr(string(SIC),1,2))

sort firm_id year
save f:\match\sample, replace

preserve
keep if private
save f:\match\private, replace
restore

keep if ~private
save f:\match\SOE, replace

clear
set mem 500m
set matsize 5000

use f:\match\private
```

```
local N = _N

mkmat firm_id year SIC12 private asset debt, mat(private)

capture postclose match
postfile match firm_id year private match_group using f:\match\mymatch,
replace

forval i = 1(1) `N' {
    di "`i' of `N' loops completed"
    drop _all
    use f:\match\SOE
    qui keep if year == scalar(private[`i',2])
    qui keep if SIC12 == scalar(private[`i',3])
    gen asset_ratio = abs(asset/scalar(private[`i',5]) -1)
    qui keep if asset_ratio < 0.15
    gen debt_ratio = abs(debt/ scalar(private[`i',6]) -1)
    qui keep if debt_ratio < 0.15


    if _N < 1 {
        continue
            }
    gen distance = asset_ratio^2 + debt_ratio^2
    sort distance firm_id
    qui keep if _n == 1
    local firm_id1 = scalar(private[`i',1])
    local year1 = scalar(private[`i',2])
    local firm_id2 = firm_id[1]
    local year2 = year[1]
    post match (`firm_id1') (`year1') (1) (`i')
    post match (`firm_id2') (`year1') (0) (`i')
        }
    postclose match

use f:\match\mymatch, clear
```

```
sort firm _ id year
merge firm _ id year using f: \match \sample, nokeep
drop _ m

sort match _ group firm _ id year
list match _ group firm _ id year SIC asset debt
```
该程序执行以后，我们得到表20.4的对照组样本。

表 20.4　　　　　　　　　　　　　对照组样本示例

match _ group	firm _ id	year	SIC	asset	debt
1	4	2001	455	6. 702556	− 0. 2709553
1	1600	2001	451	6. 810763	− 0. 2780225
2	4	2002	455	6. 772335	0. 7938064
2	218	2002	454	6. 939489	0. 8061556
3	4	2003	455	6. 785453	− 1. 89177
3	185	2003	452	6. 968061	− 2. 014704
4	4	2004	455	6. 860858	1. 091497
4	2327	2004	452	6. 945617	1. 159976
5	7	2000	123	6. 922923	1. 121806
5	2847	2000	122	7. 10414	1. 128673
6	7	2001	123	7. 073323	1. 09106
6	1390	2001	122	7. 029921	1. 097543
7	7	2002	123	7. 190075	1. 27354
7	2731	2002	121	7. 035727	1. 229062
8	7	2003	123	7. 432895	0. 6507559
8	2606	2003	122	7. 334795	0. 6283566
9	7	2004	123	7. 5877	− 0. 6767549
9	1840	2004	125	7. 53068	− 0. 6573491
10	8	2000	144	7. 022564	1. 052457
10	1519	2000	143	7. 210706	1. 055454
……	……	……	……	……	……
……	……	……	……	……	……
4082	1992	2004	123	7. 326387	0. 7655584

match_group	firm_id	year	SIC	asset	debt
4082	2990	2004	125	7.476175	0.771337
4084	311	2001	325	7.191066	−0.8975887
4084	2996	2001	321	7.40999	−1.011298
4086	1539	2003	323	7.01789	−1.565737
4086	2996	2003	321	7.781973	−1.574018
4087	2913	2004	321	8.032087	1.084217
4087	2996	2004	321	8.026322	1.038181
4088	2039	2001	123	7.207753	1.002838
4088	2998	2001	123	7.085614	1.040888
4089	1289	2002	125	7.150002	0.8708111
4089	2998	2002	123	7.412838	0.8417421
4090	2934	2003	124	7.123846	−0.3250651
4090	2998	2003	123	7.471691	−0.3399776
4091	1004	2004	122	7.895	1.07388
4091	2998	2004	123	7.773805	1.117598
4092	893	2000	321	6.907594	0.142736
4092	2999	2000	324	6.892365	0.1384029
4093	1332	2001	321	7.064387	1.253396
4093	2999	2001	324	6.937061	1.224317
4094	2388	2002	323	6.673564	0.4823583
4094	2999	2002	324	6.996444	0.4735044
4095	2748	2003	325	7.131993	0.3225118
4095	2999	2003	324	7.317181	0.3609558
4096	2907	2004	323	7.787213	1.09657
4096	2999	2004	324	7.588984	1.077531

　　另外需要指出的是，从表 20.4 看到，match_group 的最大值是4096，似乎我们得到了 4096 个样本对照组，事实上，这里的 match_group 来源于程序20.2 的循环计数器 i，由于部分样本无法找到满足条件的对照样本，因此对应的原始样本和相应的 match_group 会由于循环中的跳转语句（continue）而被删除，用 codebook 命令查看 match_group 的取值范围，结果如下：

```
        type:  numeric (float)
       range:  [1,4096]              units: 1
unique values: 3637          missing.: 0/7274

        mean:  2045.01
    std. dev:  1182.08


 percentiles:     10%    25%   50%   75%   90%
                  409   1024  2041  3058  3696
```

当然我们也可以在程序中特别设置一个计数器，用于保存 match _ group，但是这不是程序的关键问题。

参 考 文 献

［1］ Wind 数据库《用户指南》。

［2］ CSMAR 数据库《用户指南》。

［3］ Kenneth Train, Discrete Choice Methods with Simulation, Cambridge University Press, Cambridge, UK, 2002.

［4］ Ross, Sheldon M. , Simulation, Elsevier：Amsterdam, 2006.

［5］ Stata Manual, Stata Press, 2004.

后　记

　　本书的撰写过程也是我们过去多年学习和工作经验的总结过程。2001 年林少功教授 80 华诞，艾春荣教授将 Stata 引入华中科技大学经济学院，我们有幸第一批使用该软件。随后我们在香港大学学习和工作，分别在宋敏教授、白崇恩教授、刘俏教授、张俊喜教授和黄曼丽教授等的指导下进行了一系列涉及中国上市公司的实证研究，其中大部分数据分析和模型估计都是由 Stata 程序完成的。当时我们周围的老师、朋友、同学和同事就鼓励我们将自己的程序整理出来出版一本关于 Stata 编程的教材，然而我们一直认为自己的学问太肤浅，尚不能著书立说，直到 2007 年，李春涛来到中央财经大学工作，在讲授蒙特卡洛和模拟课程的过程中，发现很多研究生迫切需要学习 Stata，他们虽然掌握了部分命令的用法，但是却缺乏系统编程的思想。当时市面上没有一本介绍 Stata 编程的中文教材。这时候我们才感觉到有必要写一本关于 Stata 编程的教材，把多年来用 Stata 编程的心得、体会、经验、教训与部分大学生和研究生分享。这本书是在李春涛讲授蒙特卡洛和模拟课讲义的基础上，增加了我们过去使用过的金融学实证研究方法。我们将蒙特卡洛模拟和金融学实证分析的方法结合起来，通过蒙特卡洛模拟介绍编程的基本技巧，通过中国金融数据的处理过程让读者巩固所学到的这些技巧，最后通过实证的案例让读者掌握实证研究的全过程。

　　撰写这本书的过程中，我们得到了很多朋友的帮助和鼓励，没有他们的帮助，我们是不可能写出这本书的。在这里我们想感谢艾春荣教授、宋敏教授、易丹辉教授和廖建军先生，他们对这本书提出了很多建设性的意见，并指出了本书初稿中的一些问题。我们还要感谢中央财经大学的几位研究生，他们是岳海峰、郝一珺、薛奕、李文忠、郭建权和康馨予，他们帮我们多次校对书稿，承担了这些烦琐的工作，使我们能将大部分精力用于对程序的优化和注释上。

再次感谢所有帮助过我们，支持过我们的老师、同学、朋友和亲人，你们是我们一生的财富。

李春涛　张　璇
2009 年 **10** 月